공부의 신, 바보 CEO 되다

공부의 신, 바보 CEO 되다

2012년 11월 22일 초판 1쇄 발행

지은이 · 강성태
펴낸이 · 박시형
책임편집 · 권정희, 김은경 | 디자인 · 박보희

경영총괄 · 이준혁
마케팅 · 권금숙, 장건태, 김석원, 김명래, 탁수정
경영지원 · 김상현, 이연정, 이윤하
펴낸곳 · (주)쌤앤파커스 | 출판신고 · 2006년 9월 25일 제406-2012-000063호
주소 · 경기도 파주시 회동길 174 파주출판도시
전화 · 031-960-4800 | 팩스 · 031-960-4806 | 이메일 · info@smpk.kr

ⓒ 강성태 (저작권자와 맺은 특약에 따라 검인을 생략합니다)
ISBN 978-89-6570-095-1 (03810)

이 책은 저작권법에 따라 보호받는 저작물이므로 무단전재와 무단복제를 금지하며, 이 책 내용의 전부 또는 일부를 이용하려면 반드시 저작권자와 (주)쌤앤파커스의 서면동의를 받아야 합니다.

• 잘못된 책은 바꿔드립니다.　• 책값은 뒤표지에 있습니다.

쌤앤파커스(Sam&Parkers)는 독자 여러분의 책에 관한 아이디어와 원고 투고를 설레는 마음으로 기다리고 있습니다. 책으로 엮기를 원하는 아이디어가 있으신 분은 이메일 book@smpk.kr로 간단한 개요와 취지, 연락처 등을 보내주세요. 머뭇거리지 말고 문을 두드리세요. 길이 열립니다.

공신 강성태의 다른 선택 다른 성공 이야기

공부의 신, 바보 CEO 되다

• 강성태 지음 •

프롤로그

세상을 바꾸는
바보가 되고 싶습니다

　제게는 꿈이 있습니다. 돈이 많든 적든, 시골에 살든 도시에 살든, 대한민국 모든 학생들에게 멘토 한 명씩을 만들어주는 꿈입니다. 너무 큰 꿈일까요. 어쩌면 제게 주어진 일생 동안 최선을 다해도 못 이룰 꿈인지도 모릅니다. 하지만 설령 그렇다 해도 상관없습니다. 꿈을 꾸고 도전하는 것만으로도 얼마든지 행복할 수 있으니까요. 꿈을 향해 가는 길은 마치 여행과 같아서 그 자체만으로도 대단히 즐겁다는 사실을 저는 깨닫게 되었습니다. 여행을 하다 보면 시간이 부족해서 혹은 궂은 날씨로 목적지에 도달하지 못할 때도 있습니다. 때론 옷이 젖기도 하고 여러 가지 불편한 일이 생기기도 합니다. 하지만 돌이켜보면 순간순간이 즐겁고 하나같이 소중한 추억으로 기억됩니다.

제가 '공신'이란 이름의 여행을 시작한 지도 어느덧 6년이라는 세월이 흘렀습니다. 공신에서는 멘티가 멘토가 되는 일이 비일비재합니다. 학창 시절 공신의 도움을 받던 멘티가 부단히 노력해 버젓이 공신으로 활동하는 모습을 보노라면, 신기함을 넘어 감격스럽기까지 합니다.

반면 안타까운 마음이 들 때도 많습니다. 제 메일함과 공신닷컴의 쪽지함에는 매일같이 숱한 상담의 글이 올라옵니다. 공신을 처음 시작했을 때는 멘티들이 대학만 가면 멘토링이 끝나는 줄 알았습니다. 그런데 이후로도 별로 달라진 것이 없더군요. 대학생이 된 후 오히려 더욱 방황하고 앞날을 두려워합니다. 마치 제가 그랬던 것처럼요.

이것이 제가 이 책을 쓰게 된 가장 큰 계기입니다. 수많은 대학생들, 그리고 중고생들까지, 많은 후배들에게 제가 경험하고 깨달은 것들을 나누어주고 싶었습니다. 결국 제가 학창 시절에 겪었던 시행착오를 후배들이 되풀이하지 않았으면 하는 마음에서 공신 사이트를 만들었듯, 제 경험을 통해 누군가 힘을 내고 도움을 받기를 원하는 마음에서 이 책을 쓰게 된 것입니다.

물론 제가 누군가의 삶에 조언을 해줄 만큼 대단한 사람은 아닙니다. 잘난 스펙도 없었고, 대기업이나 내로라하는 회사에 들어간 것도, 남들이 부러워하는 고시에 붙은 것도 아닙니다. 다른 사람을 위로할 말주변도 없는데다, '공부의 신'이라 알려져 있지만 이 책을 보신다면 그러한 환상마저 깨질 것 같습니다. 오히려 저는 소위 잘나가는 멘토 분들과 정반대의 길을 걸어온 것 같습니다. 대학생활에 적응하지 못하고 갈팡질팡하다 학사경고를 받아 어렵게 들어간 대학에서 잘릴 뻔한 적도 있습니다. 어디 그뿐인가요. 비록, 제 소신에 따른 행동이긴 했지만 큰돈을 받고 사이트를 팔 기회를 던져버렸고, 국회의원이 될 수 있는 기회도 거절해버렸습니다. 이러한 저를 보며 왜 그리 답답하게 사냐고, 왜 그리 바보처럼 구냐고 충고하는 친구들도 적지 않습니다. 아무도 가지 않는 길을 자처해 고생만 죽도록 한다면서요.

하지만 누구나 같은 성공을 꿈꿀 필요는 없다고 생각합니다. 저는 저만의 꿈을 갖고, 그 꿈을 이루기 위한 길을 누구보다 부지런히 걸어왔습니다. 제가 걸어온 길이 최고의 선택일 순 없겠지만 적어도 제가 생각하는 최선의 길이라 믿고 달려왔습니다. 남들은 왜 그렇게 힘든 길을 가냐고 했지만, 저는 가장 신나는 길을 택했다고 생각합니다. 많이 어리숙하고 어설폈지만 뜨거웠고 설렜습니다. 많은 것을 경험하면서 돈으로 따질 수 없는 것들을 배울 수 있었습니다. 이런 제가 바보처럼 보였을지도 모르겠지만, 그러한 이유라면 저는 앞으로도 바보처럼 살고 싶습니다. 세상의 모든 학생들에게 멘토 한 명씩을 만들어주겠다는 꿈으로 세상을 바꾸는 바보 말입니다.

'길들여지지 않으면 삶은 경이롭다.'
좌충우돌하는 저에게 어느 날 선배가 해준 말입니다. 남들과 다른 길을 가느라 힘든 상황에서도 그저 꿈 하나만 믿고 꾸역꾸역 나아가는 제가 마치 길들여지지 않은 것처럼 보였나 봅니다. 선배의 말처럼 이제껏 길들여지지 않은 채 살아왔다면, 저는 앞으로도 그럴 필요가 없다고 생각합니다. 아니 길들여지고 싶지 않습니다. 누구는 불가능하다고 하고 누구는 철없다고 하는 이 도전을 저는 계속해볼 생각입니다. 어렵게 찾은 가슴 설레는 꿈을, 그 꿈을 이뤄가는 재미를 포기할 수 없으니까요.

저는 부디 이 책을 읽는 모든 분들이 이런 재미난 여행을 함께했으면 좋겠습니다. 남들과 비교하며 사는 게 아니라, 사회가 정해놓은 기준에 맞춰 사는 게 아니라, 이유도 목적도 없이 성적표에 적힌 등수만 따지는 게 아니라, 내가 가고 싶은 목적지를 향해 즐거운 마음으로 떠나는 여행 말입니다. 설령 그 길이 아무도 가지 않은 길이거나 조금은 험한 길이라 해도요.

불현듯 언젠가 지금 이 책을 보고 계신 여러분과 분명 만날 거라는 예감이 듭니다. 서로 목적지는 다를 수 있겠지만 살다 보면 각자 여행을 하는 동안 우연히 만나게 되는 일도 있으니까요. 그렇게 만나 서로 의지도 하고 도움도 주면 또 얼마나 반가울까요. 그날을 기다리며, 또 꿈이 이루어지는 기분 좋은 상상을 하며 저는 오늘도 이 신난 발걸음을 계속해보려 합니다.

강성태

차례

프롤로그 세상을 바꾸는 바보가 되고 싶습니다 ·········· 4

PART 1 누구에게나 기적은 있다

마음을 흔든 10억의 유혹 ·········· 17
반갑지만은 않은 제안

청춘 실종신고 ·········· 22
학벌만으로 편히 살 순 없을까?
죽어라고 공부만 한 대가

어렵게 얻은 '자유티켓'을 찢어버리다 ·········· 31
'진짜' 공부가 하고 싶습니다!

'나눔'이라는 생애 첫 도전 ·········· 38
내가 뭔가 할 수 있다면
애어른 같은 아이들과의 만남
나처럼, 나처럼 되고 싶다고?

드디어 날개를 펴다 ·········· 50
외로운 촌놈, 슈퍼맨을 꿈꾸다
나는 세상에 살 자격이 없는 놈이다
공부로 나의 존재를 증명하다

나만의 공부법으로 기적을 만들다 ·········· 60
다시 찾아온 열등감이라는 괴물
동생의 공부 고민 해결사로 나서다
0.01%, 수능 396점의 기적

PART 2

'공신'이라는 꿈을 쏘아올리다

공신? 공부를 신나게! ······ 79
공부가 신나는 사람을 찾습니다
하면 좋은 일? 반드시 해야 할 일!

공신닷컴, 화려한 신고식을 치르다 ······ 90
동영상과 혈투를 벌이다
4평짜리 기숙사 스튜디오

'국보급' 콘텐츠의 빛과 그림자 ······ 99
10억짜리 광고, 1면을 장식하다
데스크톱을 노트북 대신 들고 다니다
모든 게 각본대로 되는 것은 아니다

교실 밖 아이들을 만나다 ······ 113
누군가의 인생을 바꿔주고 싶다는 모험

26살의 갈림길, 그리고 선택 ······ 120
부러움에 잠 못 드는 밤
하늘이 내려준 사명?
평생을 맞바꿀 꿈을 찾다

PART 3

'세상'을 바꾸고 싶은 바보

가보지 않은 길, 힘들고 어려운 길 ······ 133
공신을 공신이라 부르지 못하다

공신에 새로운 옷을 입히다 ······ 143
공신의 꿈을 이뤄줄 답을 찾다
당신은 지금 '좀비기업'을 하려는 겁니다
정말 나와 함께 가겠다고?

사회적 기업이 되고 싶습니다 ······ 156
마감 1분 전, 도전장을 던지다
꿈이 없어 마음이 가난한 아이들
7분의 기적, 소셜벤처경연대회

지금 멘토가 필요한 건 바로 공신이야! ······ 171
작은 거인, 안철수 교수님과의 만남
버스에 탈 사람만 태워라
빌 삼촌, 안녕하세요?
하늘은 재능 없는 사람을 내지 않는다

소셜벤처 공신, 마침내 수익모델을 마련하다 ······ 189
돈 안 버는 것이 선한 것이라는 착각
아라빈드 병원의 혁신에 눈뜨다
우유부단한 대표, 마침내 결단을 내리다

PART 4

함께 꿈을 꾸면 현실이 된다

착한 꿈에는 언제나 동지가 있다 ······ 207
또 하나의 혁신, 진단지 프로젝트
모두가 벅찰 때 기적은 만들어진다
반값 문제집, 착한 꿈으로 수익을 창출하다

'공신'의 주인공은 당신! ······ 224
하나고등학교, 리틀 공신 출범!
체인지 메이커로 거듭나는 아이들
'손 안의 공신'으로 꿈에 접속하다
모든 아이들은 천재의 가능성을 가지고 태어난다

한류소셜벤처 공신, 인도네시아에 꿈을 심다 ······ 239
동생의 '코이카 공신' 선언
인도네시아 공신 '마하멘토' 탄생
아이들의 가슴에 희망의 불꽃을 심다

기적의 씨앗, 드림 인도네시아 프로젝트 ······ 252
드림캡슐에 아이들의 꿈을 담다
'꿈'이라는 별이 모이면 '기적'이라는 은하수가 된다

PART 5

꿈이 있어 공부가 신나는 인류

지구가 멸망해도 살아남을 조직 ······ 267
공신의 'DNA'를 만들다
비례대표 제안을 거절하다
우리의 꿈은 사회적 기업이 아니다

'공부가 신나는 세상'에 도전하다 ······ 284
미치게 힘들어도 내가 행복한 이유
공신이라는 새로운 인류의 출현
10년 후 당신의 꿈은 무엇입니까?

에필로그 세상을 바꿀 당신에게 ······ 304

담쟁이

도종환

저것은 벽
어쩔 수 없는 벽이라고 우리가 느낄 때
그때 담쟁이는 말없이 그 벽을 오른다.

물 한 방울 없고 씨앗 한 톨 살아남을 수 없는
저것은 절망의 벽이라고 말할 때
담쟁이는 서두르지 않고 앞으로 나아간다.

한 뼘이라도 꼭 여럿이 함께 손을 잡고 올라간다.
푸르게 절망을 다 덮을 때까지
바로 그 절망을 잡고 놓지 않는다.

저것은 넘을 수 없는 벽이라고 고개를 떨구고 있을 때
담쟁이 잎 하나는 담쟁이 잎 수천 개를 이끌고
결국 그 벽을 넘는다.

누구에게나 기적은 있다

PART 1

누구나 십대 혹은 이십대에 방황이라는 통과의례를 거친다. 불확실한 미래에 방향키가 되어줄 든든한 버팀목으로 삼으라는 의미가 아닐는지. 약한 체력에 공부에 대한 열등감마저 심했던 나는, 내게 맞는 공부법을 찾음으로써 어두운 십대를 지나 이십대라는 장막을 열어젖혔다. 새로운 세상 하나가 사라지는 동시에 탄생하는 희열을 맛봤다. 대학에 입학하던 날, 이제 내 인생에 어두운 터널은 없을 거라 생각했다. 하지만 예상과 달리 하늘을 올려다보며 한숨을 쉬는 날이 부쩍 늘어만 갔다. 포물선을 그리며 수십 광년을 달려 품에 안긴, 꿈이라는 이름의 비전이 없던 시기였다.

마음을 흔든
10억의 유혹

손을 꼭 쥐면 그 손 안엔 아무것도 없지만,
손바닥을 펴면 온 세상이 그 안에 있다.
— 영화 〈와호장룡〉 중에서

    소설가 장파울은 인생이 한 권의 책과 같다고 했다. 어리석은 사람은 책장을 대충 넘기지만 현명한 사람은 책을 공들여 읽는다. 단 한 번밖에 읽을 수 없는 책을, 아니 인생을, 어떻게 살고 있는지 내게도 생각해볼 계기가 생겼다. 대형 사교육 업체에서 '공신'이라는 상표와 사이트를 사겠다는 제안을 해온 것이다. 말로만 그런 것이 아니라, 제법 두툼한 제안서를 눈앞에 펼쳐놓았다. A안과 B안 모두 나쁘지 않은 조건, 설탕처럼 달콤한 유혹이었다.

    사람마다 유혹에 반응하는, 혹은 대처하는 태도가 있을 것이다. "돈을 좇으면 돈이 따라오지 않는단다. 네가 잘할 수 있는 일을 하면 돈은 따라오게 되어 있어." 어린 시절부터 아버지께 귀에 못이 박이도록 들은 말이었다. 하지만 이런 말씀을 하시면서도 10원도 아끼려 애쓰는 아버지를 보며 모순이라 생각했다.

 피할 수 있다면 이미 유혹이 아니다. 유혹이 치명적인 이유는 간절히 원하는, 가슴 깊이 숨겨둔 욕망을 자극하기 때문일 것이다. 사람이라면 누구나 눈이 번쩍할 만한 제안 앞에 본능적으로 속내를 드러내게 되어 있다. 바로 내가 그런 상황에 놓여 있었다. 간신히 현실을 버텨내던 내게 그토록 엄청난 금액을 제시하다니, 누군가 나를 실험하는 모양이었다.

반갑지만은 않은 제안

 "강 대표님, 저희는 충분한 액수를 제시했다고 생각합니다. 잘 생각해보시고 부디 긍정적인 답변 부탁드립니다."

 눈은 분명 촬영장에서 쪽대본을 보고 있는데, 머릿속에서는 낮에 한 미팅이 반복재생되고 있었다. 밥을 먹을 때도 대화를 할 때도 머릿속 세포들이 정지된 기분이었다. 10억. 감당 안 될 돈을 주겠다는 회사가 나타났으니 얼이 빠진 건 당연했다. 나는 대학에서 교육봉사를 하다 '공신'이라는 동아리를 시작했고, 이를 확산시키기 위해 '공신닷컴'이라는 사이트를 오픈했다. 대학생인 공신멘토들이 중고생들에게 동영상을 통해 공부법을 알려주는 무료 사이트로, 대한민국에서 공부 좀 한다는 학생치고 모르는 사람이 없을 정도였다. 솔직히 혼자 공신 멤버들과 멘티들을 이끌며 사이트를 운영하느라 턱밑까지 숨이 찬 상황에서 날아든 제안이었다.

"공신 관련 상표권과 공신닷컴 사이트를 넘긴다면 대표님께선 10억을 받을 수 있습니다."

사교육 시장이 팽창하면서 크고 작은 학원에서 한 번씩은 접촉을 시도해왔다. 그럴 만한 것이 공신은 '공부의 신'으로 수험생과 학부모들에게 널리 알려져 있었다. 그런 이유에서 접촉해온 업체들은 공신이라는 타이틀을 얻길 원했다. 제시한 안도 여러 가지였다. 공신에 지분을 투자해서 공동대표가 되거나, 내가 학원강사가 되어 직접 강의를 하는 것 등이었다. 사실 10억이 어느 정도인지 감조차 오지 않았다. 긴장하지 않으려고 나도 모르게 아랫입술을 꼭 깨물었다.

"강성태 대표님은 지금 말 그대로 공부의 신이잖습니까. 공신은 대한민국 최고의 교육 아이콘입니다. 메가스터디 모르는 학생은 많지만, 대한민국에 공신을 모르는 학생은 없습니다. 그런데 메가스터디 시가총액이 1조를 넘습니다. 1조요. 공신이 본격적으로 뛰어든다면 그 이상이 될 수 있어요. 어디까지 성장할지 궁금하지 않습니까. 충분히 도전해볼 만합니다."

촬영장까지 찾아온 한 교육업체 이사님이 이마에 실핏줄을 드러내며 대한민국 사교육의 현주소를 조목조목 짚어줄 동안, 나는 애꿎은 생수만 거듭 마셨다. 왠지 그의 말이 설득력 있게 들려왔다. 공부법에 대해 쓴 내 책 《공부혁신》은 베스트셀러에 올랐고, 중국과 대만에 수출까지 하게 되었다. 공신을 소재로 한 예능 프로그램이 따로 만들어질 정도였다. 나는 매주 토요일 MBC 〈공부의 제왕〉이라는 프로그램에서 가수 김장훈, 개그맨 이윤석, 아나운서 강수정 씨와 함께 메인 MC를 맡고 있었다. 순식간이었다. 급류에 휩쓸려 어디로 가는지 방향감각이 무뎌질 정도로 여기저기서 손을 뻗어왔다. 어느덧 대한민국에서 '공신'을 모르는 학생이 없을 만큼 나의 인지도는 올라갔다. 학부모들도 예외는 아니었다.

"공신 강성태 씨, 그 손 한번 잡아봅시다."

연예인도 아닌데 지하철을 타면 알아보는 분들이 계셨고, 심지어 소속사가 되어주겠다는 제안을 받기도 했다.

〈공부의 제왕〉은 방송에 참여한 학생들의 저조했던 성적이 탄력을 받아 쭉쭉 올라가면서 점점 드라마틱해졌다. 한 달 만에 언어, 수리, 외국어 영역의 총점이 50점 이상 오른 날은, 나도 프로그램에 참여한 학생들도 시청자도 모두 놀랐다.

덕분에 몸이 열 개라도 모자랄 정도로 많이 바빠졌다. 공신들은 공신들대로 이곳저곳 강연을 다니게 되었다. 이 과정에서 공신을 알릴 수 있었지만 허점도 많이 드러났다. 강연을 펑크내는 공신이 있는가 하면, 공신 이름을 팔아 고액과외로 빠진 사례까지 생겼다. 공신의 정체성을 되짚어 제대로 된 방향을 잡아야 할 순간이었다. 이때 10억 원이라는 솔깃한 제안을 받은 것이다. 그동안 밤낮없이 일하며 고생하는 아들을 걱정하시던 부모님을 안심시켜 드릴 수 있다고 생각하니 당장이라도 계약서에 사인이 하고 싶어졌다.

무엇보다 더 이상 '공신'을 하지 않아도 된다는 사실에 마음이 가벼워졌다. 누군가를 가르치는 일이 전공도 아니었던 데다, 돈이 많이 들어가 밑 빠진 독에 물을 붓는 심정이었다. 게다가 공신들이 벌여놓은 일과 사고를 수습하느라 하루도 맘 편히 쉴 날이 없었다. 이제 끝이 보이는구나. 즐거운 상상에 자꾸 웃음이 났다. 그런데 왠지 마음 한구석이 석연치 않았다. 기분이 이상했다.

지금 내게 필요한 건 시간이었다. 넘치지도 모자라지도 않은 지점에서, 초심을 잃고 헤매지 않기 위해 정리할 시간이 필요했다. 나는 촬영을 마치고 스텝들과 서둘러 인사를 나누며 자리를 빠져나왔다. 집에서 혼자 공신이 만들어진 계기를 되짚어볼 요량이었다. 그러기 위해서는 대학교, 아니 청소년기까지 거슬러올라갈 필요가 있었다.

이 제안이 나는 물론, '공신'의 미래를 어디로 끌고 갈지는 알 수 없었다. 인생의 가장 중대한 갈림길, 우선 무얼 위해 여기까지 왔는지 정리할 시간이 필요했다. 대학 입학식을 더듬어보았다.

청춘
실종신고

하고 싶은 것은 없고 두려워하는 것만 많을 때
가장 비참하다.
— 프랜시스 베이컨 Francis Bacon

"일류대학에 들어가는 순간 너희 인생은 달라진다. 너희들이 사는 동네와 타는 차가 달라지고 연봉이 달라지고 와이프 얼굴이 달라진다. 소위 '성공'이 보장된다. 나중에 원 없이 잘 잠 따위에 질 때가 아니란 말이다."

고3 야간자율학습 시간, 교실에 있던 대부분의 아이들은 선생님의 말에 왠지 격앙된 분위기였다. 대학만 들어가면 미팅도, 게임도 마음껏 할 수 있다는 말에 나 역시 '돌아올 힘을 남기지 않는다'는 영화 〈가타카〉의 한 장면처럼 혼신의 힘을 다해 마지막 불꽃을 터트렸다.

2001년 수능 전국 상위 0.01%, 400점 만점에 396점, 나는 최상위 성적으로 당당히 서울대에 합격했다. 난이도가 낮았던 탓에 그해 입시는 유독 치열했다. 나는 운 좋게 원하는 대학, 원하는 학과에 들어갈 수 있었다. 선생님 말씀처럼 소위 안정된 삶으로 향하는 티켓을 거머쥔 것이다.

내게 서울대는 그야말로 별천지였다. 어렸을 적 영재나 천재 소리 한 번은 들었을 법한 인재들이 수두룩했다. 스펙 쌓기 좋은 동아리도, 흥청망청 술자리도 마음만 먹으면 언제든 낄 수 있었다. 수업에 들어가지 않아도 뭐라고 하는 사람이 없었다. 하지만 기쁨도 잠시, '이게 대학생활인가?' 하고 내 눈을 의심하기 시작했다.

수업은 수학, 물리, 화학 등 현실과 별 연관이 없어 보이는 과목이었고, 시험과 문제풀이의 연속이었다. 수재들끼리의 또 다른 경쟁이 시작된 것이다. 다시 죽도록 고생해 학점을 따고 사회에 나갈 스펙을 쌓아야 한다는 현실이 더없이 불편했다. 마치 망망대해에 나침반 하나 없이 버려진 기분이었다. 대학은 사회에 나가기 전 거쳐야 할 또 다른 전쟁터에 불과했다. 나는 이미 치열한 입시전쟁을 치른 탓에 힘조차 남아 있지 않았다.

친가와 외가 모두 대학 나온 사람이 없어서, 대학에 대해서는 중고등학교 선생님이나 시트콤을 통해 접한 게 전부였다. 그래서 선생님이 말씀하신 대로 대학만 들어가면 남은 인생은 8차선 고속도로처럼 시원하게 뚫릴 거라 믿었다. 그러나 현실을 목도한 순간 말도 못하게 억울해졌다. 밀레니엄 새내기와는 거리가 먼, 생기 없는 학부생활이었다. 연애도 못 했고 공부도 의미가 없다고 느껴졌다. 더 이상 대학생이라는 단어에 가슴이 뛰지 않았다. 아무리 젊어도 신나는 도전이 없으면 청춘이라 할 수 없는 법. 어디서부터 뭐가 잘못되었는지 혼란스러웠다. 스무 살의 봄, 누군가 제발 흔들리는 나를 바로잡아주면 좋겠다고 생각했다.

학벌만으로 편히 살 순 없을까?

해가 중천에 떴을까. 간밤에 마신 술이 깨지 않아 머리가 깨질 듯 아팠다. 화장실에 가기 위해 억지로 몸을 일으켰다. 그런데 거실에서 이불 호청을 뜯던 어머니가 화장대 위에 놓인 성적 통지서를 손으로 가리키며 물었다.

"성태야, 성적표에 학사경고라고 쓰여 있는데 공부를 잘했다는 말이니, 못했다는 말이니?"

1학년 1학기, 학점 2.3.

유난히 도드라지게 쓰인 경고라는 글자를 보고 있자니, 자식들 키우느라 사소한 것에도 돈을 아끼시는 부모님이 생각났다. 입이 바짝 말랐다.

"제 성적이 너무 낮아서 경고받은 거예요."

일말의 부끄러움은 무심한 어조로 빠르게 무장됐다. 어머니는 천에서 실밥이 빠져나온 자리를 가만히 손으로 누른 채 한동안 말씀이 없으셨다. 멋쩍어진 나는 헛기침을 하며 주전자 주둥이에 입을 대고

꿀꺽꿀꺽 보리차를 들이켰다.

부모님은 그저 당신의 자식이 대학에 갔다는 사실 하나로 더없이 행복해하셨다. 특히 어머니는 늦은 시간 아들이 술 취해 들어오면 목까지 이불을 덮어주고 다음날 말없이 해장국을 끓여줄 만큼, 자식을 믿고 지지해주는 분이셨다. 어머니는 다시 손에 남은 호청과 바느질 가위를 쥐고 나지막이 말씀하셨다.

"성태야. 세상에 공부가 전부는 아니야. 엄마 아빠는 돈이 없어서 대학교 근처도 못 가봤어. 그래서 너만은 마음껏 누렸으면 하는 마음이다. 그래, 대학시절도 인생에 한 번인데 공부만 하는 건 아깝지."

나는 그날 어머니의 나지막한 말투와 눈빛, 서둘러 빨랫감을 챙겨 마당으로 나서던 뒷모습을 평생 잊지 못한다. 공부는 뒤로 하고 방황만 일삼는 나를 노심초사 바라보셨을 어머니. 하지만 어리석은 아들은 다음 학기에도 학점 1.7, 학사경고를 받았다.

"아, 우리 새내기들 왔냐. 와서 막걸리 한잔 받아라. 어제 읽기로 한 책은 읽어봤냐?"

"형, 안녕하세요. 책은 아직이요."

밀레니엄 새내기 01학번 강성태는 조용히 운동권으로 흘러들어갔다. 특별히 어떤 사상에 교화되어 집회와 독서 세미나에 참석한 건 아니었다. 과외비를 모아 후배들에게 밥을 사주는 선배들이 좋고 고마워 운동권 학생회에 빌붙어 살았다. 어린 시절 그렇게 원하던 형의 모습을 선배들에게서 발견했는지도 모르겠다.

지금은 캠퍼스에서 학생회 구호가 사라졌지만, 학창 시절 김대중 전 대통령과 김정일 국방위원장의 6·15 공동선언을 지켜봤던 나는 남북연합을 점치는 등 공부엔 하등 관심 없는 애국자가 되어갔다. 서울대학교 잔디밭에 둘러앉아 해 뜰 무렵까지 술을 마시기도 했다. 시간이 지나면서 집회와 술에 찌든 몸은 점점 더 무기력해져갔다. 그러던 어느 날 9·11 테러 이후 흥겹게 축제가 벌어지는 모습을 지켜보며 정신이 번쩍 들었다. 아무리 반미와 평화통일을 외쳐도 무고한 사람들의 죽음 앞에 신나 하며 축배를 드는 것이 과연 옳은 일인지 부끄러운 생각이 들었다.

"우리가 매일 이렇게 술을 마시고 도서관 앞에서 시끄럽게 집회하면 미군이 물러가고 평화통일이 될까요?"

나의 질문에 눈을 맞추고 성실하게 답해주는 선배는 없었다. 비방과 술수의 정치판을 축소해놓은 것 같은 학생회 선거 역시 실망스럽기는 매한가지였다. 편협한 상황을 목격하면서부터 나는 서서히 학생회 활동을 접었다.

애초 목적도 방향도 없었던 나는 지난 1년 동안, 다른 사람의 꿈을 위해 살았을 뿐이었다. 나름대로 다른 동아리도 기웃대봤지만 별반 다르지 않았다. 생각할수록 스스로 한심하고 처량해 도저히 얼굴을 들고 다닐 수가 없었다. 가뜩이나 크고 마른 체격에 어깨까지 움츠러드니 더 왜소해 보였다.

누군가에겐 배부른 소리일지 모르지만, 꿈과 도전이 없는 학생에게 명문대 타이틀은 아무런 희망이, 힘이 되어주지 않았다. 오히려 독이 될 뿐이었다. 고백하건대 도전도 노력도 싫었던 나는, 내가 가진 학벌만으로 어떻게 편히 살 수 없나 하는, 한심한 생각을 하고 있었다.

죽어라고 공부만 한 대가

"덕화야, 너 무슨 과 쓸 거야?"
"나 기계과가 좋아서 기계항공공학부 썼어. 성태 너도 거기 써라."
고등학교 친구들 가운데 덕화는 가장 공부를 잘했다. 게다가 성격도 행동도 단정하고 매사에 긍정적인 친구였다. 그런 덕화가 택한 과라면 틀림없을 거라는 생각에, 친구 따라 강남 간다고 친구가 선택한 기계항공공학부에 응시했다.

나 역시 여느 남자아이들처럼 어려서부터 항상 무언가 분해하고 조립하는 걸 좋아했다. 물론 분해만 하고 다시 조립하지 못할 때도 많았다. 할머니 손을 잡고 문방구에 들어가면 일일이 본드칠을 해서 붙여야 하는 조립로봇을 들고 나왔다. 기계항공공학부를 선택할 때의 심정은 이랬다. 졸업 전까지 적어도 자동차 한 대는 내 손으로 조립할 수 있겠구나, 항공과니 파일럿이 되면 멋지겠구나 하는. 그러나 뚜껑을 열어보니 기대와 달라도 너무 달랐다. 기계항공공학부는 파일럿이 되는 학부가 아니었다. 배우는 과목은 거의 물리와 화학이다. 자동차를 만질 일도 좀처럼 없고 무수한 물리문제와 씨름하는 시간이 대부분이다. 물론 공신에도 나처럼 제대로 알지 못한 채 전공을 택하는 학생들이 많다.

"강성태 공신처럼 기계항공공학부에 지원할 생각입니다. 그래서 멋진 파일럿이 될 겁니다."

이런 아이들을 보면 과거의 나를 보는 것 같아 웃음이 나는 한편, 안타깝기도 하다. 자신의 꿈과 구체적으로 연관된 학과를 골라야 하는데, 내게는 그런 고민이 생략되어 있었다. 주위에서 뭐라 말해주는 사람도 없었다.

수만 가지 직업 중 우리가 일반적으로 아는 직업은 스무 가지 남짓이다. 정보도 부족하고 자기 적성과 어떤 일이 맞는지 고민하는 경우도 드물다. 개인의 꿈이나 잠재력에 대한 고민 없이 때가 되면 그냥 학교 가서 영어, 수학 등을 배우기 바쁘다. 꿈과 인생의 큰 방향을 정하는 게 공부 한 자 더 하는 것보다 중요하건만, 그에 대해 고민할 기회가 너무 적다.

대학생활이 만족스럽지 않자 나중에는 전공마저 나와 맞지 않는다고 느껴졌다. 학사경고를 받은 후에는 낙담한 나머지 부쩍 어깨가 처졌다. 졸업하면 어떻게 먹고 살아야 할지 막막했다. 무엇보다 내가 무얼 하고 싶은지 모르는 게 문제였다. 하고 싶은 일이 없으니 하루가 무료하고 아득한 미래가 저승사자처럼 두려웠다.

방학이 되면 게으름은 극에 달했다. 뭘 해야 할지 모르니 아무런 계획이 없었다. 이미 몸은 물론 정신마저 축 처져 있었다. 늦잠을 자고 일어나면 눈곱도 떼지 않고 엄지발가락으로 컴퓨터 전원부터 눌렀다. 이불은 허물을 벗어놓은 모양으로 내버려둔 채, 책상에 아무렇게나 앉아 마우스를 클릭하며 게임에 매달렸다. 스무 살, 스물한 살, 친구도 많이 사귀고 세상을 경험하며 꿈을 찾을 시기에 오히려 세상의 정보를 스스로 차단했다. 엄격한 규율과 스케줄로 하루하루를 보내는 사관학교에 다니는 친구들이 오히려 부러웠다. 입학 후 나는 혼자 무언가를 계획하고 공부할 능력이 없었다.

'왜 내겐 아무도 가르쳐주지 않을까. 나는 운이 없나?'

내겐 이 시기의 특별한 기억이 없다. 인턴은 물론 배낭여행, 흔한 짝사랑에 관한 추억조차 없다. 멍하니 지내던 중 어느 순간부터 고시를 준비하는 친구들도 하나둘씩 눈에 들어왔다.

"어떻게 그렇게 열심히 공부해?"

"사실 지금도 늦은 것 같아. 빨리 시작해서 빨리 붙으면 좋지."

나는 다시 예전의 중학생 강성태로 빙의해 야무지게 자기 삶을 개척해가는 친구들에게 열등감을 느꼈다.

'나도 시험 하나는 잘 본 사람인데…. 고시라도 준비하면 좀 나으려나. 그런데 이미 늦은 거 아닐까.'

그저 친구들이 하니까 나도 고시공부를 해야 하나 싶은 마음에 이리저리 기웃거려보았다. 하지만 숨 막히는 수험생활을 또 시작할 엄두가 나지 않았다. 시도해볼 용기도 없거니와, 마음속 깊은 곳에서 이건 아니라는 생각에 시작하지 못했다. 내 주위엔 낡은 차고를 빌려 IT 프로그램을 개발하는 미래의 공학도는커녕, 어린 시절 혹은 십대에 품은 꿈을 향해 몸을 던지는 사람도 보이지 않았다. 모두 닮은꼴의 졸업장과 직장을 얻기 위해 이상한 출발선에 서 있는 것 같았다.

남보다 한발 앞서 사법고시를 준비하는 명수도, 학교 이름을 팔아 적지 않은 과외비로 여행경비와 대학원비를 모으는 태헌이도, 모이기만 하면 비슷한 고민과 표정으로 술잔을 부딪치며 서로를 위로하기 바빴다. 그렇게라도 열심히 무언가에 집중하는 친구들이 부러운 한편, 사회가 요구하는 시스템에 영원히 안주하려는, 또 그렇게 움직이는 사회가 이해되지 않아 혼란스러웠다. 도대체 이게 뭔지 누군가 알려주면 좋겠다고 생각했다.

이처럼 나의 대학시절은 방황의 연속이었다. 지금 생각해보면 꿈이 없어서였다. 돌아보니 내게만 국한된 것이 아니라, 대한민국 전체의 문제였다. 현실은 사회가 교육이라는 이름으로 붙여준 무한질주 바코드를 따르거나 무기력하게 일상의 늪에서 허우적대는 이들로 나뉘었다. 그중에는 자신이 원하는 삶을 위해 과감히 자유를 포기하는 친구들도 있었으니, 공평하게 주어진 청춘이 누구에게는 날개가 되고 누구에게는 족쇄가 되었다. 당시 몇몇에겐 있고 내겐 없던 꿈! 나를 청춘이라 부르기조차 부끄러웠다.

어렵게 얻은 '자유티켓'을 찢어버리다

피할 수 없다면 즐겨라.
나를 죽이지 못하는 고통은 나를 더욱 강하게 만들 뿐이니까.
– 대한민국 해병대 금언

살다 보면 누구나 한번은 이성적으로 전혀 납득이 되지 않는 상황과 직면할 것이다. 스물두 살의 내가 그랬다. 죽어라고 공부만 하던 내게 찾아온 자유, 그러나 나의 대학 1학년은 암울한 '바닥'과 같았다. 의지와 상관없이 수동적으로 학생운동에 참여하거나 정의와 진실이 존재하는지에 대한 설익은 담론을 나누며 얄팍한 나를 숨긴 채, 허수아비 같은 시간을 보냈다. 그리고 정해진 수순처럼 학사경고를 받았다. 방학이 되어 주위를 둘러보니 나를 인턴으로 뽑아줄 회사는 세상 어디에도 없었다. 낙오자는 이런 나를 위해 존재하는 말 같았다. 땅에 파묻었던 열등감이 다시 머리를 세우고 달려들었다. 나는 고민 끝에 어렵게 들어간 대학 대신, 현실을 도피할 곳을 찾았다. 바로 군대였다.

당시 공대생은 병역특례 혜택을 어렵지 않게 받을 수 있었다. 군복무 대신 벤처기업에서 일하거나 대학원에 진학해 전문기능요원으로 일하는 게 일반적이었다. 대부분의 선배나 동기들이 이렇게 군대 문제를 해결하는 걸 보았기에 평소 군대에 대해서는 크게 고민하지 않았다.

하지만 나는 좀 다른 길을 가고 싶었다. 어느 날 머리를 깎고 집으로 돌아와 방을 말끔하게 정리한 후 비장한 각오로 새벽까지 컴퓨터 앞을 지켰다. 그리고 온라인으로 해병대 지원서를 제출했다. 손에 땀이 흥건했다. 나는 정신을 차릴 필요가 있었고 해병대는 내게 그런 계기가 되어줄 것 같았다. 더 이상 인간이되 인간답지 않은 삶을 끌고 갈 자신이 없었다. 주어진 자유가 족쇄 같았고 매일매일 똑같은 학교생활은 지겨웠다. 내게는 엄청난 충격이 필요했고, 강성태란 나약하기 그지없는 인간의 한계가 어디까지인지 시험해보고 싶었다. 나는 피 말리는 경쟁을 통해 어렵게 얻은 대학생이란 자유티켓을 한순간에 찢어버렸다.

누구의 강요도 없이 스스로 결정한 생애 첫 도전, 귀가 얇아 다른 사람들이 말리면 포기할까 봐 동생을 입막음한 채 부모님께 입대하는 날까지 해병대에 간다는 사실을 밝히지 않았다. 친한 친구들에게조차 입대 전날 사실을 밝혔다. 모두 미쳤냐며 기겁을 했다.

내가 아주 꼬마였을 때, 해병대에서 휴가 나온 역삼각형 몸매의 삼촌은 매우 인상적이었다. 남자답고 웃는 모습이 멋졌던 삼촌은 명절 때마다 조카들에게 해병대 이야기를 들려주었다. 동경 아닌 동경을 마음에 품었던 나는 삼촌에게 입대 직전 전화를 걸었다. 삼촌은 중년의 나이가 된 지금도 한겨울에 냉수로 몸을 씻는다고 했다.

"삼촌, 저 지금 포항이에요."

삼촌은 상황을 이해하지 못해 잠시 침묵하는 눈치였다.

"성태, 너 포스코에 취직했냐?"

해병대 입대 소식을 전하자 삼촌은 긴 한숨만 내쉬었다. 공중전화 박스 밖으로 진눈깨비가 날리고 있었다. 수화기 너머 한숨의 의미를 그때는 알지 못했다. 바닷물이 짠지 안 짠지는 마시지 않아도 알 수 있건만, 그때는 그랬다. 나는 열렬히 어리석었으므로.

'진짜' 공부가 하고 싶습니다!

"너희들은 이제부터 한몸처럼 움직인다. 알겠나!"

"네, 알겠습니다!"

믿기지 않았다. 아니 믿고 싶지 않았다. 내가 이곳에 온 사실을. 대체 내가 왜 여기에 있고, 이 고생을 하는지 생각할 겨를조차 없었던 것 같다. 기합을 받거나 훈련을 할 때면 곧잘 한계에 부딪혔다. 아무 생각도 나지 않았다. 그저 어떻게든 이 악몽을 끝내야겠다는 생각뿐.

새벽에 일어나 밤 늦게 자리에 누우면 고통으로 근육 마디마디가 아우성을 쳤다. 이제껏 적을 공격해 탈환하지 못한 고지가 없고, 방어해서 지켜내지 못한 고지가 없다는, 귀신 잡는 해병대. 거기서 나는 나약하고 어리버리한 이등병에 불과했다. 오히려 서울대생이라는 꼬리표는 나를 항상 쫓아다니며 괴롭혔다.

"강해지고 싶습니다!"

나는 면접장이 떠나가라 악을 썼다. 100% 지원제인 해병대는 면접을 통과해야만 입대가 가능했으므로, 합격하기 위한 발악이었다. 나름대로 면접을 준비하며 체력도 길러 좋은 평가를 받았던 것으로 기억된다. 하지만 막상 입대해보니 나는 턱없이 굼뜨고 약했다. 부모님이 챙겨주는 대로 온실 속 화초처럼 지냈으니 모든 것이 어설펐을 것이다. 하루에도 수십 번씩 선임들로부터 박살이 나거나, 내 선임들이 나 때문에 박살이 났다.

훈련단 시절엔 식사를 알리는 구호와 동시에 식당이 전쟁터로 변했다. 식사 전 목소리가 작으면 목이 쉴 때까지 구호를 외치고, 그래도 작으면 식사 중지, 당장 연병장 집합이었다.

"나는! 가장! 강하고! 멋진! 해병이! 된다! 감사히! 먹겠습니다!"

사방에서 쩌렁쩌렁 목소리가 울려퍼졌다. 이렇게 소리를 지르려면 목젖이 보이도록 입을 벌려야 했다. 있는 힘껏 입을 벌리면 얼굴이 시뻘게졌다. 식사 속도가 느리면 욕을 먹기 때문에 볼이 미어터지게 밥을 밀어넣고 목으로 넘겼다.

어린 시절 몸집 큰 아이들에게 맞고 다닌 탓인지 나의 치아는 부정교합 상태였다. 윗니와 아랫니가 맞지 않아 음식을 씹는 게 느렸고 자연히 밥을 먹는 데 시간이 오래 걸렸다. 하지만 군에서 예외란 없다. 내가 늦게 먹으면 동기들까지 기합을 받기 때문에 죽기 살기로 흡입하다시피 했다.

한편 해병대 시절 밤마다 쓰던 짧은 메모는 적지 않은 치유효과를 발휘했다. 주로 군생활에서 느끼는 감정이나 선임들에게 된통 깨진 내용 등을 적었는데, 이는 가장 큰 오락이자 나를 버티게 해준 힘이었다. 단지 활자를 읽고 쓴다는 사실만으로도 즐거웠다. 요즘도 정말 힘들 때면 그때의 기록들을 들춰보며 각오를 다지곤 한다.

결론부터 말하자면, 24개월의 군생활을 통해 나는 유약함을 벗어던졌다. 직접 미래를 개척하겠다는 의지로 들어온 해병대에서 극한을 체험하며 현실에 감사하는 마음을 배웠다. 추위 속에서 팬티바람으로 기합을 받을 땐 부모님 얼굴을 떠올렸다. 몸의 고통이 강하면 강할수록 내가 대학 입학 후 얼마나 무의미하게 살았는지, 얼마나 자유를 헛되이 보냈는지를 뼈저리게 깨달았다. 자신의 몸을 자학하며 수행하는 사람들의 의도를 조금이나마 짐작할 수 있었다.

나는 간혹 후배들에게 한 번쯤은 일부러라도 바닥을 경험해보라고 말한다. 바닥의 바닥을 치면 더 이상 떨어질 곳이 없기에 두려울 게 없다. 올라가는 일만 남았다는 자신감과 함께 사소한 것에도 감사함을 느끼게 된다.

덕분에 나는 지금도 여간 힘들어서는 힘들다고 느끼지 못한다. 군생활이 한참 힘들 때 극단적인 생각까지 품었던 나로선, 지금 사회인으로서 자유롭게 하고 싶은 일을 한다는 것이 꿈인지 생시인지 모를 만큼 행복하다.

화가 고흐는 동생 태오에게 자주 편지를 썼다고 한다. 어떤 이상을 화폭에 담고 싶은지, 새로 시도한 수채화의 반응 등 그림을 그리며 겪는 고뇌와 열정을 고스란히 담았다고. 나 역시 동생에게 자주 편지를 썼다. 언제나 전투복 상의에 가족과 친구들의 편지를 넣고 다녔다. 편지는 마약과 같아서 훈련을 포기하고 싶을 때 읽으면 거짓말처럼 기운이 생겨 위기를 넘길 수 있도록 도왔다.

그 시절 동생은 입시를 준비하는 수험생이었다. 형이 없어서 모든 게 아쉬웠던 나는, 아우에게 직접적인 도움을 주지 못하는 대신 숱하게 편지를 썼다. 그러다 보니 다시 공부가 하고 싶어졌다. 배움에 대한 허기가 밀려와 나중에는 동생에게 영어로 편지를 써 보내라고 했다. 따로 영어문장을 적어 공부할 거리를 보내달라고도 했다. 받은 영어 편지는 훈련 틈틈이 몰래 읽고 또 읽었다. 읽고 뭔가를 공부하는 동안엔 힘든 현실을 잊을 수 있어 좋았다. 몸만 쓰는 군대에서 내가 퇴보하지 않는 느낌을 유지할 수 있었다. 군에 와서야 비로소 배움이 얼마나 소중한지를 뼈저리게 실감한 것이다.

시간이 지나자 내 몸은 이종격투기 선수처럼 단단해졌다. 근육이 붙자 자신감도 붙어 제대할 날이 손꼽아 기다려졌다. 이젠 어떤 일이든 다 해낼 수 있을 것 같았다. 누가 억지로 시켜서가 아니라 정말 공부가 하고 싶어서 몸이 달아올랐다.

가끔 어려운 형편에서도 공부하는 재미를 느끼며 노력하는 친구들을 만나곤 한다. 공부를 통해 힘든 현실을 잊는 것인데, 나 역시 해병대에서 그런 경험을 하게 되었다. 그제야 세상에서 공부가 가장 쉽다는 의미를 실감했다.

'다시는 내게 주어지는 모든 것, 쌀 한 톨도 허투루 보지 않겠다! 허망하게 보내지 않겠다!'

해병대 생활은 일상이 주는 행복을 실감하게 된 시기였다. 나는 그곳에서 완벽하게 '청춘'을 충전할 수 있었다. 눈에 이만 볼트 빛이 켜지면서 앞으로 공부만 하다 죽어도 좋겠다고 의지를 불태웠다. 이젠 '꿈'을 충전하는 일만 남아 있었다.

'나눔'이라는
생애 첫 도전

어떤 일을 할 수 있다고 믿든 할 수 없다고 믿든,
아마 당신이 믿는 그대로 될 것이다.
– 헨리 포드 Henry Ford

"아, 정말 고민되네. 무슨 수업을 들어야 하지? 뭐가 뭔지 잘 모르겠다."

복학 첫 학기, 여느 복학생처럼 나 역시 어떤 수업을 들어야 할지 막막했다. 군대에서는 그토록 가슴 설레게 기다리던 순간이었는데, 막상 선택을 하려니 고민이 컸다.

"형, 잘됐다. 내가 들으려고 눈여겨본 교양수업이 있는데 들을래?"

"정말이야? 뭔데?"

"말하기."

"뭐, 수업 이름이 말하기야?"

나는 군대에 있는 동안 별 신기한 과목도 다 생겼구나 하고 대수롭지 않게 생각했다. 사실 개강을 앞두고 얼마나 가슴이 두근거렸는지 모른다. 후배들은 학교 밥을 못 먹겠다며 불평했지만, 내게 학교 식당 메뉴는 산해진미 같았다. 끼니마다 뭐든 맛있게 먹는 내 모습에 동생은 많이 놀라는 눈치였다. 식탐은커녕 어릴 때부터 밥을 안 먹어 부모님 속을 어지간히 썩인 나였으니 그럴 수밖에.

복학을 하고서는 밥 먹는 시간 때문에라도 학교에 빨리 오고 싶었다. 게다가 군대에서 약속을 칼 같이 지키는 습관이 들어 내 사전에 지각이나 취소라는 단어는 사라진 지 오래였다. 수업 시작 30분 전부터 교실 맨 앞자리에 앉아 자리를 지킬 정도였다. 무언가를 하나하나 알아가는 데서 희열을 느꼈다. 입대 전에는 궁금하지도 않던 이론을 이해할 때마다 절로 주먹을 불끈 쥐며 속으로 파이팅을 외쳤다. 수업이 끝나면 도서관으로 직행했는데, 계절의 변화가 그대로 드러나는 캠퍼스는 하루를 더 윤택하게 만들었다. 여유롭게 대화를 나누며 교정을 거니는 학생들이 꽃과 나비처럼 아름다워 보였다.

하지만 나는 누가 봐도 여전히 복학생이었다. 웃지 않으면 무뚝뚝하고 무서운 사람으로 오해받기 일쑤였다. 가끔씩 군대 말투가 튀어나올 때면 쥐구멍에 숨고 싶을 만큼 창피했다. 언젠가 강의실이 바뀐 사실을 함께 수업 듣는 학생들에게 전달할 때였다.

"다들 옆 '내무실'로 옮겨주세요!"

학생들은 당황스러운 표정을 짓다가 하나둘 폭소를 터트렸다. '아, 완전 복학생 티 냈구나….'

내가 뭔가
할 수 있다면

'벌써 내 차례잖아. 긴장하면 안 되는데 어쩌면 좋지.'

말하기 수업의 자기소개 차례가 코앞으로 다가왔다. 나는 고3 때 수능을 앞두고 걸린 피부병 때문에 마음 놓고 큰소리로 웃어보는 게 소원이었다. 체온이 올라가면 피부가 붉어지며 쥐어짜듯 아픈 증상이었다. 몸이 극도의 스트레스에 대한 반응을 그대로 드러낸 것이다. 발표를 기다리자니 마치 그때처럼 심장이 울렁거리고 손에 땀이 흥건하게 고였다. 3분, 고작 3분짜리 자기소개를 앞두고 온몸이 초비상 상태가 됐다. 군대에 다녀온 후 부쩍 남들 앞에 서는 게 어색하고 두려울 즈음이었다.

"자, 성태 씨. 편안하게 시작해보세요."

조교가 발표하는 모습을 캠코더로 찍어 각자 다운받을 수 있도록 사이트에 올리는 수고를 해주었다. 교수님의 편안한 음성을 들어도 심장은 여전히 벌렁거렸다. 나중에 녹화된 나의 모습을 확인해보니 어깨가 목에 올라붙고 눈의 초점이 크게 흔들리고 있었다. 군대에서 긴장하면 말 더듬는 버릇이 생긴 데다 횡설수설하기까지 하니 못 봐줄 지경이었다. 아나운서를 지망하는 수강생이 많아서인지 나의 소심함과 부족한 실력은 더더욱 눈에 띄었다. 간신히 자기소개를 마치고 자리에 앉았을 때는 물에 빠진 생쥐처럼 온몸이 땀에 푹 젖어 있었다.

이름만 들어서는 평범한 수업인 줄 알았는데, 나중에 알고 보니 말하기 수업은 경쟁률이 높은 인기강좌였다. 아나운서 출신인 유정아 교수님과 효과적인 스피치 방법을 실습하는 시간이었다. 한 학기 동안 혼자 혹은 팀을 이뤄 다양한 방식의 말하기 기술을 배웠다.

하루는 CEDA 토론(Cross Examination Debate Association, 교차조사식 토론)을 연습하는 날이었다. 각 조가 특정 주제를 정해놓고 모두가 보는 앞에서 토론을 해야 했다.

"여러분, 이번 토론 주제는 우리나라 교육제도입니다. 시간제한을 두고 찬반을 나누어 각 조가 번갈아 주장을 펼치는 조별 토의방식으로 하겠습니다."

내가 속한 조는 교육부 입장에서 한국의 교육제도를 옹호하는 입장이었다. 당시는 2006년이었는데, 2008년 입시를 죽음의 트라이앵글이라 부를 때였다. 수능, 내신, 대학별 고사까지 어느 것 하나 빼놓지 않고 잘해야 대학에 들어가는 구조로 개편되었기 때문이다. 당연히 학생과 학부모들의 분노가 극에 달했다. 학생들 사이에서는 정부와 대학, 사교육 업체들이 서로 짜고 학생들을 이용해먹는다는 음모론까지 나돌 정도였다. 발표를 위해 지금까지의 교육제도를 살펴보았지만, 개선된 부분이 있는 것 같진 않았다. 오히려 개선이랍시고 자주 바뀐 입시제도 때문에 학생과 학부모들은 혼란스럽고 지쳐 있었다. 해마다 입시에 실패해 스스로 목숨을 끊는 학생들이 늘어만 갔다. 자료를 파고들수록 심장 박동이 빨라졌다. 나의 피말리던 수험생활이 새록새록 떠오르기 시작했다. 처음엔 대수롭지 않게 도서관이 덥다는 생각에 소매를 팔뚝까지 걷어올렸다. 의지할 곳 없는 치열한 입시전쟁에서 아이들이 살아남을 방법을 고민하는 대목에서는 목을 꼭 조이는 단추를 끌렀다. 입에서 탄성처럼 혼잣말이 흘러나왔다.

"내가 뭔가 할 수 있을지 몰라!"

순간 누구보다 열심히 공부했지만 성적이 안 올라 힘들었던 시간이 자료와 함께 줄줄이 스쳐 지나갔다. 자기에게 맞는 공부법을 찾는다면 원하는 대학, 원하는 과에 보다 쉽게 들어갈 수 있다는 걸 몇 명이나 알고 있을까. 가난해도 희망만 버리지 않으면 충분히 대학에 갈 수 있다고, 공부가 재미있을 수 있다고 어린 후배들에게 말해주고 싶어 입이 근질근질했다.

"형, 수학은 어떻게 공부해야 해?"

"수학도 처음엔 어느 정도 암기가 필요해."

"형, 역사는 외울 게 너무 많은데 이걸 다 기억할 필요가 있어?"

"역사야말로 이해해야 하는 과목이야. 어떤 사건이든 항상 원인과 결과가 있어. 그걸 찾다 보면 저절로 암기도 되고 재미도 있을 거야."

동생에게 공부 노하우를 알려주며 직접 정리한 공부법 노트, 공부에 대한 나만의 노하우를 다른 학생들에게도 전해주고 싶었다. 대학 입시로부터 완전히 해방될 순 없겠지만, 희망과 용기를 줄 수 있다면 도전해볼 만한 일이 아닌가. 생각이 또 다른 생각을 불러오는 사이에 입대 전 그나마 의미를 느꼈던 교육봉사 활동이 떠올랐다.

애어른 같은
아이들과의 만남

방황하며 무위도식하던 대학 1학년을 지난 2학년, '이웃사랑'이라는 학교 교육봉사 동아리에서 활동하게 되었다. 특별히 봉사에 뜻이 있다기보다 과거의 나처럼 학교 다니기 싫어하는 아이들을 돕고 싶단 생각이었다. 그곳에서 나는 세상을 다 산 애어른 같은 아이들을 만났다. 그리고 그해 여름과 가을 그리고 겨울, 아이들과 함께 어떤 문턱을 넘어섰다.

"선생님, 안녕하세요. 아까 연락드렸던 강성태라고 합니다."

관악구 오르막길을 한참 올라 도착한 곳은 허름한 지역아동센터였다. 간사님께서 반갑게 내 손을 잡아주셨다.

"강 선생님, 여기까지 와주셔서 정말 감사해요. 우리 아이들이 조금 거칠긴 해도, 빨리 철들어서 그렇다고 생각하면 짠한 구석도 많아요. 모쪼록 예쁘게 봐주세요. 보시다시피 장소가 협소해서 따로 공부할 공간이 없어요. 여러 학년을 함께 데리고 수업하셔야 할 거예요."

받아든 물컵에 송송 물방울이 맺혔다. 언덕을 오르며 땀을 많이 흘린 탓에 가벼운 현기증이 났다. 화장실에서 찬물로 세수를 하고서야 겨우 정신이 또렷해졌다. 학교 동아리 '이웃사랑'은 찾아가면 교육봉사를 할 수 있도록 지역아동센터 및 청소년 자활센터와 연계되어 있었다. 땀을 흘리며 물어물어 찾아간 곳에는 아이들과의 첫만남, 첫 수업이 기다리고 있었다.

"선생님, 여자친구 있어요? 생긴 거 보니 없을 것 같은데? 크크."

내가 맡은 아이들은 중학생과 초등학생 모두 합쳐 다섯 명, 그런데 도저히 통제가 불가능했다. 수업 시작과 함께 내 표정은 점점 어두워져갔다. 저희끼리 시시덕거리는 건 보통이고, 갑자기 자리에 드러눕거나 농담을 던져서 나를 당황스럽게 만들었다.

사실 아이들을 만나기 전까지 내 의욕은 다부졌다. 어떻게 하면 성적이 오를지 누구보다 잘 안다고 생각했고, 아이들이 내게 고마워하며 수업을 들을 거라 믿었다. 이 아이들을 잘 가르쳐서 성적을 올려야겠다는 야무진 꿈은 만남과 동시에 해체됐다. 도대체 다섯 명 모두 동기부여가 안 됐다.

아이들은 의지가 없었다. 의지? 의지는커녕 앉을 의자도 없었다. 책상이 없어 방바닥에 커다란 상을 펴고 그 위에 엎드리다시피 앉아서 수업을 했다. 엄마 혼자 아이를 낳아 키우는 모자센터가 함께 운영되고 있어서 찜통 같은 공간에선 아기들 특유의 냄새가 났다. 주위에는 꼬마들이 수시로 슈퍼맨 흉내를 내며 뜀박질을 하고 있었다. 심지어 발에 걸려 엎어져 우는 아이도 있었다. 마치 놀이터 한가운데 앉아 공부하는 미션이 주어진 기분이었다.

첫 수업의 충격을 안고 집으로 돌아가는 길에 나의 어린 시절을 돌이켜보았다. 나는 항상 형의 존재가 절실했던 반면, 이 아이들은 그렇지 않아 보였다. '그래, 처음이니까 그럴 거야.'

웬걸, 다음 수업에는 다섯 명 중 두 명이 나오지 않았다.

"선생님, 용석이랑 필승이는 친구 생일파티에 갔어요."

묵묵히 수업을 했지만 속으로는 무시당했다는 생각에 머리가 지끈거렸다. 녀석들, 이 수업이 과외로 치면 얼마짜린데. 사실 수업이랄 것도 없었다. 혼자 책을 읽는 지경이었다. 나는 말썽만 피우고 마음은 안 주는 아이들이 점점 얄미워졌다. 귀찮고 보람 없고 힘들기만 한 봉사라면 확 그만둘까? 매주 수업을 전후로 고민이 깊어졌다.

"형, 이제 공부하는 법을 알겠어요. 그대로 따라만 하면 되는 거죠. 정말 고마워요."

센터 아이들에게 뭐 이런 반응을 기대한 건 아니었다. 그냥 제시간에 수업에 참석하는 성의라도 보여주면 좋겠다고, 수업이 있을 때마다 씩씩거리며 걸음을 재촉했다. 여름이면 장맛비에 신발은 물론 바지까지 죄다 젖어 자꾸 몸에 감겼다. 학교에서 버스 한 번이면 갈 수 있던 센터가 이사를 가는 바람에 마을버스를 갈아타고 등산하듯 급경사 언덕을 올라가야 했다. 그마저 눈이 오면 마을버스가 끊겼다.

이래저래 나는 센터 아이들이 맘에 들지 않았다. 형편이 어렵다면서 나보다 신형 핸드폰을 쓰고 옷도 소위 메이커를 입었다. 집이 어려워서 내 도움이 필요한 아이들을 가르치러 왔는데 잘못 왔다는 생각마저 들었다. 하지만 한 번 보고 사람을 다 알 수는 없는 노릇이라고 애써 스스로를 위로했다. 경험이 부족했기에 아이들을 관찰할 수는 있어도 아직 통찰까지 할 수준이 아니란 건 알고 있었다.

시간이 지나면서 보니 아이들은 다들 저마다 사정을 안고 있었다. 친척집에 얹혀사는 아이, 부모님께 버려져 할아버지, 할머니와 사는 아이, 아버지에게 폭행당하는 어머니를 매일 봐야 하는 아이, 출산의 경험을 가진 아이 등등, 섣불리 물어볼 수도 없고 말해주지도 않을 상처들이었다. 그래서인지 좀처럼 속내를 드러내지 않았다.

집에 쌀이 없어도 핸드폰은 최신형으로 들고 다니는 건 알고 보니 주눅 들고 싶지 않아서였고, 위험에 노출된 지역이라 보호자와 쉽게 연락하기 위해서였다. 아이들을 조금씩 이해하면서 내 생각도 바뀌기 시작했다. 아이들은 꿈을 꿀 수 없는 환경에 방치되어 있었다. 제대로 된 보살핌이, 가르침이 없는데 공부가 어떻게 희망이 될 수 있을까. 가난의 대물림이 뻔해 보였다. 새삼 대한민국이 공평한 기회를 제공하는 자유민주주의 국가는 아니라는 생각마저 들었다. 이대로라면 계급사회로 역행하지 않을까 하고 심각한 생각이 가지를 치는데, 정작 아이들은 천연덕스러울 만큼 밝을 때가 많았다.

"선생님 안 좋은 일 있어요? 다 큰 어른이 그렇게 표정이 어두우면 안 되죠."

아이들은 장난스럽게 나를 격려했다.

어느 날부터인가 대학 캠퍼스에서 방황하는 나의 고민이 사치스럽게 느껴져 아이들을 똑바로 바라보기가 부끄러웠다. 성적을 행복의 척도로 생각하고 숫자로 사람을 판단하려는 나를 다시 생각하게 됐다. 그때까지 무의식적으로 아이들이 1등은 못 해도 5등 정도 하면 삶이 달라질 거라고 생각했던 나였다. 그날 이후 나는 아이들과 공터에 나가 얼굴이 벌개질 때까지 공을 찼다. 이제 더 이상 아이들이 싫지 않았다. 삶을 편협하게 재단하는 대신, 소외되었지만 순수한 아이들이 눈에 들어왔다. 이때만큼은 아이들이 나의 스승처럼 느껴졌다.

나처럼,
나처럼 되고 싶다고?

"선생님, 선생님처럼 되려면 어떻게 하면 돼요?"

지는 해를 뒤로 하고 아이들과 공을 차고 있던 때였다. 식당에서 일하는 어머니와 단둘이 사는 승민이가 셔츠를 들춰 얼굴의 땀을 닦으며 내게 물었다. 순간적으로 내가 잘못 들었나 하고 귀를 의심했다. 하지만 낮고 분명한 말이었다.

"나처럼? 나처럼 되고 싶다고?"

"네, 선생님처럼 멋진 대학생이 되면 좋을 것 같아요."

순간 머리가 쭈뼛 섰다. 왜 하필 나처럼 놀고먹는 대학생이 되고 싶다는 거냐. 승민이가 낡은 축구공을 날렵하게 내 쪽으로 패스했다. 나는 비껴가는 공을 잡아 승민이가 받기 좋은 방향으로 보냈다.

"승민아, 지금도 충분히 잘하고 있어. 수업에 조금만 더 집중하면 원하는 대로 될 거야. 나는 너보다 공부를 늦게 시작했거든. 승민이가 지금부터 시작하면 아마 선생님보다 더 훌륭한 대학생이 되겠지."

"정말요? 그럼 더 열심히 해야겠다."

생각에 변화가 있고부터 아이들과 공을 차며 희망과 관련된 이야기를 주고받았다. 감동적인 실화가 영화로 나오면 함께 비디오를 빌려 보며 자기 생각을 말하는 시간을 가졌다. 그리고 수업은 하루 딱 10분 집중해서 했다. 그리고 아주 천천히 10분, 15분, 20분… 아이들이 집중하는 시간을 늘려나갔다. 나도 아이들도 마음을 열고 서로를 깊숙이 끌어안기 시작했다.

그날부터였다. 내 짧은 인생에 뭔가 팽팽한 선이 그어진 느낌, 나는 소년에서 비로소 청년 강성태가 되는 길목 하나를 발견한 기분이었다. 매사에 미숙하고 주변에 책임을 전가하는 어두운 강성태와 이별하는 순간이었다. 이제껏 희망 없이 무겁게 몸을 끌며 걷던 나에게, 나를 롤모델로, 멘토로 삼는 아이가 세상에 처음 생겼다. 정신 차리고 똑바로 살아야 하는 이유 비슷한 것이 하나 생긴 것이다.

교육봉사 시절의 기억을 더듬다 보니, 나의 가슴은 뭔가에 홀린 것처럼 뛰기 시작했다. '맞아, 그땐 그랬지. 처음으로 가슴에 뜨끈한 무언가가 올라오는 기분이었는데.'

교정의 살구나무에 꽃이 핀 5월, 어렴풋한 '공신'의 컨셉이 어지러이 머릿속 여기저기를 떠돌았다. 아직 공신이라는 명칭이 생기기도 전이었고 구체적인 구상을 그린 것도 아니었지만, 과거에 내가 정리했던 공부법이 많은 아이들에게 도움이 될 거라는 믿음만은 확고했다. 처음으로 대한민국 중고생들의 '형'이 되겠노라고 결심하게 된 계기였다.

결국 토론은 대한민국 교육제도를 조목조목 비판한 상대편 조의 승리로 돌아갔다. 우리 조 역시 상대편 조와 같은 생각이었기 때문에 반박에 전혀 힘이 실리지 않았다.

세상에는 이기고 지는 게 중요하지 않을 때도 있다. 나는 이번 토론을 통해 우리의 교육제도에 문제의식을 느끼고 무언가를 해야겠다는 생각을 하게 됐다. 소리 없이 속으로 새긴 다짐에 뼈대가 세워지고 차근차근 근육이 붙었다. 여기 숨을 불어넣어 생명을 얻는다면…. 상상만으로도 가슴이 뛰었다.

별 생각 없이 신청한 교양과목이었지만, 뜻하지 않게 작은 선물꾸러미 하나를 얻은 기분이었다. 나는 아이들에게 공부를 쉽고 재미있게 가르쳐주겠다는 기대감에 두근거리는 가슴을 진정시켜야 했다. 대학시절 나의 좌충우돌 교육봉사는 공신을 시작하는 데 귀중한 토대가 되어주었다. 당시 아이들에게 했던 실수, 대학생 교육봉사의 한계는 현재 공신 멘토링에도 많은 도움이 되고 있다.

그날 저녁 승민이는 내 손을 잡고 걸으며 이제껏 들어보지 못한 유쾌한 허밍소리를 냈다. 나는 승민이의 옆얼굴을 내려다보다 하마터면 걸음을 멈출 뻔했다. '나도 형이 있으면 좋겠어.' 어릴 때부터 형을 노래 부르던 아이, 고민을 털어놓을 상대가 없어 이리저리 헤매던 낯익은 꼬마가 얼굴 가득 미소를 짓고 있었다.

드디어
날개를 펴다

인간은 성공했을 때보다 실패했을 때
당신의 칭찬을 더욱 필요로 한다.
- 밥 모워드 Bob Moawad

사춘기 시절, 나는 모든 게 불만이었다. 나는 왜 타고난 재주가 없을까. 우리 집은 왜 부자가 아닐까. 엄마는 왜 저렇게 짠순이일까. 우리 집에는 왜 대학 나온 사람이 없지? 아버지는 저 낡은 차를 언제까지 몰고 다닐까?

서울로 이사온 경상북도 점촌 촌놈은 학교에서 온갖 무시를 당했다. 체격이 왜소해 툭하면 얻어맞았다. 나는 모든 탓을 환경으로 돌렸다. 엄마가 밥을 차려주면 외면하고 방문을 걸어잠근 채 빈속으로 자리에 누웠다.

'나도 형이 있으면 좋겠다.'

형이 있으면 녀석들이 나를 함부로 대하지 않을 텐데, 지겨운 공부도 재미있게 가르쳐주고 게임도 잘하게 도와줄 텐데, 아버지의 훈계를 중간에서 막아줄 텐데. 하지만 없던 형이 갑자기 나타날 순 없는 노릇. 그래서 슈퍼맨을 상상했다. 힘이 세져서 나를 괴롭히는 녀석들을 죄다 혼내주는 상상이었다. 영화 〈돌려차기〉처럼 나쁜 친구들에게 어퍼컷을 날리는 장면을 떠올리면 그나마 가슴이 뻥 뚫리는 것 같았다.

결국 외로운 촌놈은 투덜거리며 공부를 시작했다. 막다른 느낌, 이렇게 살 바엔 죽는 게 낫다고 생각한 어느 날이었다.

외로운 촌놈, 슈퍼맨을 꿈꾸다

"야, 냄새 장난 아니다."

실내화를 갈아신는데 일진 여자애 하나가 코를 틀어막고 내게서 멀찍이 떨어지는 시늉을 했다. 부모님을 따라 경상도에서 서울로 전학온 아이의 호된 신고식이 시작된 것이다. 전학 다음날부터 학교생활이 꼬이기 시작했다. 서울 학교는 너무 큰데다 항상 어리바리했던 나는 교실을 찾지 못했다. 겁도 많고 용기도 없었기에 물어볼 엄두도 못 내고 다시 집으로 돌아오는 아이였다.

"저 팔꿈치에 낀 때 좀 봐."

시골 볕에 까맣게 탄 내 팔꿈치를 아이들은 더럽다고 놀렸다. 그리고 기어이 '더러맨'이란 별명을 붙였다. 그 정도 놀림은 누구나 받을 수 있었다. 그런데 고학년이 되면서 사태가 심각해졌다.
"야, 더러맨. 화장실로 오래."
쉬는 시간마다 화장실에 모여 담배를 피우는 아이들이 생기기 시작했다. 소위 '일진'이라 불리는 아이들은 양말에 숨겨둔 담배를 꺼내 불을 붙였다. 그리고 미간을 잔뜩 찌푸려 담배연기로 도넛 모양을 만들어 영웅 대접을 받았다.
쭈뼛쭈뼛 화장실 문을 열고 들어가자, 키가 나보다 한 뼘이나 큰 녀석이 나를 구석으로 몰아넣고 사정없이 주먹질을 했다. 미처 뭐라고 입을 열 틈도 없었다. 얼굴로 날아드는 주먹에 영문도 모르고 속수무책으로 당했다. 그날 나는 얼굴을 얻어맞아 유치가 부러졌다. 워낙 성장이 늦은 탓에 6학년 때까지도 유치가 있었다. 울면서도 다른 친구들이 이 모습을 볼까 조마조마했다.
'내가 뭘 그렇게 잘못했지?'
어려서부터 유독 겁이 많았던 내가 학교에서 누군가에게 폐가 될 일을 할 리 없었다. 약하고 왜소한 친구들은 덩치 크고 힘센 아이들을 무조건 피해다녔다. 힘이 없어도 죽을 힘을 다해 덤비는 녀석에게는 아무도 함부로 대하지 못했는데, 불행히도 나에겐 그런 배짱이 없었다. 한동안 학교 화장실을 기피하는 증상마저 생겼다. 일진이 진을 치고 있어서 먼 건물까지 돌아서 다녀야 했다. 가끔은 집으로 볼일을 보러 갈 때도 있었다.
"내가 보는 앞에서 제대로 한번 패봐라."
때로는 싸움 잘하는 녀석이 자기보다 서열이 낮은 친구더러 나를 때리라고 시키고는 구경을 했다. 자기가 직접 때리면 내가 고통스러워하는 모습을 제대로 못 보기 때문이라나. 이럴 땐 친구가 아니라 악마라는 생각이 들었다.

악몽. 학창 시절을 떠올리면 모든 장면이 암울한 잿빛이다. 어린 나이였지만 미래가 전혀 기대되지 않았다. 가끔은 이렇게 살아서 뭐하나, 그런 탄식도 나왔다. 지금의 활발한 나와는 전혀 거리가 먼 모습. 나는 슈퍼맨이 되어 녀석들을 응징하는 상상을 하며 자가 심리 치료를 했다. 그리고 항상 생각했다.

'형이 있으면 좋겠다.'

같은 반에 말을 심하게 더듬고 나처럼 왜소한 친구가 있었다. 하지만 힘자랑을 하는 녀석들도 그 친구는 함부로 건드리지 못했다. 무슨 일이 생기면 형이 황소처럼 달려와 모조리 혼을 내줬기 때문이다. 형이 있으면 좋은 게 한두 가지가 아니었다. 팽이와 딱지 같은 장난감을 물려받고 숙제도 같이 하고. 하지만 내게는 그런 형이 없었다. 5살 어린 동생이 하나 있을 뿐이었다.

나는 남동생에게만큼은 좋은 형이었다. 좋은 성적은 아니지만 집에서 숙제를 봐주는 나름대로 성실하고 다정한, 그러나 엄한 형. 평소 내가 상상하는 형의 모습을 동생에게 보여주려 노력했다. 하지만 현실 속 강성태는 학교 복도에서 혹시라도 체격 좋은 아이들과 마주칠까 조마조마해 하는 겁 많은 초등학생에 불과했다.

지금도 어려운 결정을 내려야 할 순간이면 상상 속의 형을 떠올린다. 아무리 경험과 지혜가 쌓여도 혼자라는 두려움은 떨치기 어렵다.

그래서 속내를 털어놓고 충분히 의논할 형이 있는 사람이 여전히 부럽다.

중학교 2학년이 되었을 때 나의 소심증은 최고조에 달했다. 아마 그 사건이 아니었다면, 나는 여전히 세상을 탓하고 어려운 환경에 낙담하며 PC방에서 하루종일 게임에 빠져 살았을 것이다. 내가 가진 무한한 가능성을 한 번도 생각해보지 않은 채.

나는 세상에 살 자격이 없는 놈이다

누구에게나 평생 결코 잊을 수 없는 사건이 있을 것이다. 내게는 중학교 2학년 2교시 쉬는 시간이 그랬다. 어느 날 산만하게 두리번거리다 맨 뒷자리에 앉아 있는 일진 녀석과 눈이 마주쳤다. 나는 그대로 시선을 돌리기 어색해 빙긋 웃었다. 왜 그랬는지는 지금도 모르겠다. 녀석은 바닥에 뱉으려던 가래침을 그대로 내게 뱉어버렸다. 침은 정확히 얼굴에 날아들어와 내 눈 위로 흘러내렸다. 맙소사, 하필이면 수업시작을 알리는 종이 울렸고 바로 선생님이 들어오셨다.

'나는 필통을 집어던지고 그 녀석에게 달려들어 주먹을 휘둘렀다'고 쓰는 것이 또래 남학생의 정상적인 반응일 것이다. 보통의 남학생이면 아무리 힘이 약해도 이런 상황에서 가만히 있지 않는다. 죽이 되든 밥이 되든 달려들고 보는 게 정상이다. 하지만 그 시절의 나는 소심하고 나약하기 그지없는 인간이었다. 심지어 선생님께 화장실을 다녀오겠다는 말조차 할 용기가 없었다. 무엇보다 다른 친구들이 이 사실을 알까 부끄럽고 두려웠다.

사람의 침이 마르면 썩어 문드러지는 냄새가 난다는 걸 이날 처음 알았다. 나는 휴지도 없어 얼굴을 대충 손으로 닦고 그 손을 어찌지 못해 책상 밑에 길게 늘어뜨리고 있었다. 고개를 푹 숙인 채 꼼짝 않고 수업을 들었다. 아니, 3교시 내내 찌질한 놈이라고 스스로를 볶아댔다. 역한 냄새가 얼굴과 손에서 진동을 했고 수업이 끝날 때쯤에는 피가 잘 통하지 않아 팔이 저렸다.

'나는 세상에 살 자격이 없는 놈이다.'

나는 쉬는 시간에 화장실에서 얼굴을 닦으며 자책했다. 신기하게 이런 한심한 놈을 자식이라고 고생하며 뒷바라지하시는 부모님 얼굴이 제일 먼저 떠올랐다. 내가 딛고 선 땅이 이대로 소리 없이 꺼졌으면 좋겠다고 생각했다.

그런데 집으로 향하는 길에 처음으로 당당하고 멋지게 살고 싶다는 욕망이 일었다. 존재감이 없어 아무나 함부로 대해도 되는 강성태가 아니라, 무리에 묻어 사는 강성태가 아니라, 싸움도 잘하고 체격도 좋고 잘생겨서 친구들이 부러워하는 강성태가 되고 싶었다.

이가 갈렸다. 어떻게 하면 그런 사람이 될 수 있을까? 나는 당시 덩치도 작고 싸움 같은 건 솔직히 관심이 없었다. 운동신경이 좋아 농구를 잘하는 것도 아니고 얼굴이 잘생겨서 인기가 많은 것도 아니었다. 뭔가 딱히 보여주거나 복수할 방법이 없었다. 그때 눈에 들어온 친구가 있었다. 나만큼은 아니어도 하는 행동이나 겉모습이 어리바리한 친구였는데, 아무도 그 친구를 무시하지 못했다. 항상 1등을 도맡아 했기 때문이다. 학교 선생님조차 함부로 대하지 못하는 모습이었다.

'그래 저거다!'

공부만큼은 다를 것 같았다. 일단 성적이 바닥은 아니었고 중간 정도는 됐다. 게다가 공부는 엉덩이로 하는 거라는 어른들 말씀처럼, 체력은 딸리지만 오랫동안 죽치고 앉아 있을 자신은 있었다. 나는 그날부터 본격적으로 공부라는 걸 시작했다. 내가 당했던 치욕을 떠올리며 이를 악물고 책상 앞에서 오래 버티기를 했다. 아무래도 집중이 필요해서 제일 먼저 독서실을 끊었다.

"가까운 곳을 두고 왜 그렇게 멀리까지 다니니?"

어머니는 왜 힘들게 먼 곳까지 다니느냐고 물으셨다. 친구가 없으니 가끔 근처 오락실에 가는 걸 빼면 공부 말고 할 일이 없었다. 혼자 가니 오락실도 재미가 없었다. 집이 멀어 저녁을 먹으러 가기 싫으면 분식을 사 먹거나 독서실 계단에서 과자 한 봉지로 끼니를 때웠다. 거의 공부만 했다.

중2에서 중3이 되던 겨울방학은 유난히 춥고 시간도 더디게 지나갔다. 애벌레가 나비를 꿈꾸며 뽕잎을 열심히 뜯어먹듯, 공부를 또 하고 또 하던 시절이었다. 작정하고 덤비니 세상에 못 넘을 산이 없고 못 해낼 일이 없었다. 나의 청소년기는 뒤늦게 시작한 공부로 그렇게 지나갔다. 내가 만일 자기연민에 빠져 시간을 허비했다면, 지금의 나는 어떤 모습일까.

이제 와서 생각해보면 내 얼굴에 침을 뱉은 친구에게 고마운 마음마저 든다. 당시에는 어디론가 사라지고 싶을 만큼 너무도 수치스러웠고, 내 안에는 분노가 가득했다. 하지만 그 사건은 내게 '공부'의 불씨를 지펴주었다. 나아가 지금의 나를 만들어주었으니 어찌 고맙다 하지 않을 수 있겠는가.

공부로 나의 존재를 증명하다

"성태 수고했다."

성적표를 나눠주는 담임 선생님께서 유독 내게만 이런 말씀을 건네셨다. 앞서 성적표를 받아든 친구들의 안타까운 탄식이 여기저기서 들려왔다. 나는 긴장한 나머지 표정이 조금 굳어 있었다. 그런데 성적표를 펼치는 순간 처음 느껴보는 전율이, 쾌감이 일었다. 반에서 2등이라니, 찌질이 강성태가 무슨 짓을 한 거야. 나는 성적표를 뚫어져라 오래도록 들여다보았다. 지금도 중3 첫 중간고사에서 받은 성적을 잊지 못한다.

'공부는 머리가 아니라 엉덩이로 하는 거라더니! 죽치고 앉아서 공부만 하니까 정말 되긴 되는구나!'

나는 이때부터 '하면 된다'는 자신감을 얻어 오랜 시간 지치지 않고 공부에 매진할 수 있었다. 성공을 경험하는 것이 어째서 중요한지를 알게 해준 사건이었다. 공부는 나의 존재를 증명하는 유일한 수단이었다. 1년도 지나지 않아 학교에서 나를 대하는 친구들과 선생님의 눈빛이 달라졌다. 그때부터 아무도 내게 이유 없이 주먹질을 하지 않았다. 수업시간에 졸아도 열심히 공부하느라 그러겠지 하고, 별다른 제재를 받지 않았다.

"성태는 선생님이 눈에 넣어도 안 아플 것 같다."

중학교 3학년은 내 인생에 소중한 추억을 안겨준 시기다. 담임 선생님께서 각별히 챙겨주셔서인지 더더욱 그랬다. 나는 그런 선생님을 실망시켜드리고 싶지 않았다. 그래서 아침 일찍 일어나 학교로 제일 먼저 달려가는 학생이 되었다. 이처럼 때로는 따뜻한 말 한마디가 사람의 인생을 바꾼다. 당시 선생님이 내게 해주신 좋은 말씀은 내 학창 시절을 바꾸는 데 톡톡한 역할을 했다.

또한 나는 과거의 소심한 모습을 버리기 위해, 몸에 남은 그 기억을 지우기 위해 혹독하게 몸을 단련하기 시작했다. 수시로 팔굽혀펴기를 했다. 일부러 발을 책상처럼 높은 곳에 올려두고 연습하다 보니 평지에서 하는 건 식은 죽 먹기였다.

"와, 성태 봐. 저 자식 완전 터미네이터네."

체육시간에 팔굽혀펴기로 실기평가를 볼 때였다. 친구들이 이구동성 나를 향해 탄성을 질렀다. 몸도 마음도 어느덧 자신감을 찾아갔다. 뿐만 아니었다. 자신감을 되찾아서일까? 중3 때 비로소 나는 키가 크기 시작했다.

"너, 무슨 키가 콩나물처럼 쑥쑥 크냐. 성태가 이제 나보다 한 뼘이나 더 커."

"그래? 어쩐지 교복바지 밑단이 올라가서 세탁을 잘못한 줄 알았다."

인생사 새옹지마라 했던가? 한때 나를 몹시 괴롭혔던, 거인처럼 보였던 아이들 중 하나는 내 키보다 한참 작은 170cm 정도에 그쳤다는 이야기를 나중에 전해 들었다. 초등학교 고학년에 그 정도면 거인이었는데, 지금은 나보다 한참 작은 키다.

나를 괴롭힌 친구들에게 내가 당했던 그대로 친구들 앞에서 상대를 깔보고 면박을 줄 수도 있었다. 하지만 생각해보니 그처럼 못난 행동이 없었다. 내가 힘이 더 세다고 약한 아이를 괴롭히면 내가 그 친구들과 다를 게 무엇인가. 나는 가야 할 길이 있었다. 정확하게 눈에 들어오진 않았지만 뭔가 잡힐 듯 잡히지 않는 무언가가 있었다. 무엇보다 남들보다 늦게 시작한 공부인 만큼 한눈을 팔 틈이 없었다. 날 무시하고 괴롭히는 아이들에게 나의 존재감을 증명하기 위해서라도 누구보다 열심히 공부해야 했다. 그렇게 시간을 들인 만큼 성과가 나타나니 학교생활 자체에 자신감이 넘쳤다. 여전히 곁에 형은 없었지만 선생님께서 보여주신 따뜻한 관심으로 학교는 어느새 가장 즐거운 곳으로 변해갔다. 누군가를 의지할 수 있다는 사실, 누군가 따뜻한 눈으로 나를 지켜봐준다는 사실이 무척 든든하게 느껴졌다.

나만의 공부법으로
기적을 만들다

어떤 성공도 확정된 것이 아니며, 어떤 실패도 결코 치명적일 수는 없다.
중요한 것은 다만 계속하려는 용기다.
- 윈스턴 처칠 Winston Churchill

고등학교 공부는 달랐다. 책상 앞에 앉아 있는 시간만큼 성적이 나오지 않았다. 수업을 착실히 노트에 정리해놓으면 친구가 빌려 보고 시험에서 덜컥, 백점을 받았다. 수학 응용문제를 풀려 하면 번번이 머릿속이 하얗게 변했다. 하지만 거의 유일한 장기였던 공부를 포기할 순 없었다. 한 문제를 풀기 위해 많게는 열 번을 시도했고, 결국 내 것으로 만들었다.

누구는 바보 같은 짓이라고 할지 모르지만 뭐든 바보를 거쳐야 넘어설 수 있는 경지가 있다. 어렵게 문제 하나를 풀면 다른 문제, 다른 과목과 술술 연결이 되는 이상한 능력이 생겼다. 지금 생각하면 나만 그런 것이 아니었다. 자기 방식으로 문제를 풀어가는 친구들이 있었다. 나 역시 공부에 자신이 붙으면서 내게 맞는 공부법을 찾아

노트에 정리하기 시작했다.

'적어도 내 동생만은 공부 때문에 힘들지 않게 해줘야지.'

수업을 마치는 종이 울리면 매점에 달려가는 대신, 배운 내용을 5분간 복습했다. 여러 문제집을 들춰보기보다 한 권을 완벽히 소화할 때까지 봤다. 하루에 집중해서 공부하는 시간이 얼마인지를 체크했다. 나는 소처럼 매일 13시간 동안 고도의 집중력으로 공부에 매달렸다. 그 와중에 동생을 위해 소소한 노하우까지 빠짐없이 기록했다. 사소하지만 동생을 위하려던 것이 오히려 내 공부에 도움이 됐다.

다시 찾아온
열등감이라는 괴물

"성태야, 다른 집 애들은 선행학습하느라 밤늦게까지 학원에서 산다더라. 너는 괜찮니? 아버지께 학원 좀 보내달라고 말씀드릴까."

게임에 정신이 팔려 좀처럼 방에서 안 나오는 나를 염려해 어머니가 사과를 깎아오셨다. 평소 말씀이 별로 없으시던 어머니가 걱정스런 눈빛을 보냈다. 아삭 소리가 나게 사과를 베어물며 그런 어머니를 안심시켰다.

"엄마, 제가 알아서 할게요. 걱정 마세요."

중학교 3학년 때 열심히 노력한 덕분에 특목고는 아니어도 비평준화 지역에서 성적이 좋은 공립고에 갈 수 있었던 나는 자신감에 가득 차 있었다. 어느 정도 당일치기 비슷한 단기집중식 공부에 맛을 들인 상태이기도 했다. 무엇보다 원하는 고등학교에 입학했다는 승리감에 도취되어 시간 가는 줄 몰랐다. 마치 지난 혹독한 1년을 보상이라도 받으려는 듯, 이내 독하게 공부했던 시절은 잊고 만화책과 게임에 빠져 하루를 보냈다. 내가 할 수 있는 모든 방법을 동원해 최선을 다해 놀았다.

나중에 알고 보니 내가 자유를 만끽하던 시간에 다른 친구들은 학원에서 고등학교 선행학습을 하고 있었다. 맙소사! 다들 공부하다 죽은 귀신이 달라붙었나. 힘들게 들어간 고등학교에서 나의 관심 레이더는 정작 다른 곳을 향했다.

'예전의 강성태를 모르는 애들이 모이겠지. 새로운 이미지를 만들 수 있는 기회야!'

그랬다. 고등학교는 나에게 새로운 기회의 장이었다.

"안녕, 난 강성태라고 해. 이 과자 먹을래?"

"어, 고마워. 나는 김민수야."

나는 말없고 주눅 든 표정 대신 밝고 매너 있는 태도로 친구들을 대했다. 처음에는 주변의 한두 명에게 겨우 말을 거는 정도였지만, 친구들의 긍정적인 반응을 확인하면서 목소리와 행동은 한결 자연스러워졌다. 이러한 태도가 원래의 내 모습인 것처럼 자연스러워졌을 무렵, 나는 친구의 추천으로 반장후보가 되었고 최종 투표결과 반장이 되었다. 얼마간 얼떨떨할 정도로 놀라운 사건이었다. 믿기지 않아 혼자 있을 때 볼을 살짝 꼬집어보기도 했다.

"반장? 우리 성태 정말 대단하구나. 엄마는 줄반장도 해본 적이 없는데."

다른 가족들 역시 놀라기는 마찬가지였다. 별 말씀은 없으셨지만, 아버지의 눈동자는 반짝거리는 은하수처럼 보였다. 평소 말수 없고 뻣뻣한 장남 강성태가 반장이라니. 나 역시 반장 같은 건 잘나고 돈도 많은, 선택받은 애들이 하는 건 줄 알았다.

'먼저 다가가고 밝게 행동하니까 모두들 좋아하는구나.'

나는 반장이 되면서부터 동아리와 선도부에도 적극적으로 참여했고, 선도부장으로 뽑혀 학생회 활동을 하기도 했다. 수업시간이나 자율학습 시간에는 조는 친구들까지 챙기며 공부를 독려했다.

"동수야, 일어나. 아직 수업시간이야."

나중에는 친구들이 이런 나를 믿고 마음놓고 졸 정도였다. 지금 생각하면 책임감은 투철했을지 몰라도, 그야말로 융통성 없이 열심히만 하는 반장이었다.

겉으로는 명랑하고 구김이 없어 보였지만 그때 나에겐 말 못할 고민이 있었다. 바로 성적이었다. 1학기 초 담임 선생님이 조금 어두운 표정으로 나를 교무실로 부르셨다.

"성태야, 어머님께 말씀드려서 과외라도 받으면 어떻겠니? 그래도 명색이 반장인데 성적이 이래서야 되겠어?"

선생님이 보여주신 나의 고교 입학시험 성적은 전교 꼴찌에 가까웠다. 사실 선생님이 과외 받아보라고 하실 정도면 심각한 수준이었다. 하지만 나는 어머니께 말씀드리지 않았고 계속해서 학교생활을 즐겼다.

'창피하게 반장 성적이 바닥이면 안 되지.'

물론 느끼는 바가 있어서 수업 때면 졸지 않고 성실하게 공부에 전념했다. 하지만 성적은 항상 중간 정도에 머물렀다. 당시 나의 이런 고민을 아무도 눈치 채지 못했다.

"넌 전교 1등만 먹었잖아."

지금도 대부분의 동창들이 나를 그렇게 기억한다. 하지만 실상은 달랐으니, 책상에 오래 앉아 있는 만큼 성적이 나오지 않아 고민스러웠다. 성적에 대한 스트레스보다 내 성적이 알려지면 어쩌지 하는 생각에 전전긍긍했다. 비평준화 명문고였던 탓에 친구들 중에는 공부를 잘하는 애들이 많았다. 매일 자습을 빼먹거나 만화책만 보는데 모의고사를 보면 나보다 훨씬 점수가 좋은 애들이었다. 반면 나는 비교적 자신 있는 언어영역조차 채점을 해보면 박살이 나곤 했다.

어려운 수학문제를 척척 푸는 친구들도 많았다. 나는 엄두도 못 낼 방식으로 식을 전개하는 친구도 있었다. 그냥 암기하는 거면 중학교 때처럼 백번 천번이라도 쓰면서 외우겠는데, 응용문제는 죽었다 깨어나도 못 풀 것 같았다. 고2 때 어떤 과목은 54점을 맞기도 했다. 반에서 최하점이었다. 분명 수업도 성실하게 듣고 공부도 열심히 했는데 이 점수라니 짜증이 치밀어올랐다. 시험을 마치고 방에 있다가 생각할수록 화가 치밀어올라 애꿎은 선풍기를 벽에 집어던진 적도 있었다. 집에 계신 어머니가 깜짝 놀라 달려오셨지만, 내 얼굴을 보고는 함부로 말도 걸지 못했다.

'난 머리가 나쁜가. 공부에 재능이 없나', '우리 집안엔 왜 대학 나온 사람도 한 명 없고 형도 없을까'

잠시나마 잊고 있던 그놈의 열등감이 또다시 밀물처럼 몰려왔다. 습관처럼 자주 하늘을 올려다보았다. 세상에는 밤하늘의 별처럼 많은 사람이 사는데, 내게는 속내를 털어놓을 사람 하나 없었다. 누군가 괜찮다고 어깨를 두드려주면 좋겠다고 생각했다. 위로와 응원이 간절했지만 도움을 청할 사람이 없었다. 전과 다를 것 없이 나는 또 혼자였다.

동생의 공부 고민 해결사로 나서다

"성영아, 숙제 하고 책 읽는 거야?"

"응, 형한테 물어 볼 거 하나 빼고 다 했어."

나와 눈이 꼭 닮은 동생 성영이는 덥석 내 앞에 앉더니 숙제를 펼쳤다. 나는 아주 어려서부터 동생에게 꽤 엄격한 형이었다. 누가 시키지도 않았는데 구구단을 외웠는지 확인하고 숙제를 내주고 준비물을 체크했다. 똑같이 학교를 다닐 때였지만 장남 특유의 책임감을 갖고 행동했다. 간혹 숙제를 못할 땐 혼도 냈다. 나도 제대로 못하면서 동생을 가르친 걸 생각하면 지금도 웃음이 나온다. 어릴 적부터 나를 반드시 형님이라 부르도록 교육받은 동생은 항상 형님, 형님 하며 나를 부지런히 쫓아다녔다.

 엄격한 형이지만 동생은 끔찍이도 아꼈다. 내가 학교생활을 잘 못했기 때문에 내가 했던 실수를 동생은 하지 않았으면 하는 간절함이 있었다. 처음에는 중학교에 들어가면 무엇이 달라지는지, 공부할 때 무엇에 신경을 쓰면 좋은지를 알려주기 시작했다. 그리고 어느 순간부터 동생에게 말로 하던 이야기를 생각날 때마다 수첩에, 노트에 기록해나갔다.

 '슈퍼맨은 아니지만 성영이에게 도움이 되는 형이 될 거야.'

 공부하면서 새롭게 깨달은 내용이나 느낌을 각각의 노트에 간략히 적었다. 무슨 과목은 어떤 교재가 좋은지, 공부 잘하는 친구들은 어떻게 암기하는지, 여기에 새 학기 새 학년에는 어떻게 해야 빨리 적응할 수 있는지 등의 작은 팁들이 추가됐다. 생각날 때마다 적어둔 소소한 것들이 나중엔 깊이 있는 내용으로 둔갑했다. 수학을 공부하다 보면 일반 풀이와는 다르게 획기적인 방식으로 순식간에 풀 수 있는 방법들이 있다. 그런 것까지 빼놓지 않고 소상하게 기록했다.

 '그래, 같은 시간을 공부해도 어떤 방법으로 하느냐에 따라 결과가 천차만별이구나.'

 나는 공부법을 정리하며 효율적인 공부법의 위력을 실감하게 되었다. 당시만 해도 효율적으로 공부하는 방법, 공부법이란 것 자체가 거론되지 않았다. 부족하면 학원이나 과외를 받는 방법뿐이었다. 그때부터 나는 틈만 나면 공부 잘하는 친구들을 관찰하며 따라했고, 무수한 방법들을 시도해보며 내게 적합한 방식을 찾아갔다.

'내가 할 수 있는 건 공부다.'

　힘 안(?) 들이고 공부 잘하는 친구들을 보면 힘이 빠졌지만, 그렇다고 공부를 안 할 수도 없었다. 내가 할 수 있는 것은 어차피 공부뿐이었고 공부만이 나의 존재감을 살려주는 유일한 방법이었다. 이번에도 그놈의 한심한 열등감이 불씨가 되었다.

　'그래, 안타깝게도 나는 좋은 머리를 타고나지 못했어. 내가 살아남을 유일한 방법은 그 친구들이 한 번 볼 때 두 번, 세 번을 보는 방법뿐이야.'

　공부 잘하는 친구들을 보니 세 번에서 다섯 번은 반복해서 보는 것 같았다. 나는 열 번을 목표로 잡았다. 이것이 고3때 내가 푼 문제집에 바를 정正자 2개를 적었던 이유다. 공부 말곤 잘할 수 있는 게 없다고 느꼈기에 더더욱 매달릴 수밖에 없었다. 가장 취약했던 수학은 응용문제를 풀 때마다 해법을 찾기는커녕 좌절감만 느끼게 했다. 결국 나는 수학적 발상이 부족한 걸 인정하고 최후의 방법을 쓰게 됐다.

　'어쩔 수 없다. 타고나지 못했으니 시중에 나온 문제유형과 해법들을 모조리 외워버리자.'

　기상천외하다 못해 위험한 발상이었다. 하지만 내게 남은 유일한 방법이라 생각했고, 대단히 절박했기에 바로 실행에 옮겼다. 문제집을 수북이 쌓아놓고 이리 찔끔 저리 찔끔 풀던 나는 가장 얇은 한 권의 문제집만 파고들기 시작했다. 풀이과정을 외우려면 어쩔 수 없었다. 물론 아는 문제를 전부 다시 본 것은 아니었다. 계속 틀리는 문제를 완벽히 이해할 때까지 보고 또 보는 식이었다. 틀린 문제만 골라 목표로 잡았던 열 번을 채우자 거의 툭 치면 문제풀이를 술술 읊을 정도가 됐다. 물론 다시 푸는 과정이 지루했지만 참아야 했다.

그런데 놀라운 일이 벌어졌다. 다음 문제집을 푸는데 풀 수 있는 문제들이 눈에 띄게 늘어난 것이다. 못 푸는 문제 위주로 열 번을 보는 데 걸리는 시간은 처음에 비해 절반도 되지 않았다. 문제를 외운다고 해서 토시 하나 안 틀리게 외우는 건 아니었다. 개념별로 문제를 푸는 몇 가지 유형이 있는데, 그 해법들을 최대한 많이 머릿속에 넣는 것이었다.

'아, 홍석이가 이래서 수학을 좋아했구나.'

이렇게 한 권 두 권 풀 때마다 마스터하는 문제가 늘어가자 변화가 생겼다. 바로 자신감이었다. 이젠 겁도 없이 응용문제에 도전하기 시작했고 전과 달리 꽤나 많이 풀게 되었다. 반복에 반복을 되풀이하자 개념이 완전히 이해되었고, 여러가지 해법들이 어우러지면서 처음 보는 유형도 답을 찾을 수 있었다. 이렇게 문제를 풀면 말할 수 없는 쾌감이 밀려왔다. 오랜 시간이 걸렸지만 가장 취약한 과목이었던 수학이 가장 자신 있는 과목으로 변했다.

세상일이 참 아이러니한 것 같다. 내가 아니라 동생을 위해 정리한 공부법이 결국 내 공부를 바꿔놓았다. 동생 또한 좋은 결과를 얻었고, 그 공부법은 공신닷컴에 올렸던 동영상 강의의 기틀이 되었다. 그리고 공신닷컴에서 도움을 받은 학생들은 대학 진학 후 공신멘토가 되어 다시 자신의 노하우를 공유하고 있다.

남을 위해 한 일이 반드시 희생이 되는 것은 아니다. 오히려 그것이 나를 살리고 나를 있게 하고 세상을 변하게 하는 시작이 될 수도 있다. 형이 없다는 아쉬움은 결국 나 자신을 그런 형으로 만들었고, 어느새 나는 내가 바라던 형의 모습이 되어가고 있었다.

0.01%, 수능 396점의 기적

좋은 일은 언제나 빨리 지나가고 이내 고난이 찾아온다. 적어도 내 인생에서는 항상 그랬다. 그래서 짧은 기쁨은 최대한 만끽하고 힘든 순간은 언젠간 지나가리라는 생각으로 버티곤 했다. 하지만 그 고난의 세기가 한계를 넘어서면 아무래도 주저앉기 십상이다.

입시라는 짐을 어깨에 짊어진 고3의 교실은 늘 무거운 긴장감이 맴돌았다. 그중 모처럼 친구들이 킥킥 웃으며 엔돌핀을 마음껏 발산하는 봄날 같은 시간이 있었으니, 별난 제스처와 성대모사로 학생들에게 인기가 높은 화학 선생님 수업이었다. 하지만 모든 일에는 예외가 있는 법, 나는 있는 힘껏 방어기제를 작동해 웃지 않으려고 안간힘을 썼다. 엉덩이를 의자 끝까지 밀어 반듯하게 앉아 책상 모서리를 손으로 단단하게 잡고 틈을 보이지 않았다. 친구들이 대책 없이 까르르 웃으면서 책상 위로 엎어지면 두려움이 엄습했다.

'안 돼. 웃지 마, 웃지 마. 침착하자. 제발.'

하지만 웃음은 전염성이 있어서 억지로 참는 게 만만치 않았다. 단단하게 경직된 몸과 정신이 아주 잠깐 방심하는 순간, 게임은 종료됐다. 짧은 웃음은 공기와 공명하기도 전에 단말마로 변했다. 맥박이 빨라지면 피부에 즉각적인 반응이 나타났는데, 마치 수천, 수만 마리의 개미가 온몸을 덮쳐 물어뜯는 고통이었다. 눈앞에 천둥번개가 지나가고 어지러움이 덮쳤다. 지독한 콜린성 두드러기였다. 얼굴을 제외한 전신에 우둘투둘 붉은 반점이 솟아오르면 피부가 찢어질 듯 따가웠다.

어쩌다 화장실이라도 가겠다고 손을 들면 그 순간 친구들의 이목이 집중돼 얼굴까지 달아올라 증상이 더 심해졌다. 두드러기가 돋았을 때 누군가의 시선을 받는 건 일종의 자살행위였다. 나는 입술을 꼬옥 깨물며 고통을 견뎠다. 깨문 입술에서 피가 나기도 했다. 웃음에 초연하고 몸의 변화에 무심하려 애썼지만 성공할 때보다 실패할 때가 더 많았다.

"선생님, 저 몸이 안 좋아서 양호실에 갈게요."

결국 모의고사가 있던 날, 갑작스런 발열에 시험을 포기하고 교실을 뛰쳐나왔다. 얼굴에 찬물을 끼얹어 통증과 열을 식히는 것 외에는 방법이 없었다. 화장실에서 찬물을 머리까지 끼얹고 십분가량 심호흡을 하자 그제야 아우성이 멈췄다. 거울 속엔 겁먹고 지친 표정의 소년이 뒤집어쓴 물을 뚝뚝 흘리고 있었다. 이제 어느 정도 점수도 오르고 자신감을 얻어 모든 에너지를 대입에 쏟고 있는데 기다렸다는 듯이 증상이 심해졌다. 나는 패닉에 빠졌다. 좌절과 불안은 극에 달했다. 피부에 좋다고 소문난 곳이면 주말마다 찾아다녔다. 갓은 방법을 동원했지만 피부병은 차도가 없었고, 내 몸과 정신, 영혼까지 만신창이를 만들었다. 이런 내 고통을 누구보다 염려하는 애꿎은 부모님께 분노를 터트렸다.

"빨리 가, 엄마가 뭘 알아. 의사야?"

자율학습 시간에 나병환자를 돌보는 의사 선생님을 만나러 가자고 부모님이 학교로 찾아오셨다. 수차례 약을 지어먹고 약을 바르고 주사를 맞아도 별다른 차도가 없었다. 신경이 바늘 끝처럼 날카로워진 나머지, 말도 안 되는 짜증을 부리며 부모님을 서운하게 했다.

"학교 근처는 얼씬도 하지 마. 진작 좀 관리해주지. 공부할 시간도 없는데 왜 이제 와서 끌고 다녀."

그 당시 나의 태도는 미치광이와 크게 다르지 않았다. 모든 원망을 고3이라는 이유로 부모님께 모두 쏟아부었다. 그 철부지 아들을 변함없이 보살펴주시고 이해해주신 부모님을 생각하면 지금도 부끄럽고 죄송스러운 마음뿐이다.

이러한 상태라면 수능까지 100일도 안 남았는데 과연 시험 자체를 치를 수 있을지조차 의문이었다.

"이번 수능은 도저히 안 되겠어요…. 쉬면서 몸이 좀 좋아지면 성적도 더 오를 것 같아요."

"정 힘들면 그렇게 해라. 네 맘고생이 얼마나 심하겠냐."

부모님은 이제까지의 기대를 접고 나의 결정을 존중해주셨다. 모의고사 중간에 뛰쳐나온 이후로 나는 다시 나약해졌다. 수능을 포기하고 재수를 결심하기 이르렀다. 특히 수능 시험장은 수험생들이 추워서 시험 못 봤다는 불만이 있을까 봐 약간 더울 정도로 히터를 튼다는 이야기가 있었다. 히터 앞의 나는 지옥 한복판에 서 있는 거나 다름없었다. 나의 피부는 뜨거운 온도에 예민하게 반응했고, 피부가 건조해지면 가려움을 참다 참다 결국 못 참고 피가 날 때까지 긁어 댔다. 아프고 가렵고 쓰라려서 나중엔 내가 아닌 다른 사람이 된 기분이었다.

하지만 어렵게 내린 수능 포기는 일주일도 안 돼서 번복됐다. 다른 친구들 모두 죽을 듯이 공부하는데 나만 쉬엄쉬엄 하려니 오히려 더 고역이었다. 야간자율학습을 쉬고 집에서 혼자 밥이라도 먹고 있으면 한심해서 눈물이 났다. 도대체 나만 이게 뭐 하는 짓인가.

재수한다고 성적이 더 나아진다는 보장도, 내년에 몸이 완쾌된다는 보장도 없었다. 나는 비겁하게 링에서 기권하려는 생각이었다. 힘들고 지쳐 그저 도망치고 싶었다. 열심히 코피를 흘리며 막바지 준비에 들어간 친구들을 볼 낯도 없었다. 그날부터 손을 모으고 기도라는 걸 시작했다.

"성태야. 정 몸이 안 좋으면 양호실에서 시험을 볼 수도 있단다."

고3 주임 선생님과 담임 선생님께서 방법을 알아봐주셨다. 그나마 방법이 있으니 천만다행이었다. 약간 마음이 놓이기도 했지만 생각해보니 이것도 답답할 노릇이었다. 양호실에 앉아 나만 지켜보는 감독관 앞에서 홀로 시험을 치르는 모습을 상상해보니 지금처럼 예민한 상태에서 시험을 온전히 볼 수 있을 것 같지 않았다. 오히려 일반 교실에서 보는 것보다 상황은 더 안 좋을 것 같았다.

'하느님, 시험이라도 별 탈 없이 볼 수 있게 해주세요. 여기까지 오기가 얼마나 힘들었는데 시험 못 보면 억울하잖아요. 나중에 좋은 일 많이 할게요. 제발 부탁드립니다.'

그러다 고민 끝에 기막힌 방법 하나를 생각해냈다. 당시 내가 시험 보는 학교는 히터가 전기로 작동했다. 히터의 건조하고 뜨거운 바람을 막기 위해 펜치로 히터를 고장내기로 마음먹은 것이다. 아버지 공구함에서 도구를 꺼내 서랍에 넣고 가만히 숨을 죽였다.

'일찍 시험장에 도착해 히터가 연결된 선을 끊는 거야. 학교기물을 파손하는 일이지만 나중에 배상을 하거나 고치면 되겠지.'

어떻게든 방해 없이 있는 그대로의 내 실력을 발휘하고 싶다는 욕망 때문이었다. 하지만 이 또한 대안은 될 수 없음을 깨달았다. 내가 다른 수험생들에게 방해가 된다는 죄책감 때문에 시험을 제대로 볼 리 없었다. 오히려 시험결과가 더 나쁠 것 같았다. 결국 마음을 접고 이틀 후 한결 평온한 얼굴로 책상 앞에 앉아 교과서를 펼쳤다. 나의 운을 한번 믿어보기로 한 것이다.

'어차피 이번 수능 포기할 생각까지 했잖아. 더는 딴생각하지 말고 운명에 맡겨보자.'

다음날부터 자습시간이면 따뜻한 교실에서 나와 복도에 서서 공부를 했다. 날씨가 추워지면서는 살짝 열어놓은 복도 창문으로 칼날 같은 바람이 들어와 손발이 시리다 못해 따가워졌다. 서 있기 힘들 때면 책상을 들고 나와 책상 위에 앉아서 공부했다. 간혹 이런 나를 따라 중무장을 하고 곁에서 공부하는 친구도 생겼다. 집에 돌아가면 기절하듯 그대로 잠이 들었다. 나보다 더 집중해서 공부하는 학생은 없을 거란 생각으로 공부하니 더 간절해졌고, 더 처절하게 집중하고 노력했다.

나의 상태를 허심탄회하게 인정하자 몸의 고통도 다소 줄어들었다. 마음이 들떠 피부발작이 일어나지 않도록 명상, 뇌파내리기 등을 통해 평정심을 유지하는 데 각별히 신경을 썼다.

"성태야, 얼굴 보니까 시험 무사히 마쳤구나. 애썼다."

시험장을 나오니 부모님이 몸 상태를 먼저 물으셨다. 정말 알 수 없는 일이었다. 나는 시험장에서 나오고 나서야 내 몸에 이상이 없다는 걸 처음으로 자각했다.

나는 아침 일찍 시험장에 도착해 가장 먼저 히터와 책상의 간격을 체크했다. 공교롭게도 내 수험번호가 놓인 책상은 히터 바로 옆 자리였다. 하지만 나는 표정 하나 안 변하고 자리에 앉아 마음을 다독였다.

'나는 바닥이다. 나는 돌이다. 히터 따위는 내게 아무런 영향도 끼칠 수 없다'

이날은 정말 특별한 날이었다. 나중에 듣자 하니 수능한파란 말이 무색하게 날씨가 포근했다고 한다. 덕분에 히터를 거의 틀지 않았고 하루가 무사히 지나갔다. 기적이 내게 다녀간 것이다. 간절한 기도가 우주로 뻗어나갔다는 생각에 새삼 기뻤고 너무도 감사했다. 그저 무사히 시험을 치렀다는 사실만으로 더할 나위 없이 만족스러웠다.

그날 가족들과 저녁을 먹고는 조용히 방에서 시간을 보냈다. 거실에 놓인 텔레비전을 통해 수능시험의 풍경과 시험 난이도 등이 방송

되었지만 한귀로 흘려버렸다. 한참 놀다가 부모님과 동생 방에 불이 꺼지자 새벽신문이 도착할 때까지 의자에 앉아 마음을 가라앉혔다. 몸도 마음도 고요해서 집 밖 도로변 취객들의 발걸음까지 느껴질 정도였다.

새벽 4시, 무거운 마음으로 배달된 신문을 받아들었다. 채점을 시작하는 순간이었다. 고요한 새벽, 손에 땀이 흥건하게 고였다. 고3 때부터 채점하는 시간을 아끼기 위해 맞은 문제는 표시하지 않았다. 틀린 문제만 체크해 부각시키려는 의도도 있었다. 나는 채점을 하는 동안 딱 두 번 펜을 들었다. 채점을 마치고 난 후에는 긴장이 풀려 그대로 방바닥에 기절하듯 쓰러졌다.

지난날이 머릿속에 하나하나 스쳐지나갔다. 틈만 나면 딴짓하고 잠들어버리는 나를 길들이기 위해 로프로 의자에 몸을 묶고 공부한 적도 있었다. 묶인 채 바닥에 쓰러져 잠든 날도 있었다. 힘든 시간이었지만, 해낼 거라고 꿈에도 생각지 못했지만, 나만의 공부법을 찾았기에 기적이 이루어졌다. 나의 노력이 빛을 봤다는 생각에 가슴이 벅차 눈가에 눈물이 맺혔다.

이때까지도 단순히 동생을 위해 정리해둔 공부법이 이 땅의 많은 학생들에게, 특히 가정형편이 어려워 공부하고 싶어도 기회를 얻지 못하는 아이들에게 도움이 될 거란 생각은 하지 못했다. 나는 그저 이게 꿈이 아니길 바라며 굶주린 잠 속으로 빠져들었다.

'공신'이라는 꿈을 쏘아올리다

PART 2

누구나 살면서 자기 몫의 터널을 통과한다. 처음 얼마간은 출구를 찾지 못해 애를 태우지만 시작이 있으면 끝이 있는 법, 나는 '공신'이라는 꿈을 쏘아올려 터널의 끝을 밝혔다. 꿈은 단순한 목표가 아니라 경계를 뛰어넘는 용기다. 용기 있는 사람은 자신의 꿈을 통해 세상을 재배치한다. 누군가 정해준 삶을 따르는 대신 새로운 패러다임을 만든다. 나는 '공신'을 교육의 혜택을 나눌 수 있는 곳으로 만들고 싶었다. 물론 생각만으로는 외부의 지지를 얻을 수 없었기에 꿈을 향해 고군분투했다. 힘든 선택과 수많은 갈등으로 다듬어진 공신은 이제 학생들이 '꿈'과 접속하는 곳이자, 멘토가 멘티를 성장시켜 다시 멘토로 만드는, 기적과 같은 채널이다.

공신?
공부를 신나게!

우리의 열망이 우리의 가능성이다.
– 새뮤얼 존슨 Samuel Johnson

"너도 참, 학교에 꿀 발라뒀니? 눈 뜨면 학교 갈 궁리부터 하게. 아침은 먹고 가야지."

새벽에 눈을 뜨면 손을 뻗어 시계 알람부터 눌렀다. 4시 59분! 늘 맞춰놓은 시간보다 1분 먼저 눈이 떠졌다. 욕실에서 간단히 샤워를 마치면 기척을 듣고 어머니가 머리를 매만지며 나오셨다. 제대한 후 집에서는 씻고 자는 일 외엔 하지 않았는데, 거짓말처럼 학교에 가고 싶어 좀이 쑤셨다. 그런 장남에게 어머니는 참다못해 서운한 감정을 내비쳤다. 그러나 전보다 성실해진 아들의 태도에 안심하는 기색이 역력했다.

"괜찮아요. 학교 밥도 엄청 잘 나와요."

감정표현에 서툰 아들이 머리를 긁적이며 말끝을 흐리자 어머니는 미소를 지으셨다. 사람과 사람 사이엔 마음과 마음이 통하는 진심이 존재하기 마련이다. 말하지 않아도 내가 즐거운 마음으로 수업에 집중하는 모습, 내색하지 않아도 그 모습을 응원하며 지켜보는 어머니처럼. 솔직히 교육 프로젝트를 구상하긴 했지만, 생각들이 점처럼 흩어져 제각기 움직이는 통에 고민이 깊었다. 그러나 공신이라는 이름을 찾으면서 프로젝트는 나름대로의 꼴을 갖춰가기 시작했다.

공부가 신나는 사람을 찾습니다

매일 5시에 일어나 5시 30분에 올라탄 버스가 학교 앞에 도착하는 시간은 6시 15분. 공대 신양학술관 통과시간은 6시 30분. 혼자 조용하고 서늘한 강의실에 앉아 제출할 숙제를 한 번 더 손보고 느긋하게 신문을 펼쳤다. 그리고 오전 8시가 되면 밥을 먹으러 식당으로 향했다.

사람의 몸은 참 신비롭다. 몸에 센서가 부착된 것처럼 한번 습관이 들자 저절로 시간을 관리하게 되었다. 때가 되면 눈이 떠졌고 밥을 먹고 책을 읽고 잠을 잤다. 예전과 달리 알토란같이 시간을 쪼개 쓰며 생활과 공부를 병행하는 나를 되찾은 것 같아 즐거웠다.

그렇게 부지런히 학교를 다니던 어느 날 밤이었다. 아무 소리도 들리지 않고 아무 감촉도 없는 느낌, 필시 잠이 들어 있었을 거였다. 그런데 무의식이라는 심연을 뚫고 단어 하나가 떠올랐다.

"공신!"

"공부를 신나게, 공신! 공신!"

나는 반사적으로 벌떡 일어났다. 이 말을 잊을까 두려워 눈도 못 뜬 상태에서 곁에 둔 종이에 부랴부랴 적었다. 시계를 보니 새벽 5시, 딱 일어날 시간이었다.

복학을 하고 말하기 수업을 들으며 한 가지 바람이 생겼다. 어린 학생들을 가르치는 데 도움이 되고 싶다는, 간질간질한 욕망이었다. 편도가 붓거나 감기 조짐이 있으면 열 때문에 귓속이 간지러워지기 마련이다. 이 또한 의식하면 할수록 가렵고, 다른 일을 하다가도 불현듯 떠오르는 뜨거움을 닮은 증상이었다. 만질 수 없고 볼 수 없지만 엄연히 존재하는 그런 일이 내게 찾아온 것이다. 어디서부터 시작해야 할지 몰라 늘 머릿속은 큐브를 맞추듯 무의식적으로 이런저런 수를 놓으며 '계기'를 기다리고 있었다. 아직 학기 중인데다 수업을 듣는 것만으로도 바쁜 시기였다. 그러던 중 떠오른 단어가 바로 '공신'이었다.

자다 깨서 얼핏 떠오른 이 이름이 훗날 대한민국 사람이면 한 번쯤 들어봤을 '공신'의 시초가 될 줄 누가 알았을까. 나중에야 드라마나 방송 등을 통해 '공부의 신'으로 널리 알려졌지만, 처음 뜻은 '공부를 신나게'였다. 나는 지금도 이를 초심에 더 가깝다고 강조한다.

왜 하필 '공부를 신나게'였을까? 학창 시절 나는 공부를 신나게 해본 적이 거의 없었다. 폭력과 열등감, 피부병 때문에 하루하루 지옥을 거니는 기분으로 수험생활을 버텼다. 복학한 후에야 비로소 공부하는 재미를 느끼기 시작했다. 공부를 즐기면서부터 학점은 순식간에 4.0으로 상승했다.

학창 시절 공부가 신나지 않는 건 나만이 아닐 것이다. 대한민국 학생들 중에 공부가 신난 사람이 몇이나 될까? 다들 해야 한다고 하니까 하고, 남들이 다 하니까 하는 지경이었다. 이건 교육봉사를 하면서 실감한 점이기도 했다. 형편이 어려운 아이들은 상황이 더 심각했다. 공부를 해야 한다는 의지도 부족하고 자신에게 가능성이 있다는 생각조차 하지 못하는 상황에서 공부가 신날 리 만무했다.

"아니, 회사 이름 중에 공신만큼 잘 지은 이름을 못 본 것 같아요. 어떻게 생각해낸 거예요? 강 대표님, 우리 브랜드 이름도 좀 지어주세요."

덕분에 종종 이런 이야길 듣곤 한다. 사실 내가 공신을 생각한 결정적인 계기가 또 있었다. 복학 후 후배들이 줄임말을 쓰는 통에 소통에 애를 먹고 있었다. 안습, 지못미 등 이런 줄임말을 쓰는 것을 보고 꽤나 충격을 받아서인지 나도 모르게 공신이라는 줄임말이 떠올랐던 것 같다.

나는 들뜬 마음에 서둘러 학교 갈 채비를 하고 정류장으로 달려갔다. 머릿속엔 공신 생각뿐이었다.

"그래, 사이트를 만들어 동영상 강의를 올려야겠다."

사실 공부법과 동기부여에 관한 글을 쓰던 중이었는데, 공대생이던 나는 아무래도 글솜씨가 부족했기에 진심이란 게 제대로 전달되지 않는 기분이었다. 교육봉사를 하면서 아이들에게 정보를 전달하고 가르치는 것보다 훨씬 중요한 게 있다는 걸 알았다. 진심으로 아이들을 응원하는 마음이 그 어떤 공부법보다 효과적이라는 사실이다. 이는 '말하기' 수업에서 실습했던 것처럼, 강의를 동영상으로 찍어 인터넷에 올리면 훨씬 낫겠다는 아이디어로 이어졌다. 실제 얼굴을 맞대고 이야기를 듣는 것과 마찬가지일 테니 글을 읽는 것보다 덜 지루할 것 같았다. 학교로 향하는 버스에서 이런저런 아이디어가 끊임없이 샘솟기 시작했다.

'좋은 일이니까 혼자 하지 말고 다른 대학생들도 참여시켜야겠다. 일단 성영이부터 꼬시고 후배들을 영입해야지', '이런 식이면 나중에 동아리를 만들어도 좋겠는데? 사이트를 만들고 오프라인에서도 학생들을 시간 날 때마다 도와주는 거야!', '게시판으로 상담을 하면 어떨까?', '동영상에 이런 내용을 넣어야겠다!'

나는 버스 안에서 계속해서 아이디어를 적기 시작했다. 그리고 버스에서 내리자마자 정문에서 신양 학술관까지 이동하는 시간이 아까워 중앙 전산실로 헐레벌떡 뛰어들어갔다. 쇠뿔도 단김에 빼라고 가방을 내려놓고는 허둥지둥 도메인 검색을 시작했다. 아니나다를까. 'gongshin'이라는 주소는 이미 누군가 쓰고 있었다. 그래 이렇게 좋은 이름이 남아 있을 리가 없지. 기운이 쑥 빠져나가는 듯했다. 하지만 꼭 'gongshin'이라고 쓰라는 법은 없지 않은가. h가 포함되면 도메인만 길어질 수도 있다. 다시 검색창에 'gongsin'이라고 입력하니 뜻밖의 결과가 나왔다. 일반적으로 도메인을 구매할 때는 .net 대신 .com을 많이 사용한다. 그래서 별로 기대하지 않았는데 'gongsin.net'은 이미 주인이 있었고, 'gongsin.com'과 'gongsin.co.kr'이 남아 있었던 것이다. 나는 단 1초도 허비하지 않고 단숨에 구매버튼을 눌러 결제를 진행했다. 아침 5시부터 7시 사이, 그야말로 순식간에 일어난 일이었다.

소심하고 우유부단했던 나였는데, 지금 생각해도 무언가에 홀린 사람처럼 일을 저질렀다. 이제껏 그 존재만 알지 직접 보지도 만져보지도 못했던 화사한 봄날을 맞은 기분이었다. 정확히 2006년 5월 29일. 나와 공신이 처음 만난 날이자, 장차 수십만 명의 회원이 발을 디딘 공신닷컴, '공신' 시리즈의 신호탄이었다.

하면 좋은 일?
반드시 해야 할 일!

"성영아, 나 해보고 싶은 일이 생겼어. 요즘 애들 얼마나 고생하는지 너도 알지? 우리 공부할 때보다 더 힘든 것 같더라. 그 애들이 혼자 공부할 수 있도록, 우리가 공부법을 알려주는 거야. 인터넷에 동영상을 올리면 언제 어디서나 볼 수 있으니까. 일단 너랑 나랑 해보고 같이 할 다른 애들도 모아보자."

기숙사 룸메이트였던 동생에게 먼저 나름대로 세워둔 계획을 이야기했다.

"형, 잠깐만! 정말 하면 좋은 일인 것 같다. 그런데…."

마음이 들떠 가만 있지 못하는 나와 달리 성영이는 말끝을 흐렸다. 한숨 끝에 나온 동생의 말은 그리 희망적이지 않았다.

"정말 형이니까 그런 생각하는 거야. 다른 애들이 어떻게 생각할지는 잘 모르겠어. 요즘 애들은 일단 대학 들어가면 끝이야. 힘들었던 건 다 잊어버린다니까. 자기 생활하기도 바쁘고."

나라고 그 문제를 고민하지 않은 건 아니다. 모두들 학교수업에 과외 아르바이트, 미팅까지 하느라 정신이 없었다. 3학년부터는 휴학을 하고 도서관과 고시원에서 고시를 준비하기 바빴다. 하지만 아무리 내 코가 석자라도 어린 후배들에게 반드시 조언을 해줘야겠다는 생각이 들었다.

지금 이 순간에도 성적이 나오지 않아 혼자 좌절하거나 잘못된 공부법으로 시간을 죽이는 아이들이 얼마나 많을까. 더구나 과대포장된 사교육에 의존하고 있을 걸 생각하면 마이크를 들고 교내를 돌아서라도 함께할 친구들을 빨리 구하고 싶었다. 내게 '공신'은 단순히 하면 좋은 일이 아니라, 반드시 해야 할 일이었다.

공신을 하겠다고 마음먹기 전에는 나도 4학년 마지막 여름방학을 앞두고 고민이 많았다. 허송세월 보내느라 인턴은 물론 해외연수, 배낭여행 한 번 다녀온 적 없는 나였다. 게다가 군대 시절부터 해외여행은 꼭 해보고 싶었다. 하지만 '공신'을 떠올리고부터는 이상하게 과거 교육봉사 시절에 만난 아이들이 머리에서 떠나지를 않았다. 졸업 후 대학원에 진학하거나 사회에 진출하면 더 이상 교육봉사를 할 기회가 없을 터였다. 하지만 공신닷컴 사이트를 만들어 공부법을 올리면 훨씬 많은 아이들에게 도움을 줄 수 있다.

나는 일단 칼을 뽑아들었으니 무라도 찾아 베겠다는 투지를 불태웠다. 동생은 철부지 형이 걱정되었는지 공신의 첫 멤버가 되어주었다. 일단 동생이 함께한다는 사실만으로도 큰 힘이 되었다.

"나도 형이 알려준 공부법이랑 군대에서 보내온 편지에 자극받아서 공부했던 것 같아. 좋은 걸 혼자만 알고 있는 것도 낭비 같고. 정말 소중한 정보인데 시간이 흐르고 보면 잊어버릴 게 뻔하고. 나도 누군가에게 나눠주고 싶어."

성영이는 민족사관고등학교 선후배 사이에서 전해지는 노하우도 공개하고 싶다고 했다. 시작이 반이라고 동지가 생겼다는 사실만으로 마음이 든든했다. 이렇게 공신멤버 대부분이 성영이의 인맥으로 채워졌다. 성영이는 많은 친구들에게 일일이 전화를 걸어 공신에 가입할 것을 설득했다.

"우리 공부하면서 아쉬웠던 것 많잖아. 그것만 알려줘도 많은 아이들의 시행착오를 크게 줄일 수 있을 거야. 물고기가 아니라 물고기 잡는 법을 알려주는 거라고!"

쾌활한 성격이라 늘 주위에 사람이 많은 성영이었다. 어느새 스무 명이 모였다. 당시엔 공신이란 이름이 알려지기도 전이었기 때문에, 순전히 나와 성영이 부탁으로 참여한 것이었다. 그중에서도 성영이와 민사고 시절부터 절친이었던 의대생 지후는 웬만한 기계를 다룰

줄 알았기에 사이트 구축에 누구보다 큰 역할을 했다.

최소 정예멤버 다음으로는 초기 자본이 문제였다. 주변을 통해 알음알음 알아보니 동영상 사이트를 제작하는 데만 수천만 원이 든다고 했다. 최소 비용으로도 족히 수백만 원은 필요했다. 콘텐츠만 있고 나머지는 전무인 상황, 한껏 우울해진 분위기에서 성영이가 갑자기 벌떡 일어났다.

"아! 형, 대장금 쓰면 되겠다."

"대장금?"

"응, 대통령장학금!"

동생은 고등학교 조기졸업과 동시에 대통령장학생에 선정되어 대학 4년 동안 매학기 500만 원씩 장학금을 받도록 되어 있었다. 동생이 대통령장학생이 되었을 당시 집안은 그야말로 잔치 분위기였다. 성영이는 일부는 모교인 민사고에 기부하고 나머지는 학비로 사용하던 대통령장학금을 선뜻 사이트 만드는 데 쓰자고 했다. 하지만 아무 생각 없이 덥석 받아들 돈이 아니었다. 성영이가 공부하느라 얼마나 고생했는지 누구보다 잘 아는 내가 아닌가. 형 체면에 동생에게 무언가를 주기는커녕 받게 되다니, 아무렇지도 않게 제안하는 의젓한 모습에 가슴 한구석이 쩌릿했다.

"성영아, 정말 써도 돼? 적은 돈은 아닌데…."

"형, 무슨 소리야. 형 아니었으면 어떻게 공부할 줄 몰라서 많이 헤맸을 거야. 내가 받은 걸 좋은 일에 쓰겠다는 건데 나야말로 영광이지. 그리고 원래 기부할 생각하고 있었잖아."

처음 시작은 갑자기 '공신'을 하겠다고 마음먹고 도메인을 등록한 게 전부였다. 앞으로 닥쳐올 일들을 알았다면 첫 걸음을 뗄 수 있었을까? 널찍한 고속도로를 달리듯 일이 술술 풀렸다면 좋았겠지만, 무엇 하나 속 시원히 풀리는 일이 없었다. 시궁창에 구르고 만신창이가 되어 겨우 뭔가 손에 쥐면, 또 다시 몇 걸음 뒤로 밀려나기를 되풀이했다. 하지만 함께 가는 사람들이 있기에 한발 한발 조금씩 나아갈 수 있었다.

"글쎄, 공부법 강의를 누가 볼까? 교과서 내용으로 수업을 하면 몰라도…."

사교육 계통에서 일찍 자리를 잡아 임원으로 승승장구하던 선배를 찾아갔다. 선배의 조언은 날카롭고 짧았다.

"차라리 공부법 말고 수학이면 수학, 영어면 영어, 특정 과목을 가르치는 게 어때?"

기운이 빠졌다. 나는 경험이 풍부한 선배에게 보다 희망적인 얘기를 듣고 싶었다. 당시만 해도 공부법을 알려준다는 발상 자체가 생소하던 시기였다. 하지만 내게는 실패를 되풀이했던 학창 시절과 동생을 가르쳤던 경험, 교육봉사라는 경험을 기반으로 한 확신이 있었다.

무엇보다 공신은 어떤 보상을 바라고 하는 일이 아니었다. 단순히 하고 싶어서 하는 일도 아니었다. 반드시 해야 하는 일이었다. 그럼 된 것 아닌가? 분명 강의 사이트를 만드는 일은 녹록지 않겠지만, 내가 하지 않으면 동생에게 해주었던, 아이들에게 해주었던 좋은 조언들이 그냥 묻힐 게 뻔했다.

공신닷컴,
화려한 신고식을 치르다

실패는 두 가지 방식으로 찾아온다. 아무런 생각 없이 사는 자에게.
또 생각을 하긴 하지만 아무 것도 하지 않은 자에게.
- 작자 미상

"형! 큰일 났어. 컴퓨터가 안 켜져!"

누가 이런 말을 하면 지금도 반사적으로 등줄기가 서늘해진다. 호환마마보다 더 무서운 말이었다. 초창기 공신을 운영할 땐 하루가 멀다 하고 크고 작은 사건이 터졌다. 나는 대학에서의 마지막 여름방학을 올인해 만든 공신닷컴을 통해, 더 이상 개천에서 용이 날 수 없다는 편견을 보란 듯이 뒤엎고 싶었다. 비싼 사교육을 받지 않아도 자기주도학습으로 충분히 공부할 수 있음을, 친형 같은 멘토와 함께라면 그 가능성이 훨씬 높다는 걸 알려주고 싶었다.

전국구 수석들의 모임, 소위 공부에 미쳐 경계를 한 번은 넘어본 경험자들이 바쁜 시간을 쪼개 동영상 촬영에 돌입했다. 난생 처음 해 보는 일이었지만 아직 세상에 모습을 드러내지 않은 일을 시작한다는 짜릿함, 적당한 긴장감이 좋았다. 예상치 못한 복병을 만날 때면 파이팅을 외쳤다. 그저 운명 같은 느낌이었다.

동영상과
혈투를 벌이다

"형, 어디서부터 시작해야 할지 정말 고민된다."

정작 공신을 하겠다고 주위에 말은 해놨는데, 자금은 둘째치고 할 줄 아는 게 아무 것도 없었다. 더구나 나와 동생은 강의를 촬영해본 경험이 전무했다. 동영상 편집은커녕 어떤 기종의 카메라를 써야 하는지조차 몰랐다. 능력이 없으니 스튜디오를 갖춘 외주업체에 맡겨야 하는데 빠듯한 자금이 문제였다.

하지만 빛이 안 보인다고 계속 어둠 속에서 버티고 있을 수는 없지 않은가. 터널을 벗어나는 유일한 방법은 출구를 향해 무작정 앞으로 가보는 거였다.

"공부도 그렇고 처음부터 쉬운 게 어디 있어, 산이 있으면 넘어가면 되고, 바다가 있으면 헤엄쳐가면 돼. 우리 힘내자. 우선 어떻게 찍을지부터 알아보자."

무조건 주변에 물어보거나 인터넷에서 정보를 찾았다. 촬영방법과 편집기술은 도서관에서 책을 빌려 독학을 시작했다. 알아보니 6mm 테이프가 들어가는 기종의 캠코더가 필요했다. 그런데 가격이 중고라도 족히 200만 원은 줘야 했다. 일일이 들어가는 테이프 값도 만만치 않았다. 무엇보다 성영이의 장학금 500만 원으로 덜컥 중고를 샀다가 문제라도 생기면 더 골치였다.

계속 정보를 구해보니 해답은 생각보다 가까이 있었다. 학교 중앙전산원에서 우리가 찾는 카메라를 대여해주고 있다는 거였다. 갑자기 터널의 출구가 멀지 않게 느껴졌다.

"4,000원입니다."

학생증과 함께 카메라를 대여했다. 하루 대여료 치고 나쁘지 않은 가격이었다. 일단 대여해서 촬영을 시작했다.

"형, 설마 군대에서 이런 거 매고 산 탄 거 아냐? 진짜면 나 어쩌지?"

사람 키 만한 높이의 삼각대까지 들고 관악산 자락을 오르내리며 동생과 나는 싱거운 농담을 주고받았다. 아닌 게 아니라 진짜 철제 케이스의 카메라는 무거웠다. 들고 있으면 다리가 지면으로 점점 내려앉는 기분이었다. 제대로 된 동영상 강의를 찍겠다는 마음이 두 발을 움직이게 했다. 한두 달 지나자 종아리와 팔뚝은 물론, 배까지 탄탄한 근육이 생겼다.

"형, 오늘 카메라 반납하는 날이야. 아직 찍을 내용이 더 남았는데 하루 연체하고 연체비를 낼까?"

찍다 보면 전산원 직원들의 퇴근시간을 넘기는 경우가 많았다. 그렇다고 강의 중간에 맥을 끊고 카메라를 반납할 수도 없는 노릇. 연체가 잦아지자 아예 블랙리스트에 올라가서 내 이름으론 빌릴 수도 없게 되었다.

나중에는 빌리는 데 드는 시간과 에너지가 아까워 결국 지방까지 찾아가 개인과의 직거래로 중고 카메라를 마련했다. 그날 따라 카메라의 묵직한 무게감이 얼마나 편안하게 느껴지던지. 이제 하루하루 카메라 빌리는 설움에서 벗어나도 된다! 그땐 정말 신이 났다.

"좀 어색해도 시선은 반드시 카메라를 향해야 해. 그래야 안정감이 생겨서 조금이라도 더 아이들이 집중할 수 있거든."

나와 성영이, 지후만으로는 동영상 강의를 이끌어가는 데 한계가 있었다. 자발적인 참여가 부족하자 결국 동생이 역량을 발휘해 스무 명의 멤버를 섭외했다. 말 그대로 '공부의 신'이라고 부르기에 손색없는 멤버였다. 전국 수석과 차석, 올림피아드 국가대표, 대통령장 학생들이었다.

좋은 일을 목적으로 파이팅을 외쳤지만, 모두 나와 같은 마음일 순 없었다. 몇몇은 친구의 권유에 마지못해 시작했던 일이라 발을 빼는 속도도 빨랐다. 자신은 특별히 말해줄 게 없다고 이탈하는 멤버도 속출했다.

"재훈이는 왜 안 오지? 연락 좀 해볼래?"

"어? 형, 여행 간다고 메일이 왔었네. 미리 말 못하고 가서 미안하다고."

"아, 무척 바빴나 보네."

고생하는 후배들의 시행착오를 줄여주기 위해 공부법을 나누자는 취지에 동참하긴 했지만, 그 의지가 끝까지 가지 못하는 경우가 많앉다. 촬영을 하겠다고 해서 강의실 예약에 카메라 세팅까지 다 해 놓았건만, 전화 한 통 없이 안 오는 애들도 있었다. 아무렇지 않은 척했지만 기운이 빠지는 건 어쩔 수 없었다. 이탈하는 애들이 생길 때마다 오히려 성영이와 지후가 내 눈치를 보며 미안해했다.

최종적으로 촬영을 마친 멤버는 나와 성영이 지후를 제외하고 6명 뿐이었다. 어렵게 모인 친구들도 강의를 전부 잘하는 건 아니었다. 경험 부족으로 강의가 엉성한 건 당연했다. 이제껏 책상에 앉아 공부만 했던 친구들이 언제 카메라를 보고 진심을 전한 적이 있겠는가. 딱히 자기만의 콘텐츠가 없는 경우도 있었다.

"형, 나는 특별하게 뭔가를 한 기억이 없어요. 그냥 공부했는데요."

대한민국에서 손꼽히는 수재가 공부를 거저 하진 않았을 텐데, 몇몇은 자신만의 노하우를 감지하지 못한 것 같았다. 생각다 못해 앉혀놓고 개인 인터뷰를 시작했다. 정말 세세한 것 하나까지 놓치지 않으려고 별의별 것을 다 물어봤다.

"수능 차석이 되려면 어떻게 해야 하는지, 아침에 일어나서부터 잘 때까지 뭘 했는지 좀 알려줄래?"

"수학 올림피아드 국가대표라면서! 교재는 무슨 교재를 봤어?"

"그럼, 시간 아끼려고 화장실 가는 횟수도 정했단 말야?"

몇 번에 걸쳐 꼬치꼬치 캐묻다 보니 좋은 내용들이 나왔다. 뿐만 아니라 나는 일일이 칠판에 적을 내용, 손동작, 시선처리, 일부러 분필을 떨어뜨려 주의를 환기시키는 방법, 간간이 날리는 유머 등의 콘티를 짜서 멤버들에게 건넸다. 강의내용이 풍성해지자 강의를 하는 사람도, 찍는 사람도 흥이 나기 시작했다.

"형, 내일은 제가 고향에 내려가요. 방학 끝나면 올 텐데 더 찍을 시간이 없을 것 같아요."

사정이 생긴 친구는 부족한 부분을 편집으로 커버하기도 했다. 처음부터 모든 걸 갖추고 길을 가는 사람은 없을 터였다. 다급해지려는 마음을 누르며 일에 집중했더니 나중에는 거의 손가락이 보이지 않을 만큼 동영상 편집실력이 늘었다. 마지막 여름방학에 소원하던 대로 여행을 떠났다면, 나의 운명은 어떻게 바뀌었을까. 공신은 어떻게 되었을까. 사이트를 준비하는 동안만큼은 아무 것도 상상하지 않았다. 정해진 보상은 없었지만, 어차피 내가 꼭 해보고 싶은 일이었고 고생은 마땅히 치러야 할 비용이라 생각했다.

4평짜리 기숙사 스튜디오

완성된 동영상을 사이트에 올리는 것도 여간 만만찮은 작업이 아니었다. 아무것도 모르던 나와 성영이는 일단 되는 대로 준비에 들어갔다. 우선 도서관에서 관련 서적을 빌려 정독하며 공부했다. 강의를 인터넷에 올리려면, 우선 동영상이 끊기지 않고 나올 수 있는 솔루션이 필요했다. 강의는 60분짜리 테이프에 나누어 찍고 녹화된 영상을 컴퓨터 파일로 편집한다. 그리고 다른 버전으로 인코딩한 다음 인터넷에 올린다. 한마디로 수고가 너무 많이 드는 작업이었다.

노하우도 장비도 전무했던 우리는 아쉬운 대로 집에서 쓰던 컴퓨터 2대에 1대를 더 빌려 작업을 시작했다. PC 성능이 너무 떨어져서 10분짜리 강의를 인코딩하는 데만 10시간 넘게 걸릴 때도 있었다. 이 상태라면 여름방학이 끝나도록 결과물이 안 나올 것 같았다.

"인코딩이 문젠데, 우리 계획을 세워서 작업시간대를 조절하자."

작업시간을 줄이기 위해 낮에는 촬영과 편집을 하고 밤에는 인코딩 작업을 했다. 인코딩이 끝나는 시간에 알람을 맞춰두고 새벽에 잠깐 일어나 인코딩을 걸어두고 다시 자는 식이었다. 당시 서울대 기숙사는 4평 정도에 냉방장치가 전무했다. 바람도 들어오지 않는 구조였다. 지은 지 수십 년 된 열악한 공간에서 컴퓨터 3대가 풀가동 되자 사우나가 따로 없었다.

동생과 나는 몸에 팬티만 걸치고 작업을 했다. 하루에 몇 번씩 샤워를 해도 몸의 열기는 쉽게 가시지 않았다. 참다가 못 견디면 휴게실에서 에어컨 바람을 쐬고 왔다. 어렵게 몸을 식혀 방에 들어서면 안경에 뿌옇게 김이 서렸다. 낮에는 기숙사에 가만히 있기도 힘들어서 강의실에서 촬영을 하고, 조금이라도 서늘한 오전과 오후에 편집 작업을 했다. 한 달이 지나자 일에 요령이 생겨 편집속도가 점점 빨라졌다. 작업한 내용물은 저장공간이 부족해 컴퓨터 3대에 나누어 저장했다. 그런데 가장 많은 영상이 담긴 컴퓨터가 말썽을 일으켰다.

"형, 심상치 않은데 어쩌지."

컴퓨터 책상 위에 성영이의 땀이 뚝뚝 떨어졌다. 죽어라 편집한 데

이터가 사라진다 생각하니 머릿속이 하얗게 변했다. 일단 모든 작업을 중단하고 컴퓨터를 살릴 방도를 찾아 전문업체를 돌아다녔다.

"성능도 많이 부족하고요. 컴퓨터가 버티기 힘들 정도로 돌린 모양인데요. 요즘 같은 무더위엔 못 버티기 쉽죠."

가뜩 동영상 인코딩을 할 때 부하가 걸리기 쉬운데, 더운 여름날 낡은 컴퓨터를 24시간 풀가동시켜 일어난 사단이었다. 생각 같아서는 어디 쪼그려 앉아 엉엉 울고 싶었지만 그럴 수도 없었다. 집과 학교를 오가는 시간이 아까워 밥 먹을 때도 잘 때도 동영상 편집에만 몰두했건만 도무지 믿기지 않았다. 이 사건을 통해 한 번에 운 좋게 거머쥐는 성공은 없다는 걸 알게 됐다. 동생과 나는 주저앉지 않고 아무 일도 없었던 것처럼 똑같은 시간에 일어나 똑같은 시간표에 맞춰 다시 일을 시작했다. 낮에는 성영의 성실한 단짝 지후가 작업에 동참했다.

"그나마 테이프가 남아 있어서 다행이다."

처음부터 다시 NG투성이 영상을 캡처, 편집, 인코딩했다. 편집했던 기록이 없어서 그야말로 모든 걸 다시 해야 하는 상황이었지만, 테이프마저 없었다면 그대로 주저앉았을지도 몰랐다. 나중에는 오기가 생겨 기계적으로 손을 움직였는데, 이미 한 번 했던 일인데다 기술도 늘어 단축키까지 자유자재로 쓰게 되었다. 집중을 하니 속도가 무섭게 붙었다. 그렇게 2006년 여름방학 내내 전투적으로 동영상 편집에 매달렸다.

그리고 8월 어느 날, 드디어 공신닷컴이 완성됐다. 5월부터 시작된 프로젝트 구상과 강의촬영, 동영상 편집, 그리고 사이트 오픈까지. 4개월간 우리가 넘은 산은 만만한 상대가 아니었다. 하지만 결과물은 넉넉한 비용을 들이지 못한 터라 내용에 비해 외형이 볼품없고 허술했다.

"이거 겉모습이 허술하다고 알맹이까지 바닥으로 보는 건 아니겠지. 정말 애쓴 만큼 진가를 알아주는 사람들이 많았으면 좋겠다."

사이트가 완성된 날, 동생 둘과 오랜만에 고깃집에서 자축하는 자리를 가졌다. 번갯불에 콩 구워먹듯 불판은 계속 바뀌었다. 그동안의 고생을 계산서로 보여줄 생각인 듯했다. 하지만 공신이 똘똘 뭉쳐 애정과 감회를 나누는 자리가 아닌가. 투정 한 번 안 부리고 끝까지 자기 몫을 해준 성영이와 후배들이 마냥 고마웠다.

우리가 만든 사이트는 겉보기엔 허술해 보여도 내용만은 최고를 목표로, 최선을 다해 만들었다. 조금이라도 내용이 부족하다고 판단되면 다시 강의를 추가했다. 내 강의의 경우 10번 이상씩 찍어 완성도를 높였다. 내가 아는 모든 노하우를 아낌없이 쏟아낸다는 각오로 버틴 시간이었다. 아쉬움 없이 최선을 다해서인지 속이 시원했다. 시위를 떠난 화살이 바람 소리를 내고 있었다. 태어나서 거의 처음으로 내가 정말 하고 싶은 일에 원 없이 도전해보았다. 물론 쉽지 않았고 숱한 위기도 있었지만, 마침내 해냈다는 뿌듯함에 결과는 크게 중요해 보이지 않았다.

'국보급' 콘텐츠의 빛과 그림자

> 나 자신의 삶은 물론 다른 사람의 삶을 삶답게 만들기 위해 끊임없이 정성을 다하고 마음을 다하는 것처럼 아름다운 것은 없다.
>
> — 톨스토이 Lev Nikolayevich Tolstoy

첫째, 후배들에게 무조건 솔직히 대한다.
둘째, 어떤 상황이라도 희망을 준다.
셋째, 어디에도 간섭받지 않는다.
넷째, 우리도 배우는 학생임을 기억한다.
다섯째, 첫 번째 항목을 다시 본다.

이는 공신닷컴을 오픈하면서 내가 사이트에 명시해놓은 원칙이다. 무엇보다 중요한 원칙은 바로 친형 같은 존재가 되자는 것이었다. 사이트가 오픈하자 학생들의 반응은 가히 폭발적이었다.

"강의 하나하나에서 정말 선배들의 진심이 느껴졌어요. 큰 보물을 얻은 기분이랄까요."

학생들이 보여주는 믿음과 지지는 보기만 해도 흐뭇했다. 당연한 결과겠지만 처음엔 아무도 사이트에 들어오는 사람이 없어서 며칠 간 사이트를 알리는 데 전력을 쏟았다. 학생들이 주로 가는 온라인 사이트나 카페에 '공신들의 공부, 동기부여법'을 무료로 볼 수 있다는 글을 올렸다. 그런데 전파속도가 상상을 초월했다.

"드디어 공부를 어떻게 해야 하는지 알았어요. 이대로 하면 제 꿈을 이룰 것 같아요."

"재수생인데 왜 이걸 몰랐을까요. 너무 후회가 됩니다. 조금만 더 일찍 알았더라면…."

"강의 듣고 눈물 흘리기는 처음입니다. 정말 큰 힘을 얻어갑니다."

순식간에 방문자수가 수천 명에 달했다. 동영상을 본 학생들의 고맙다는 글들이 게시판을 꽉꽉 채웠다. 내가 만든 콘텐츠와 서비스를 알아주는 사람들이 그저 신기하고 고맙기만 했다. 신이 나서 내친 김에 더 많은 학생들에게 도움을 주려고 그다음을 궁리했다.

"일간지와 잡지사 기자들에게 보도자료를 뿌리면 어떨까."

광고는 엄두도 내지 못했고, 아무래도 기사가 나면 더 많은 사람에게 알려질 것 같았다. 보도자료를 보내자 덜컥 〈중앙일보〉 기자에게서 10여 분 만에 만나고 싶다는 연락이 왔다. 내가 보낸 메일을 읽고 온 연락임에도 당황한 나머지 대답도 제대로 하지 못했다. 몇 차례 통화 끝에 정식 인터뷰 요청을 받았다.

"강성태 군, 사이트에서 강의를 들은 학생들이 남긴 반응을 보고 깜짝 놀랐어요. 인터뷰를 정식으로 하고 싶은데, 신문사로 지금 와줄 수 있을까요."

나는 바로 공신들에게 연락을 돌렸다. 인터뷰는 경희궁과 서울시 교육청에서 진행됐다.

"자, 여기 보고 환하게 웃으세요."

사진촬영만 2시간이 넘는 인터뷰였다. 신문 한 번 나오기 정말 힘들다고 너도 나도 투덜댔지만, 분위기만큼은 화기애애했다. 모든 일정을 소화하고 자리를 뜨려는데 인터뷰를 진행한 기자분이 우리를 향해 엄지손가락을 치켜세웠다.

"성태 씨, 공신은 그야말로 국보급이에요. 오늘 인터뷰는 곧 1면에 나갈 겁니다. 행운을 빌어요."

"와, 1면이면 학생들이 많이 보겠다."

극찬도 모자라 공신 이야기를 교육섹션 1면에 내준다니 대단히 후한 점수를 받았다고 생각했다. 사진촬영할 때의 피곤함은 어느새 사라지고 어깨에 힘이 들어갔다. 내 꿈에 한 걸음 다가섰다는 생각에 입이 귀까지 찢어졌다.

"정말 수고하셨습니다. 오늘 제가 한턱 쏘겠습니다."

처음으로 공신 1기 9명 중 7명이 모여 회식을 했다. 사실 지후를 제외한 나머지 공신들은 강의만 찍은 터라 같이 모인 자리는 이번이 처음이었다. 모두들 밤 늦도록 시간 가는 줄 모르고 이야기꽃을 피웠다.

10억짜리 광고,
1면을 장식하다

"성태냐, 오늘 신문 잘 봤다. 네가 그렇게 큰일 하는 줄 몰랐다."

"성태니? 목소리가 피곤한 것 같다. 일하느라 밤 샜냐? 너희 대단한 일 했더라. 멋있어. 언제 전화 한번 해라, 밥이나 같이 먹자."

"강 선배, 제대한 건 알고 있었는데 요즘 통 안 보여서 어디서 술 먹나 했어요. 아니 어떻게 그런 생각을 했어요? 은근히 형이랑 잘 어울려요."

이른 시간부터 빗발치는 전화에 더 이상 기숙사에 누워 있을 수가 없었다. 친척부터 친구, 선후배 모두 기사를 잘 봤다는 말 일색이었다. 정말 매체의 힘이 대단하다는 실감과 함께 새삼 한국사회가 교육에 관심이 많구나 하는 생각이 들었다. 자녀가 없어도 교육면을 들춰보는 사람들이 그렇게 많을 줄이야.

여느 때처럼 어슬렁어슬렁 슬리퍼 차림으로 기숙사 식당을 향했다. 오늘은 어떤 진수성찬이 복학생을 기쁘게 해줄까 뭐 그런 생각을 했던 것 같다. 그런데 매점 신문 가판대 옆을 지나는데 익숙한 로고가 눈에 들어왔다. 이럴 수가! 신문을 보는 순간 몸의 모든 기관이 작동을 멈춘 것 같았다. 익숙한 도메인이 눈에 들어왔다.

'www.gongsin.com'

교육면이 아니라 종합 1면에 공신이 실리다니, 다시 기숙사 방으로 달려갔다. 자꾸 슬리퍼가 미끄러져 몸이 펄럭거렸다. 거칠게 문을 열고 동생을 깨웠다.

"성영아 일어나. 비상사태야."

아직도 침대에 납작 붙어 있는 동생을 흔들어 깨우며 컴퓨터를 켜보니 아니나다를까, 사이트는 이미 접속 폭주로 열리지 않았다. 포털 사이트에 들어가 공신 기사를 클릭하니 인터뷰했던 공신멤버들의 사진이 대문짝만하게 걸려 있었다.

"어우, 형! 이거 일 제대로 냈는데…."

동생은 눈을 비비며 사이트를 점검하기 시작했다. 순식간에 엄청난 수의 사람들이 공신이 만든 동영상을 보기 위해 접속했고, 결국 사이트는 마비된 상태였다. 싼값에 주먹구구 만든 사이트였으니 어찌 보면 당연한 결과였다. 과열된 컴퓨터 본체 옆으로 전화가 빗발쳤다. 전화선을 뽑고 대책을 찾기 위해 마비된 머리를 긁적이며 방 안을 계속 서성였다.

공교롭게도 그날은 2학기가 시작되는 날이었다. 나는 핸드폰 전원을 끄고 수업에 들어갔다가 결국 도중에 밖으로 불려나왔다. 내가 전화를 안 받자 사람들이 학과 사무실로 전화를 걸어댄 것이다. 학과실 업무에 지장이 있다는 이야기에 도저히 강의실에 앉아 있을 수가 없었다.

"중앙일보가 새로운 사교육 사업을 하려고 전면에 띄웠나 생각했지. 그런데 사이트에 들어가보니 돈 벌려고 만든 게 아니더라고."

아는 사람들은 대부분 비슷한 반응을 보였다. 엉성한 사이트에 실망했다가 동영상 강의에서 감동을 받아 마음을 바꿨다고 했다. 게시판은 그야말로 흥분의 도가니였다.

"그동안 넘쳐나는 사교육 과장광고와 교묘한 말장난에 상처받았는데, 이렇게 아무나 할 수 없는 장한 일을 해낸 학생들 이야기를 우리 아들에게 해주고 싶어요."

"요즘 뉴스나 신문 볼 때마다 짜증이 났는데 오늘 인터넷을 뒤지다가 공신 사이트를 알게 됐어요. 공부법을 가르쳐주겠다니, 대단한 발상입니다. 과연 기성세대가 이런 생각을 할 수 있을까요."

"얼마 전부터 공신을 통해 많은 도움을 받고 있는 학생입니다. 공부와는 담을 쌓았던 제가 공신 덕분에 공부에 흥미를 느끼게 됐고, 나름대로 성적도 많이 올랐습니다. 지금은 하루에 한 번씩 이곳에 들려 선배님들의 진심어린 글을 읽는 공신 팬이 되었습니다. 저도 장차 공신이 될 수 있도록 열심히 하겠습니다."

"열심히 해서 저희도 후배들에게 이렇게 전해줘야죠! (바톤 터치!)"

우리는 머리를 맞댄 채, 그간의 마음고생과 흘린 땀방울이 한 번에 씻겨나가는 응원의 글들을 읽고 또 읽었다. 그 와중에도 전화벨은 그치지 않고 울렸다.

"강성태 씨죠. 여기는 ○○학습집니다. 공신과 함께 할 만한 사업을 제안하고 싶은데 직접 만나 검토해주시겠습니까."

"선생님, 제가 지금은 학기가 시작돼서 따로 시간을 내기가 힘듭니다. 나중에 기회가 닿으면 뵙겠습니다."

종합 1면에 기사가 나가자 방송과 신문의 인터뷰 요청이 줄을 이었다. 직접 기숙사까지 찾아오는 분들도 많았다.

"강성태 군인가요? 신문 보고 찾아왔습니다. 좋은 사업을 제안하고 싶어서요. 이거 꼭 좀 읽어봐주세요."

이들은 하나같이 돈을 많이 벌 수 있다고 했다. 하지만 언론과 인터뷰하기도 바빴을뿐더러 상업적인 제안에는 관심조차 없었다. 왜 학생들이 공신에 열광하는지 알고 있었고 그걸 잃으면 공신도 끝이라 생각했다. 이런 마음이 있었기에 아무리 큰 액수를 제안해도 마음이 움직이지 않았다. 이미 많은 학생들과 학부모들이 공신에 기대를 걸고 있는 만큼 초심을 끝까지 간직하겠다고 굳게 다짐했다.

나는 다음날부터 여러 교수님을 찾아다녔다. 생전 찾아뵙지 않던 분들에게 신문 1면에 난 공신기사를 보여드리며 자문을 구했다.

"굳이 돈으로 따지면 공신에서 10억이 넘는 광고를 한 거네."

"네? 10억이요! 이 기사가 그 정도입니까? 교수님, 일은 벌였는데 앞으로 어떻게 끌어갈지 걱정스럽습니다."

경영대 학장님이셨던 조동성 교수님은 공신의 경영학적 가치와 앞으로의 가능성 등을 조목조목 말씀해주셨다. 여러 교수님들을 찾아뵈며 조언을 구했지만 어차피 정답이란 있을 수 없었다. 놀랍고 기쁘면서도 한편으로는 이게 신문 1면을 장식할 만한 일인가 싶었다. 얼마나 교육에 희망적인 뉴스가 없었으면, 대학생들의 사회공헌이 얼마나 적었으면 이럴까란 생각도 들었다.

그런데 놀라운 일이 벌어졌다. 신문을 통해 공신을 알게 된 독자들이 하루가 멀다 하고 공신에 참여하고 싶다며 문을 두드린 것이다. 특히 대학생과 직장인들의 참여가 줄을 이었다.

"이번에 우리 학생들이 얼마나 힘들게 공부하는지를 뼈저리게 느꼈습니다. 한번쯤 봉사로라도 후배들에게 도움이 되는 일을 해보고 싶었는데, 막상 대학 입학 후에는 자신감도 떨어지고 제가 감히 할 수 있을까 망설여지더라고요. 하지만 기사를 보고 힘을 얻었습니다. 혹 실례가 되지 않는다면 공신에 참여해도 될까요? 부족하지만 돕고 싶습니다. 어설프겠지만 강의도 찍고 필요하면 카메라 촬영보조라도 하겠습니다."

매일 아침 공신을 희망하는 수십 통의 메일을 확인했다. 얼마 전까지만 해도 공신에 자발적으로 참가하겠다는 멤버가 없어서 겨우겨우 사정해서 모으던 지경이었는데, 대반전이 일어난 것이다. 기회가 없어서, 방법을 몰라서 하고 싶은 일을 하지 못하던 친구들이 '공신'이라는 구심점이 생기자 반응을 보이기 시작했다. 어쩌면 사람들은 목이 말랐는지도 모른다. 그들은 가슴에 묻어둔 작은 꿈을 끄집어내며 저마다 즐거워했다. 우리는 나란히 삽자루를 쥐고 땅을 파기 시작했다. 눈앞에 버티고 선 태산을 옮기는 일이 시작된 것이다. 뜻이 있는 곳에 반드시 길은 생긴다.

데스크톱을 노트북 대신 들고 다니다

일간지를 통해 화려한 신고식을 마친 지 얼마나 지났을까, 이제껏 만끽한 기쁨과 맞먹는 커다란 고통이 뒤따랐다. 공신닷컴의 접속 폭주로 다른 사이트까지 다운되자 호스팅 업체로부터 거액의 청구서가 날아든 것이다. 청구서를 받고도 내 눈을 믿을 수가 없었다. 1,000만 원! 학생신분으로서는 두려울 수밖에 없는 액수였다.

"여보세요. 공신닷컴입니다. 뭔가 착오가 있는 것 같아서 전화했습니다. 청구금액이 과하게 나와서요."

업체에서는 상세한 트래픽 내역을 제시하며, 실시간 동영상 사이트와 일반 사이트의 유지비 차이를 설명했다. 이미 동생의 한 학기 장학금은 바닥난 상태. 비용을 줄이기 위해서는 서버 이전과 사이트 개편이 시급했다. 하지만 나와 동생의 실력으로는 대규모 사이트를 만들 수 없었고, 결국 누군가의 도움이 필요했다.

"형, 신문에 이름까지 났는데 다음날 사이트 닫는 건 우습잖아. 다음 학기 장학금도 공신에 쓰자."

때마침 동생이 이런 이야길 해주니 미안해서 고맙다는 말도 제대로 나오지 않았다. 형으로서 왠지 대형사고를 친 기분이었다. 동생 말대로 당장은 시간을 벌어야 했다. 그때만 해도 장학금을 몇 학기나 더 써야 할 줄은 나도 동생도 상상하지 못했다. 가끔 동생은 형한테 삥을 뜯겼다는 우스갯소리를 하곤 한다.

"네? 1억 원이 넘는다고요?"

전문 외주업체에서 내놓은 사이트 견적은 눈이 튀어나올 수준이었다. 개인 프리랜서에게 일을 맡기면 훨씬 저렴하게 제작할 수 있다는 정보를 얻고는 꽤 낮은 가격에 일을 맡겼다. 그런데 사이트 제작기한이 지나도 기술자에게서 연락이 없었다. 어쩌다 전화가 연결되면 아직 작업하고 있다는 말뿐이었다. 혼자 공신의 모든 일을 도맡아 할 때라 딱히 의논할 상대가 없었다. 나는 생각다 못해 프리랜서 사무실에 출근을 감행했다. 곁에서 오랜 시간 버티면서 일을 도와 일정을 단축하려는 심사였다. 옆에 내가 앉아 있으면 일을 하긴 하겠지. 그러려면 반드시 PC가 필요했는데 노트북을 마련할 형편이 아니라 기숙사의 데스크톱 컴퓨터를 그대로 들고 갔다. 다음날 아침 사무실로 출근한 나를 마주친 개발자는 몹시 황당한 표정을 지었다.

"아니, 성태 씨! 그게 뭐예요?"

"작업 도와드릴 때 쓸 제 컴퓨텁니다."

"설마 그걸 직접 들고 온 건 아니시죠?"

나는 거의 매일같이 데스크톱 컴퓨터를 들고 프리랜서의 사무실로 출퇴근했다. 관악산 자락에 있는 기숙사에서 바위 같은 컴퓨터 본체를 들고 마을버스에서 지하철로 갈아타는 여정이었다. 돌이켜보면 어이없다 못해 웃음만 나온다. 지금 생각하면 그 시절 내게는 펄펄 끓는 열정만 넘쳤던 것 같다. 나중에는 이런 내가 안쓰러워 보였는지 개발자가 데스크톱에 테이프를 둘둘 감아 손잡이를 달아주었다.

매일같이 잡무를 도와가며 누가 갑이고 누가 을인지 모르는 상황에서 예상보다 엄청나게 지연된 끝에, 간신히 사이트가 완성되었다. 하지만 싼 게 비지떡이라더니, 개편된 사이트에서 동영상이 안 열린다는 전화가 폭주했다. 그간 데스크톱을 들고 다닌 보람도 없이 일이 어긋나버렸다. 게다가 숱한 오류를 남겨놓고 고쳐줘야 할 사람이 갑자기 연락이 두절됐다. 급한 대로 다른 사람에게 고쳐달라고 부탁하려 했으나, 사이트 내부구조를 볼 수 없게 해놨다는 충격적인 말을 듣게 되었다. 내부구조를 볼 수 없게 일종의 비밀번호를 걸어둔 것이다. 순간 턱하니 맥이 풀렸다.

내가 할 수 있는 거라곤 그분이 나타날 때까지 사무실 앞에서 마냥 기다리는 것뿐이었다. 차가운 오피스텔 복도에 주저앉아 있노라면 전공과도 상관없고 보상도 없는 이 일을 왜 계속하는지 하는 회의가 밀려오기 시작했다.

나중에 알고 보니 기술자가 건넨 동영상 플레이어는 직접 만든 게 아니라 다른 사람의 솜씨였다. 제작비에는 플레이어가 포함되어 있었지만, 정작 누구나 무료로 쓸 수 있는 오픈 소스 플레이어였다. 동영상이 안 나오는 현상도 그런 이유였다.

예전에 서울대 재료공학부장님이신 홍국선 교수님께서 해주신 조언이 떠올랐다.

"앞으로 일을 크게 해볼 생각이면 초기 멤버로 개발자를 영입하거나 지금부터 사이트 개발능력을 키워두게. 나중에 사람을 잘 부리기 위해서라도 반드시 필요해."

정작 나는 사업하려는 생각이 없다는 이유로, 천금 같은 조언을 한쪽 귀로 듣고 한쪽 귀로 흘려버렸다. 그 후로도 계속 사이트 때문에 골머리를 앓을 때마다 매번 교수님의 말씀이 떠오르곤 했다. 우리는 같은 실수를 반복해선 안 된다고 배운다. 하지만 나중에도 숱한 이유로 사이트 개발에 발목을 잡혀 많은 시간을 낭비했다. 나중에는 노이로제가 생겨 얼굴에 날이 설 정도였다. 지금이야 사이트 개발만 담당하는 직원이 있지만, 당시에는 학생 신분이라 그럴 형편이 아니었다. 우리는 비용 절감을 위해 자체 서버를 사용했는데, 서버가 다운되면 서버회사에서 자동으로 내 핸드폰에 문자를 보내왔다. 어떤 날은 하루에 열 번 넘게 문자가 오기도 했다. 나중엔 핸드폰 진동만 느껴져도 사이트가 다운된 게 아닐까 불안해졌다.

모든 게 각본대로 되는 것은 아니다

세상에 돈 걱정 없이 할 수 있는 일이 얼마나 될까? 동생의 장학금으로 겨우 사이트를 오픈했지만, 그 후 들어가는 돈은 생각지도 못했다. 더구나 사이트가 유명해지면서 늘어난 운영비는 대학생인 내게 어마어마한 금액이었다. 공신닷컴 운영비와 공신멘토들의 식대까지 대느라 나중엔 동영상 편집 아르바이트에 뛰어들기도 했다. 원래 단벌신사에 밥도 학교식당에서만 먹던 터라 개인적으로 쓰는 돈은 거의 없다고 해도 과언이 아니었다. 하지만 공신에 들어가는 돈은 한도 끝도 없었다.

그래서 고민 끝에 책을 내기로 했다. 운영비도 벌 겸 공부법도 알릴 겸, 9명의 공신들을 설득해 책을 쓰기로 한 것이다. 이렇게 나온 책 《공부의 신》은 순식간에 베스트셀러가 되었다. 인세는 함께했던 9명의 멤버들과 똑같이 나눴다. 하지만 내 인세만으로는 공신을 운영하는 데 턱없이 부족했다. 원고는 거의 혼자 쓰고 인세는 똑같이 나누는 나를 어리석다고 말하는 친구들도 있었다. 하지만 공신이 알려지지도 않은 상황에서 하루라도 시간을 내는 일이 어디 그리 쉬운가. 이 친구들이 없었더라면 공신의 시작은 턱없이 늦어지거나 런칭 자체가 어려웠을지도 모른다.

공신닷컴의 메인은 역시 내 동영상이었다. 하지만 점차 내 강의 대신 조금씩 다른 공신들 위주로 강의를 올렸다. 내 강의가 인기 있는 건 뿌듯했지만 공신이 나라는 개인의 사이트가 아니라, 철저히 멘토와 멘티의 상호 커뮤니티로 운영되기를 바라는 마음에서였다. 그건 내가 직접 강의를 찍는 것보다 훨씬 번거롭고 힘든 일이었다. 이윤 추구를 목적으로 하는 사교육 회사였다면 내가 스타강사가 되는 게 가장 빨랐겠지만, 공신이 추구하는 방향은 달랐다.

이런 노력과 달리 학생들에게 좋은 멘토가 되어주겠다던 대의를 기억하는 공신들은 많지 않았다. 이름만 올려놓고 멘토링에 참여하지 않거나, 한번 해보고 힘들다며 사라지는 멤버들이 대부분이었다. 시간약속을 지키지 않는 등 무책임하게 행동하는 공신도 많았다. 왜 고생스럽게 이 일을 하는지 스스로에게 물은 적이 한두 번이 아니었다. 내 전공과도 관련 없고 밑빠진 독처럼 돈만 들어가는데 말이다. 그렇다고 신문 1면에 대문짝만하게 나왔는데 다음날 사이트를 닫을 수도, 사교육 업체에 팔 수도 없는 노릇이었다.

젊은 대학생이 이 모든 걸 홀로 감당하기엔 너무 버거웠다. 힘들 때면 공신닷컴에 올라오는 수많은 응원의 글들을 읽으며 버텼지만, 점점 자신감은 사라지고 외로움은 커져만 갔다. 공신닷컴에도, 꿈을 향해 달려가는 나에게도 가장 큰 고비였고, 한계를 극복하기 위해 새로운 계기와 에너지가 절실한 순간이었다.

교실 밖
아이들을 만나다

인간의 가장 근원적인 갈망은
자신의 가치를 남이 알아주는 것이다.

– 윌리엄 제임스 Willian James

"성태 씨가 방송에서 직접 아이들을 가르쳐보면 어떨까요?"
 뜻밖의 제안이었지만 출연을 결심했다. 힘겨운 고비를 겪고 있던 내게 새로운 자극이 필요하기도 했지만, 방송출연을 통해 많은 학생들에게 돈이 없고 성적이 낮아도 공부를 재미있게 할 수 있다는 걸 보여주고 싶었다. 아직 공부를 포기할 때가 아니라고 설득하고 싶었다.
 공부라는 걸 해보겠다고 천방지축 전교꼴찌 셋을 모아놓고 합숙에 들어갔다. 아이들은 가난했고 하고 싶은 일이 없어 마음은 더 가난했다. 이대로라면 주어진 환경에 몸과 마음을 맞춰 살아갈 태세였다.
 나는 아이들을 스스로 그어놓은 한계선 밖으로 조금씩 잡아끌었다. 아이들은 영어단어를 외우는 게 인생에 무슨 도움이 되냐고 물었다. 나는 당황하지 않고 답해주려 노력했다. 나조차 영어단어와 함수가 이 애들의 인생에 무슨 도움이 될까 속으로 되물었다. 과거에 왜소하고 겁 많던 내 모습이 떠올랐다.

"형이 바로 그 증거야. 그러니 너희들도 할 수 있어."

일단 원하는 삶에 가까워지려면 공부를 해야 한다는 믿음을 주는 데는 성공했다. 아이들은 참을성 있게 영어단어와 구구단을 외웠고, 삶도 공부도 인내를 통해 풍성해지고 빛이 난다는 사실을 어렴풋이 알아갔다.

누군가의 인생을 바꿔주고 싶다는 모험

"강성태 군 맞죠? 여기는 MBC입니다. 혹시 시간 되실 때 한번 방문해 주시겠어요?"

숱한 인터뷰와 방송출연 제안에도 무덤덤하던 나였지만, 이번에는 짧은 통화임에도 한번 가보고 싶다는 생각이 들었다.

약속을 잡고 찾아간 예능국은 텔레비전으로 봤을 때보다 소박했다. 하지만 정신 없는 와중에도 일사불란하게 움직이는 모습은 시스템이 갖춰지지 않은 공신과 비교되는 부분이 많았다. 자기 자리에서 최선을 다하는 이들의 진지한 노력과 프로다움이 묻어났다.

"성태 군, 우리가 추석특집 프로그램을 준비하고 있는데, 이번엔 공부에 관한 내용을 다뤄볼까 해. 요즘 워낙 교육에 관심이 많고 학생들도 공부 때문에 많이 힘들어 하니까. 그래서 성태 군이 직접 출연하면 어떨까 싶은데…."

감독님은 약간 말끝을 흐리며 내 얼굴을 바라보았다.

"두 가지 중에서 선택을 해야 할 것 같아. 첫째, 스튜디오에서 공부 잘하는 공신들과 공부 못하는 연예인을 양쪽에 두고 토크쇼를 하는 거야. 이건 우리가 전문가니까 어렵지 않아. 둘째는 정말 리얼로 찍는 건데, 성태 군이 학생들 몇 명을 뽑아서 같이 합숙을 하는 거야. 두 달 정도 직접 가르쳐야 해서 힘들 수도 있어. 이런 방식은 우리도 처음이라 일종의 모험이지."

사실 굳이 모험을 할 필요는 없었지만, 마지막 말이 의미심장했다.

"나는 개인적으로 두 번째를 꼭 좀 해봤으면 좋겠어. 힘들긴 하겠지만 학생들에겐 정말 도움이 될 거야. 하다 정 안 되면 며칠 남겨놓고 다시 첫 번째 방법으로 돌아갈 수도 있어. 그건 자네가 걱정할 필요 없고."

인사를 드리고 스튜디오를 나섰다. 나오면서 생각하니 살짝 속은 듯한 기분이 들었다. 선택하라고 해놓고 두 번째로 꼭 하고 싶다니. 나중에 알고 보니 내가 만난 분들은 하나같이 쟁쟁한 프로들이었다.

"방송을 통해 공부법을 전하고 싶습니다. 참여하겠습니다."

나는 방송을 결심하고 두 가지 목표를 세웠다. 스스로 안 될 거라고 쉽게 포기하는 학생들에게 아직 늦지 않았다는 걸 알려주고 싶었다. 그리고 비싼 사교육 없이도, 제대로 된 공부법과 의지만으로 공부할 수 있다는 걸 보여주고 싶었다.

이렇게 공신활동은 전문가와 의기투합해 〈공부의 제왕〉이라는 프로그램으로 만들어졌다. 먼저 추석특집으로 방송되었는데 그 인기는 상상을 초월했다. 방송이 끝났는데도 당시 전국의 수많은 학교에서 단체로 시청했을 정도였다. 결국 추석 때 잠시 방영된 것이 아예 고정 프로그램으로 편성되었고, 나는 본의 아니게 예능 프로그램 MC를 맡게 되었다. 우연히 말하기 수업을 듣다가 공신을 만들고, 사람들 앞에서 말도 제대로 못하던 어눌한 내가 예능 프로그램을 진행하다니 상상조차 못할 일이었다.

심적으로 힘든 중에 시작한 방송이었다. 무너지려는 강성태와 다시 의욕을 갖고 일어서려는 강성태가 마음 한구석에서 혼란스러운 싸움을 벌이고 있는 와중에 10억이라는 제안을 받았다. 새벽 2시, 아이들이 졸음을 쫓으며 조잘조잘 공부하던 〈공부의 제왕〉 합숙소는 쥐죽은 듯 조용했다. 나는 혼자 잠도 잊은 채 사교육 업체에서 제시한 제안을 두고 고민하고 있었다. 이때 무거운 분위기를 단박에 날려버리는 능력자가 등장했다.

"아, 행님. 아직도 안 주무셨어요?"

"아, 성민이구나. 너 이 자식, 왜 안 자고 나왔어?"

마침 턱을 괴고 공신을 넘긴 돈으로 흥청망청 놀러다니는 상상을 하고 있는데, 억센 대구 사투리에 놀라 다시 현실로 돌아왔다. 화장실에 다녀오던 성민이가 거실에 불이 켜진 걸 보고 잠깐 들렀다고 했다. 왠지 머릿속 상상을 들킨 기분이 들어 헛기침을 했다.

성민이는 아버지가 안 계셨다. 어머니와 형, 누나와 함께 사는 늦둥이 막내는 어머니 걱정을 덜어드리고 돈을 아끼기 위해 직접 사연을 올려 이 프로그램에 참여하게 됐다. 성민이는 유독 말이 많아 공부를 하면서도 툭하면 중얼중얼거려 다른 사람의 집중력을 떨어뜨렸다.

"아악!"

"앗, 깜짝이야. 너 또!"

게다가 가만히 앉아 있는 걸 못 참아서 혼자 중얼거리다 습관적으로 갑자기 소리를 지를 때가 많았다. 합숙하는 동생 둘이 이 비명에 깜짝깜짝 놀라곤 했다. 산만한 성격이라 어떻게 지도해야 할지 고민하지 않을 수 없었다. 그럼에도 성민이는 "행님, 행님." 하며 유난히 나를 따랐다.

"성민아, 공부하다 답답하거나 이야기하고 싶으면 거실로 따로 나와서 해. 이 곰인형에게 네가 배운 내용을 이야기하듯 설명해봐. 남에게 설명할 수 있는 지식만이 온전히 내 거가 될 수 있어. 성민이는 남에게 이야기하는 데 각별한 재능이 있기 때문에 잘할 수 있을 거야. 공부도 훨씬 잘될 거고."

"우와! 우와! 진짜요? 정말요? 그래도 돼요?"

워낙 성격이 활달해서 제작진에서 반기는 성민이었다. 성민이는 내 말이 끝나기가 무섭게 내 명찰을 인형에 달았다. 그리고 곰인형을 성태라고 부르기 시작했다. 사전에 허락은 했지만 들을 때마다 영

기분이 이상했다.

"성태야, 야! 성태! 너 쌤 말 안 듣고 조는 거 아이야? 자꾸 이럴래? 이건 말이다."

성민이는 내 말투를 흉내 내며 공부한 내용을 인형에게 설명하기 시작했다. 손으로 쓰면서 하는 공부보다 직접 말로 하는 편이 이해도 잘 되고 모르는 부분을 찾기도 쉬워 보였다.

촬영이 끝나면 집에 가서 쉬어도 됐지만, 나는 아이들과 함께 생활했다. 촬영장비를 보관하는 작은 창고방에서 춥고 불편한 잠자리를 고집했다. 한 달이라는 시간 동안 하루 4시간 수면에 사생활도 포기해야 했지만, '리얼'을 위한 희생이었다. 무엇보다 나를 믿고 이 프로그램에 참여한 동생들, 부모님과 떨어져 있는 동생들에 대한 책임감이 한몫했다.

"자, 일어나자. 해가 떴다. 기상 실시."

말이 MC였지 아이들의 부모나 다름없었다. 아침이면 아이들을 깨워서 밥을 먹이고 빨래를 했다. 아이들이 학교 간 동안에는 시장에서 장도 봤다. 야참으로 라면을 끓여주고 감기 기운이 있으면 병원에 데려갔다. 수험생을 뒷바라지하는 부모님의 고충을 알 것 같았다. 아, 세상의 부모님은 모두 위대하다.

한 달이 차면 녀석들은 다시 집으로 돌려보내야 했다. 방송을 통해 몇 차례 이런 이별을 겪었고, 예상은 했지만 막상 헤어질 걸 생각하니 가슴이 먹먹했다. 자식을 세상에 내보내는 부모님 마음이 이렇지 않을까.

아이들은 한 달 동안 교실을 떠나 공부보다 더 중요한 것을 배웠다. 꼴찌를 도맡아온 자신도 누군가에게는 소중한 존재라는 사실이었다. 자신을 사랑해야겠다는 다짐과 함께 앞으로 어떻게 살아야 할지를 생각하는 눈치였다. 공부가 재미있다는 사실도 깨우쳐갔다. 이제껏 보아온 세상이 전부가 아니라 개척할 삶이 무궁무진하다는 사실에 어떤 '떨림'을 맛보았다고 했다.

이 세상에는 사회가 원하는 스펙이나 성적보다 더 중요한 가치가 얼마나 많은가. 아이들은 함께 책을 읽고 고민하며 자신도 모르게 복숭아 씨앗처럼 단단한 꿈을 가슴에 품었다. 꿈을 위해서라면 일정 시간 인내해야 한다는 사실 또한 몸으로 받아들였다. 나 역시 가르치는 입장을 떠나 친형처럼 진심으로 아이들을 깊숙이 받아들이는 경험을 했다. 그리고 이 아이들의 씨앗이 제대로 자랄 때까지 포기하지 않고 기다려주는 일이 중요하다는 걸 다시금 깨달았다.

26살의 갈림길,
그리고 선택

좋은 교육을 받은 국민들을 배양해내지 못한 국가는 강대국으로 불릴 수 없으며, 사회의 기본 가치관을 후대에 계승해주지 못한 국가는 좋은 국가가 될 수 없다. 본국 청년을 가장 우선적인 고려 대상으로 설정하지 않는 국가 역시 결코 강대해질 수 없다.
- 〈강대국의 조건〉 중에서

"혹시 학생들과 미국에 다녀오실 수 있습니까. 왕복시간 빼고 탐방 5일입니다."

SK텔레콤으로부터 수능 이벤트에 당첨된 학생들과 떠나는 아이비리그 투어 제안을 받았다. 수능 이벤트의 일환으로 이미 기획단계에서 들었던 내용이었다. 그러나 동생들과 합숙을 하고 있던 처지여서 마음에 걸렸다.

"형, 그런 좋은 기회를 놓치면 안 되지. 게다가 지금 중요한 결정을 앞두고 있잖아. 진짜 형이 하고 싶은 게 뭔지 생각해봐. 예전에 미국에 가보고 싶다고 했잖아. 애들은 내가 맡고 있을게."

일본에서 교환학생을 마치고 한국에 돌아온 성영이와 통화를 마치자 한결 머릿속이 맑아졌다. 내가 여러 업체로부터 거액의 제안을 받은 걸 알고 있던 동생은, 공신을 어떻게 끌고 갈지 중요한 결정을 앞두고 휴식이 필요하다고 조언했다. 나는 전화를 걸어 일정에 합류하겠다는 의사를 밝혔다. 지난 몇 년 동안 많은 사람들로부터 분에 넘치는 관심을 받았다. 여행은 아니더라도 잠시 일상을 벗어나 공신의 방향성과 졸업 후 나의 진로에 대해 진지하게 고민할 시간이 필요했다. 그런데 마침 학생들과 선진 교육프로그램을 견학할 좋은 기회가 생긴 것이다.

성영이에게 일주일치 계획표와 함께 아이들을 맡겼다. 비행기에 올라 안전벨트를 매는 순간까지도 머릿속에는 녀석들 걱정뿐이었다. 세 아이 모두 하고 싶은 일을 찾아 공부의 재미를 알아가는 중요한 단계에 있다. 나 역시 주어진 시간 동안 '좋아하지만 고통스러운' 공신을 계속 할지를 두고 중요한 선택을 앞두고 있었다.

부러움에
잠 못 드는 밤

기장의 착륙 안내 멘트를 들으며 내려다본 미국의 야경은 눈이 부셨다. 화려한 컬러의 오밀조밀한 집들 사이로 차들이 분주하게 오가고 있었다. 비행기가 착륙을 시도하며 덜컹거릴 땐 심장이 걷잡을 수 없이 뛰기 시작했다. 대학시절 내내 배낭여행 한 번 못 가본 게 한이었던 촌놈이 드디어 소원을 푸는 순간이었다. 오랜 비행으로 몸은 노곤했지만 두근거림을 주체할 수 없었다. 다시 20여 년 전 경북 점촌에서 서울에 처음 올라온 그날로 되돌아간 기분이었다. 이번엔 뉴욕이다.

"이렇게 거대하다니!"

나는 엠파이어스테이트 빌딩의 거대함에 할 말을 잃었다. 1931년에 완공된 이 빌딩은 102층에 381m로 수용인원이 약 1만 8,000명이나 됐다. 당시 우리나라는 일본의 민족말살정책으로 온 국민과 국토가 유린당하고 있을 시절이었다. 그때 벌써 이런 건축물을 세웠다는 게 놀라웠다.

점심을 먹고 찾은 하버드 대학은 방학이라서 학생들이 뜸했다. 보스턴은 특유의 카리스마가 느껴지는 고전적인 도시였다. 하버드는 1636년 설립되어 41명의 노벨상 수상자를 배출했다. 하버드 도서관에 소장된 자료는 서울 소재 대학 도서관을 합친 것보다 더 많다고 했다. 투신 펀드자산만 수십 조에 이른다는 하버드는 공부만 잘해서는 갈 수 없는 곳이다. 고등학교 수석 졸업자 중 20%만 붙지만 입시 성적만으로는 결코 들어갈 수 없는 곳. 세계를 이끌어갈 리더를 육성하는 곳인 만큼 인성이 바르지 않으면 SAT 만점자도 탈락시키는 학교가 하버드였다.

가이드가 침을 튀기며 이곳저곳을 설명하는 모습을 보니, 나도 모르게 몸에서 힘이 빠졌다. 투어일정대로 예일 대학, 프린스턴, MIT, 뉴욕, 컬럼비아를 돌았다. 대학 순위로만 따진다면 우리나라에는 이들 대학에 견줄 만한 학교가 단 한 곳도 없었다. 대체 이 나라는 부족한 것이 없구나. 처음 가본 미국이라는 나라는 모든 것을 갖춘 듯했다. 넓은 땅에 풍부한 자원, 최고의 대학들이 즐비해서인지, 거리를 오가는 사람들도 자신감에 차 있는 것처럼 보였다.

늦은 시간 잠자리에 누웠지만 좀처럼 잠이 오지 않았다. 이에 비하면 대한민국은 얼마나 작은 나라인가. 나는 또 얼마나 작고 보잘것없는 존재인가. 20대 중반이 되어 만난 미국은 거대한 공룡처럼 다가왔다. 그동안 좁은 우물 안에서 우물쭈물하고 있었다는 사실을 새삼 깨달았다. 이런 나라 젊은이들과 경쟁이란 게 가능할까?

'신도 세상도 참 불공평하다.'

호텔 밖으로 눈이 소리 없이 내리고 있었다. 부러우면 지는 거라는데, 미국이기에 높은 빌딩 사이로 몰아치는 눈발마저도 영화의 한 장면처럼 멋있어 보였다. 나는 이날 미국이라는 나라에 심하게 동요되어 잠을 이루지 못했다. 나에게 부족한 것들이 자꾸 보여 메모를 멈출 수 없었다.

하늘이 내려준 사명?

미국에서 돌아온 후 학교 도서관에서 꽤 많은 책을 빌렸다. 미국의 역사, 대학의 역할, 강대국의 조건 등 주로 선진교육과 관련된 자료였다. 미국에서 밤잠을 설치면서 했던 생각은 '사람'과 '교육'이었다. 천

연자원보다 인적자원이 풍부한 한국이 유리한 부분은 그야말로 사람 뿐이었다. 당장 유대인만 봐도 미국의 역사와 대학을 이야기할 때 빠지지 않는 민족 아닌가. 책을 보니 미국의 각 분야에서 유대인이 발휘하는 힘은 대단했다. 인구는 적지만 이제까지 노벨상 수상자의 1/3을 배출했고, 미국의 정치, 경제, 문화를 완전히 장악하고 있었다.

유대인을 보면 희망이 보이는 것 같았다. 그들처럼 한국의 인재들이 전 세계로 퍼져나간다면? 입시에 지쳐 꿈조차 갖지 못하는 학생들과 청춘이 얼마나 많은가. 개인이 가진 잠재력을 온전히 발휘할 수만 있다면 대한민국은 가히 세계 최고가 될 것이다. 내가 생각하는 선진국은 군대가 강하고 돈이 많은 나라가 아니다. 개개인의 잠재력을 충분히 발휘할 수 있는 나라다. 미국 대부분의 대학은 최고의 두뇌들이 집결된 곳이었고, 이는 결국 미국의 국력으로 직결됐다.

복학 후 공부에 재미를 붙이면서 전공인 기계항공공학부에 대해서도 다시 진지하게 생각해본 적이 있다. 나는 어린 시절부터 기계에 관심이 많았고 혼자 조립하는 걸 좋아했다. 특히 자동차는 내게 단순한 기계 이상이었다. 엑셀을 밟는 순간 마치 오케스트라 연주를 듣는 것처럼 수많은 부품들이 조화를 이루며 움직이는 데서 희열을 느낀 적도 있었다. 부드럽게 올라가는 계기판을 보면 자동차라기보다 하나의 생명체처럼 느껴졌다. 초등학교 5학년 때 우리 집에 처음 자동차가 생겼다. 중고 프라이드였는데, 틈만 나면 그 안에서 잠도 자고 밥도 차에서 먹겠다고 졸랐을 정도였다.

하지만 공신을 하면서 그런 감정의 대상이 바뀌어갔다. 나는 멘토링을 하는 동안 그 이상의 설렘을 맛보았다. 힘들어하는 아이들을 만나 어렵게 조언을 건네면 신기하게 긍정적인 방향으로 바뀌었다. 멘토가 되어 누군가를 변화시키는 것은 기계가 작동하고 변하는 것과는 비교도 안 될 만큼, 의미 있고 뿌듯한 일이었다.

생각이 여기까지 미치자 어렴풋이 가야 할 길이 보이기 시작했다. 미국에 온 후 계속 느껴온 교육의 중요성과 공신은 일맥상통하는 부분이 있었다. 나는 앞으로도 교육에 관한 길을 걷겠구나, 어쩌면 이 일이 하늘이 내려준 사명일지 모르겠구나, 라는 생각이 들자 가슴이 뛰기 시작했다.

한국으로 향하는 비행기 안에서 나는 짧은 여행 동안 보고 듣고 느낀 걸 정리하느라 여념이 없었다. 다행히 한국을 떠날 때보다 생각은 많아졌지만 가닥은 잡혀가는 것 같았다. 당시 비행기에서 적었던 수없이 많은 메모들 중에는 이런 내용이 있었다.

"대한민국 모든 학생들에게 꿈을 이뤄주는 멘토 한 명씩을 만들어 주면 어떨까?"

평생을 맞바꿀 꿈을 찾다

"형!"
한국에 돌아오자마자 합숙소로 직행해 동생들을 만났다.

"형 없으니까 텅 빈 것 같아요. 형 냄새(?) 맡고 싶었어요!"
"저 성영이 형이 한 테스트에서 만점 받았어요!"
"형, 진짜 보고 싶었어요. 우리 같이 축구하러 가요!"

고작 일주일 비웠을 뿐인데 녀석들은 합숙소가 있는 아파트 앞까지 나와서 내게 안기고 난리였다. 합숙소에서 식사를 하며 아웅다웅 그동안 자기가 더 열심히 했다고 떠드는 녀석들이 마냥 귀엽기만 했다. 그간 정이 많이 들었다. 내 곁을 떠나면 이 아이들은 어떻게 될까. 집으로 돌아가 혼자 어려운 수험생활을 하면서 부모님 일을 도와드려야 할 것이다.

이런저런 생각으로 마음이 심란해진 차에 아이들 성화에 못 이겨 결국 공터에 나가 축구를 했다. 시차 적응이 안 돼서인지 조금 뛰다가 쉬기를 반복했다. 아이들은 어려운 환경에서도 하나같이 씩씩하고 티 없이 맑았다. 처음에 만났을 때 의욕도 꿈도 없던 모습과는 딴판이었다.

"이번만큼은 이 프로그램을 통해 학생들이 자기 꿈을 찾아갈 수 있었으면 합니다."

나는 프로그램을 진행하는 동안 처음으로 '꿈 찾기'를 제안했다. 직업에 대한 이해가 부족한 아이들과 여러 시간 동안 대화를 하며 꿈을 정했다. 성민이는 청소년 상담사, 윤구는 호텔 요리사, 경호는 게임 개발자를 각각의 꿈으로 정했다. 우리는 아이들이 현업에 종사하는 전문가들을 찾아가 일일체험을 할 수 있도록 배려했다. 자신의 관심분야를 확인하고 현장에서 직접 체험을 하고 나니 아이들의 태도가 두드러지게 달라졌다. 당장 성적이 오르진 않았지만, 얼굴에서는 만족감이나 자신감이 확연히 묻어났다. 우선은 가슴을 뜨겁게 만드는 열정만으로도 충분하다. 굳건한 다짐만 접지 않는다면 꿈을 이루기엔 충분하다.

정든 녀석들과 어떻게 헤어지나 걱정도 됐지만, 축구를 하며 천진하게 웃는 아이들의 얼굴 위로 기내에서 메모했던 내용이 스쳐지나갔다.

'나는 공신의 멘토야. 힘들면 응원해주고 잘못하면 따끔하게 꾸짖는 멘토. 아이들이 잘하는 일은 함께 기뻐하고 칭찬해줄 수 있지. 이런 멘토가 더 많아지면?'

생각은 꼬리에 꼬리를 물었다. 태평양을 건널 때 이것저것 적었던 계획과 평소의 생각들이 하나로 통합됐다. 보잘것없는 구슬 서 말이 근사한 목걸이로 탄생하는 순간이었다.

"모든 학생들에게 공신 멘토가 한 명씩 생긴다면? 이 아이들이 모두 꿈을 갖게 된다면?"

상상만 해도 엄청난 일이었다. 온몸에 전율이 일어나며 머리카락이 쭈뼛쭈뼛 섰다. 생각은 계속 전진했다.

가슴이 벅차 나도 모르게 눈물이 찔끔 나왔다. 순간적으로 내 삶이 계속해서 떠올랐다. 초등학교에서 몇몇 덩치 큰 친구들에게 맞고 다니던 시절, 죽어라 공부했지만 성적이 그만큼 나오지 않았던 고교시절, 내게 큰 희망을 주신 중3 담임 선생님, 방황했던 대학생활, 군 생활의 멘토가 되어준 맞선임…. 내가 형 같은 멘토를 얼마나 간절히 원했고, 얼마나 큰 도움을 받았는지가 주마등처럼 스쳐 지나갔다.

멘토가 아이들 한 명 한 명이 온전한 꿈을 찾도록 돕는다면, 자신감과 용기를 갖고 살아갈 힘을 준다면, 그래서 아이들이 잠재력을 발휘할 수 있다면 그야말로 최고의 교육이 아닐까. 한 명의 멘토와 한 명의 학생이 일으키는 파장은 그만큼 대단하다. 사회를 바꾸고 나라를 바꾸고 결국은 세계를 바꿀 것이다.

"형, 저희 이제 들어가려는데 형은 안 들어가세요?"

"응. 먼저 들어가서 얼른 샤워해."

나는 아이들이 뛰던 공터에 앉아 주위가 어둑어둑해질 때까지 머릿속을 정리하기 시작했다. 2008년 초 어느 겨울날, 드디어 나는 내 청춘을 던질 큰 뜻을 세웠다. 26살의 나이에 다시 한 번 새로운 내가 태어난 것이다. 다시 태어난 나는 이 꿈을 잘 다듬어야겠다는 사명감에 차분하고 무거워졌다. 전에 없이 지독한 책임감과 외로움이 밀려왔다.

최종 평가가 있는 날 아침, 시험장으로 떠나는 동생들을 현관에서 배웅했다.

"컨디션에 따라 운에 따라 얼마든지 달라지는 게 시험이야. 오늘도 마찬가지야. 잘 보면 좋겠지만, 점수가 생각만큼 안 나올 수도 있어. 하지만 어떤 점수가 나와도 달라지지 않는 사실이 있어. 너희들은 변함없이 내 소중한 동생이야. 그것만큼은 결과가 어때도 달라지지 않을 거다. 마음 편하게 먹어."

마지막 평가가 끝나면 아이들은 떠나고 프로그램은 종영된다. 나 혼자 아이들과의 추억을 떠올리자니 마음이 울적해졌다. 하지만 이제 가야 할 길을 확실히 알기에 마음을 다시 추슬렀다.

프로그램이 종영된 후에는 외출할 때 연예인처럼 모자를 깊이 눌러쓰거나 지하철에선 벽만 보고 있는 웃지 못할 일도 생겼다. 알아보고 손을 잡아주시는 분들, 길에서 답답한 심정으로 자식문제를 상담해오는 학부모님들 때문이었다. 강연회에는 공부법에 관심을 가진 사람들이 수천 명씩 몰려들었다. 한 달 과외비로 선뜻 500만 원을 주겠다는 곳도 줄을 섰다. 이후로도 솔깃한 제안들이 많았지만 공신의 방향과는 맞지 않는다는 판단 아래 사교육 업체와 관련된 제안은 모두 거절했다.

이렇게 나는 2008년, 26살이 되던 해에 나의 꿈을 찾았다. 어렵게 들어간 대학이었지만, 학사경고로 제적 위기를 맞을 만큼 방황을 거듭하며 좌충우돌했다. 이는 내가 정말 원하는 것을 찾지 못했기 때문이었다.

교육으로 나라와 세상을 바꿀 수 있도록 모든 학생들에게 멘토 한 명씩을 만들어주겠다는 꿈, 비로소 나는 내 인생을 던질 꿈을 찾았다. 결심하기까진 힘들었지만 막상 길이 정해지자 마음이 후련했다. 물론 여기까지 오는 중에도 나와 공신은 많이 휘청거리고 수없이 넘어졌다. 아무리 젊고 패기가 있다 해도 세상은 만만치 않았다.

'세상'을 바꾸고 싶은 바보

PART 3

우리나라의 모든 아이들에게 멘토 한 명씩을 만들어주고 싶다. 단순히 공부를 가르치는 것을 넘어서서 꿈을 심어주고 싶다. 내가 하고 싶고 누구보다 잘할 수 있는 일을 찾았기에 순간순간 가슴이 벅찼다. 사무실 책상 위에 누워 있노라면 꿈을 이룬 모습을 상상하느라 잠이 오지 않았다. 그러나 꽃잎이 떨어져야 열매를 얻는 자연의 법칙은 매섭기만 했다. 수입이 없어서 사무실을 수없이 옮기고 자취방을 구할 돈이 없어 회사 책상에서 잠을 잤다. 신경을 쓴 탓인지 체중이 몰라보게 빠졌다. 그때마다 가까운 미래에 꼭 공신의 멘토가 되겠다는 고등학생들의 선서와 수많은 멘티들의 응원을 떠올리며 힘을 냈다. 꿈을 위해 도전의 고삐를 늦추지 않았다. 좌절과 실패를 딛고 나아가는 매 순간이 희망의 징표였다.

가보지 않은 길,
힘들고 어려운 길

이전에 한 번도 성취한 적이 없는 것을 성취하려면
이전에 한 번도 되어본 적이 없는 사람이 되어야 한다.
– 레스 브라운 Les Brown

"강 사장, 나중에 나 갈 곳 없으면 취직 시켜줘."

친구들은 MBC 〈공부의 제왕〉 출연 이후로 나를 줄곧 갑부처럼 여겼다. 사회적 기업을 한다고 하면 돈은 이미 많이 벌었으니 폼 나는 사회사업을 하고 있다고 생각하는 모양이었다.

"오, 강 대표, 멋지다. 나도 때려치고 회사나 차릴까?"

실상은 많이 달랐다. 사실 직원보다 더 궁핍한 생활을 하는 사장들도 적지 않다. 경제적, 물리적으로 힘든 것보다 주변을 의식하는 내가 더 힘들었다. 무엇보다 꿈을 이루기 위해 맞는 길로 가고 있는지 확신이 없는 상태에서 남들보다 뒤처지고 있다는 느낌이 날 힘들게 했다.

내 친구들은 대부분 대기업에 다니거나 유학 중이었다. 함께 만나면 뭐라 표현은 못해도 내 자신이 몹시 초라하다는 생각이 들었다. 동기들 중 창업한 사람은 나 하나였는데, 친구들이 직장생활이 힘들다며 한탄하는 걸 듣노라면 오히려 부럽다는 생각이 들 정도였다.

'얘들아, 나 월급 100만 원이야! 회사에서 자고 돈이 없어서 세 끼 내내 김밥으로 때운다고!'

차라리 속 편하게 속내를 털어놓고 싶었다. 내게는 마음을 터놓고 상의할 친구도, 동료도 없었다. 대표라는 자리가 이렇게 고독한 줄 미처 몰랐다. 방송 출연으로 유명해졌지만 그 시절 나는 지독히 외로웠다. 동기, 친구, 선배 중 누구도 사회적 기업의 길을 걷는 이가 없었다. 털어놓을 사람도 없고 이해받을 수도 없다는 사실이 더더욱 지독한 소외감을 불러왔다.

돈이 없다는 냉혹한 현실 또한 만만치 않았다. 2년 동안 무려 8번이나 사무실을 옮겨야 했다. 하지만 이삿짐을 싸고 푸는 동안 오히려 오기가 생겨 내가 정말 이 일을 해야 하는지를 스스로에게 물어보며 의지를 더 공고히 했다. 어느 순간부터는 힘들어도 웃어넘길 수 있는 여유도 조금은 생겨났다. 그런데 가장 견디기 힘든 건 공신의 꿈을 함부로 도용하는 대형 사교육 업체의 얌체 행각이었다. 그 때문에 '공신'이라는 이름을 지키기 위해 수년 동안 외롭고 힘든 싸움을 벌여야 했다. 나는 요즘도 떠돌이 별처럼 외롭고 힘들 때면, 기나긴 겨울을 견디고 피어나는 봄꽃이 아름다운 이유를 떠올려본다.

공신을 공신이라
부르지 못하다

"성태야! 너 요즘 사업 시작했다더니 잘나가더라. 문제집 봤어, 축하한다!"

"응? 문제집? 무슨 문제집?"

검색을 해보니 '공부의 신'과 '공신클럽'이라는 이름으로 전 과목 문제집이 출시되어 있었다. 누가 봐도 공신에서 낸 문제집 같았다. 출판사 이름을 확인하니 그제야 뭔가 어렴풋이 떠올랐다.

2007년부터 수없이 공신 사이트와 상표권을 사겠다고 제안했던 학원 업체 중 한 곳이었다. 나는 공신의 방향과 맞지 않다는 이유로 번번이 제안을 거절했다. 그런데 2008년 10월, 우리의 거절에도 아랑곳하지 않고 공신 이름을 도용해 문제집을 시리즈로 발간하고 'gongsinclub'이라는 사이트까지 만든 것이다.

어처구니가 없었다. 아무리 동아리라지만 공신이 출판 교육서비스 등의 분야에서 명백히 상표권을 갖고 활동하고 있는데, 마치 자기들이 공신을 만들어낸 것처럼 문제집을 팔고 학원을 운영했다. 내가 출연했던 〈공부의 제왕〉과 공부법 대본작업을 했던 드라마 〈공부의 신〉 덕분에 문제집은 판매가 꽤 괜찮은 것 같았다. 공부의 신 혹은 공신을 검색하면 제일 먼저 그 회사 광고가 뜰 정도였다. 나중에 알고 보니 찍어낸 문제집만 수십만 권에 달했다.

이미 공신이란 이름을 쓰는 곳이 여럿 있었지만 어떤 조치를 취해야 할지도 몰랐다. 아무 것도 모르는 우리는 심지어 내가 지은 이름을 외부에서 사용한다는 사실에 신기해한 적도 있었다. 그런데 그렇게 간단한 문제가 아니었다.

"대표님, 지금 신기해할 때가 아닙니다. 이 상태로 방치했다간 상표를 영영 빼앗길 수도 있습니다. 지금 당장이라도 내용증명을 보내야 합니다."

"네? 내용증명이요? 그게 뭐죠?"

당시 우리는 사회적 기업 컨설팅 단체인 SCG의 자문을 받고 있었는데, 우연찮게 상표 이야기가 나왔다. 변호사님은 자초지종을 들더니 정말 심각한 목소리로 이야기를 꺼내셨다. 나는 사실 법적 조치를 취하는 데 왠지 모를 거부감이 들어서 일단 그 회사에 전화를 해보기로 했다.

"저희도 문제점을 인식하고는 있습니다. 지금은 연말이라 회사가 많이 바쁘고요, 설날 지나고 답을 드릴 수 있을 것 같습니다."

설날이 한참 지나도 답은 오지 않았다. 그러는 사이 상황은 더 심각해져 갔다. 우리 쪽에 문제집을 문의하는 전화가 자주 걸려왔고, 급기야 문제집 답안지를 내놓으라는 글이 수시로 올라오기 시작했다. 반대로 그쪽 사이트에는 나를 찾는 사람들의 글이 올라왔다.

어쩔 수 없이 생전 처음 내용증명이란 걸 작성해서 상대 회사에 문제를 제기했다. 몇 번의 내용증명을 보내고서야 답장을 받아볼 수 있었는데, 내용이 더 기가 막혔다. '공신클럽'은 '공신'이라는 상표를 침해한 것으로 볼 수 없다는 변리사 사무소의 의견서였다.

"아무리 우리가 동아리라고 무시해도 그렇지, 이게 같은 상표나 마찬가지라는 건 초등학생도 알겠다."

결국 변호사님께서 경고장을 보내 몇 번 조치를 취한 끝에 해당 업체를 만날 수 있었고, 그제야 상표 사용중지와 도서를 회수하겠다는 답변을 들을 수 있었다. 구체적인 답변은 메일로 정리해주기로 하고 헤어졌는데, 그 답장 또한 우리의 기운을 빼놓기에 충분했다. 번번이 공신과 공동사업을 하자는 제안이 포함되어 있었다. 결국 모든 상황이 지연될 수밖에 없었다.

상대 회사에서 수정한 부분도 있었다. '공신클럽'을 '공부신클럽'이라고 바꾼 것이다. 하지만 멀리서 보면 '공'과 '신'을 크게 써서 공신만 보였다. 인쇄된 책과 사이트에는 여전히 공신이란 문구를 사용했다. 'gongsinclub'이라는 사이트 도메인도 'gongbusinclub'으로 바꾸었는데, 'gongsinclub'이라 쳐도 여전히 기존 사이트로 연결되는 상태였다. 도서 회수도 전혀 진행되지 않았다.

사실 그때까지도 사태의 심각성을 제대로 인식하지 못한 나는, 자문을 받을 때마다 변호사님의 소송제안을 거절했다.

"이렇게 상표 사용을 장기적으로 용인하면 상표를 빼앗길 수도 있습니다. 지금이야 양쪽이 차이가 나지만 10년, 20년이 지나버리면 그 차이는 미미해지죠. 소송을 하지 않으면 상표 사용을 용인했다는 뜻으로 비춰질 수 있습니다."

하지만 소송이라니…. 나는 학생들에게 멘토를 만들어주려 했던 것이지 누구를 고소하려 이 일을 시작한 것이 아니었다. 그리고 회사는 수익이 없는 것이나 마찬가지여서 이런 데 신경을 쓸 여력도 없었다.

하지만 공신이란 상표를 빼앗긴다면? 모든 꿈이 원점으로 돌아간다. 갖은 고생 끝에 일궈낸 우리의 브랜드가 사교육 업체의 이익에 쓰이다니. 머리가 복잡해졌다. 대학생들이 좋은 뜻으로 시작한 활동을 대형 사교육 기업이 이렇게 이용해먹다니 믿기지 않았다.

소송에 드는 수백만 원의 비용 역시 무시할 수 없었다.

'이 정도 돈이면 아이들 수십, 수백 명을 가르칠 수 있는데…. 이걸 꼭 해야 하나? 도대체 왜 이런 일 때문에 시간과 비용을 낭비해야 하는 걸까?'

고민하는 사이 시간은 지나갔고, 시간이 흐를수록 공신은 불리해졌다. 처음부터 소송을 했더라면 100% 이길 수 있었는데 이미 사안은 우리에게 불리하게 수정되기 시작했고 시간이 흘렀다. 문제집은 계속 팔려나갔다. 속도 모르고 주변에선 문제집 출간을 축하하는 메시지가 쇄도했다.

결국 나는 소송을 진행하기로 결심했다. 물론 끝까지 할 생각은 없었고 소송을 하면 상대 측에서 동아리라고 무시하지 않고 상표 사용을 중단하길 바랐다.

한편 '괜히 이 일을 시작했나' 하는 회의마저 들었다. 공신 때문에 공부법이라는 새로운 장르가 생겼건만, 기존의 사교육 업체에게 공신이란 이름까지 빼앗길 지경이었다. 이대로라면 공신은 고생은 고생대로 하고 다른 회사의 배만 불려준 셈이었다.

상대 회사에서는 권리 범위를 확인해줄 것을 요청했다. 특허법원에 자신들의 상표 사용이 부당하지 않다는 재판을 청구하는 내용이었다. 이런저런 사정으로 소송은 길어졌다. 큰 회사야 시간과 자금, 인력에 여유가 있겠지만, 작은 회사는 그럴 만한 힘이 없다. 결국 시간이 지나면 몸집 큰 기업이 이기는 싸움이었다.

겉으로는 동반성장을 외치면서도 자사의 이익을 위해 교육봉사 동아리, 사회적 기업을 하려는 단체의 이름마저 빼앗아가는, 대한민국의 현실이 원망스러웠다.

만에 하나 '공신'이라는 이름을 빼앗기면 거의 모든 것이 끝이 난다. 어린 시절 덩치 좀 크다고 약한 친구들을 심부름꾼으로 부려먹고 돈이나 뺏던 녀석들과 뭐가 다른가. 그 시절을 떠올리니 치가 떨렸다.

경찰서에 드나들고 해당 검사에게 조사를 받으면서 나는 의기소침해졌다. 내가 왜 이런 일에 시간을 낭비해야 하는지 납득이 안 갔다. 누군가 나를 마지막까지 시험하나 보다 생각했다.

이런 상황에서도 공신 상표를 쓰는 곳은 점점 늘어만 갔다. 공신 과외, 공신 노트, 공신 캠프, 공신 학원, 공신 스탠드, 공신 패드 등. 심지어 그중에는 우리의 도움을 받았던 단체도 끼어 있었다. 봉사를 목적으로 한다 하여 멘토 교육자료를 제공했을 뿐 아니라, 내가 직접 멘토링 교육까지 했는데 말이다.

대부분의 사람들은 이러한 곳을 모두 우리 공신이 하는 사업으로 착각했다. 특히 신문사에서 공신 이름으로 캠프 사업을 크게 벌이면서 혼돈이 극에 달했다.

결국 우리는 최후의 선택을 하게 됐다. 회사를 더 이상 '공신'이라 부르지 않기로 결정한 것이다. 너도 나도 공신을 쓰는 통에 우리가 아무리 '공신'이란 이름으로 좋은 일을 해도 엉뚱한 곳에서 학생들이 피해를 보는 일이 생겼기 때문이다. 우리는 공신이란 이름 대신 공신 사이트인 공신닷컴으로 모든 매체에 나가기로 했다. 공신은 여러 군데서 쓰지만 공신닷컴은 우리뿐이기에 궁여지책으로 선택한 것이다. 물론 기업 이름으로 'ㅇㅇ닷컴'을 쓰는 곳은 거의 없고, 표현도 맘에 들지 않았다. 하지만 달리 방법이 없었다.

"네 공신닷컴입니다."

회사를 설립한 대표 입장에서 겉으로 표현은 안 했지만 가슴이 무너지는 것 같았다. 회사를 만든 구성원들이 회사 이름조차 쓸 수가 없다니. 21세기 홍길동도 아니고 억울해서 가슴이 답답할 정도였다.

그렇게 한 업체에게 소송을 제기한 지 2년, 해당 업체는 문제집 판매로 큰돈을 벌었는지 대기업에 회사를 팔아넘겼다. 회사 주인이 바뀐 동시에 송사도 함께 넘어가게 되었다. 다행히 새로운 대표이사는 직접 나를 만나 합의안을 제시했다. 나는 소송비용 등 실비를 보전받고 일정 시점 이후로는 공신을 더 이상 사용하지 않겠다는 조건으로 합의를 했다. 소송을 해본 사람이라면 누구나 알겠지만 너무도 시달린 끝에 더 이상 끌고 싶지 않았다. 사실 그 과정에서 문제집 발행 부수가 수십만 권에 이르는 것을 알게 되었고, 소송을 계속하면 큰돈을 받아낼 수 있었다. 변호사님께서는 끝까지 소송을 이어나가 피해받은 만큼 돈을 받아내길 바라셨지만, 나는 거절했다. 돈을 벌려고 시작한 소송이 아니었다. 더 이상 여기에 에너지를 쓰고 싶지 않았다. 그 에너지를 공신이 본래 이루려고 했던 일에 쓰고 싶었기에 합의를 하고 끝내기로 했다.

하지만 합의를 했음에도 소송은 끝나지 않았다. 명백한 범죄에 해당되어서인지 검사 측에서 형사로 기소한 상태라 소송은 계속 진행되었다. 나는 법원으로부터 증인으로 나와달라는 요청을 받았다. 물론 나는 사실만을 말했다.

"판사님, 마지막으로 드릴 말씀이 있습니다."

"네, 말씀하세요."

"저는 증인이지만 처음 소송을 제기한 사람이기도 합니다. 그것은 어디까지나 저희 회사의 뜻을 이루고 회사의 상표를 지키기 위해서였습니다. 지금은 합의를 한 상태고 피고인들이 잘못을 뉘우치고 있으니 향후 저희 상표를 침해당하지 않을 거라 생각합니다. 피고인들을 벌하려는 목적이 아니었기에 저는 이 분들의 처벌을 원하지 않습니다."

몇 년간의 기나긴 싸움은 나에게 엄청난 시련과 정신적인 고통을 안겨주었다. 하지만 앞으로 공신이 가야 할 길만 생각하며 모든 걸 잊기로 했다. 누구에게라도 공신에 대한 안 좋은 기억을 남기고 싶지 않았다. 결국 우리는 승소했고, 이 사실은 2011년 11월 14일, "'공부의 신' 상표, 무단으로 사용했다가…"라는 제목으로 신문에도 보도되었다. 2008년부터 시작된 소송이 3년 만에 끝이 난 것이다.

어찌 됐건 상표를 지킬 수 있어 너무도 다행이었다. 물론 아직도 공신이라는 이름을 사용하는 업체들은 꽤 많다.

정말 외롭고 힘든 과정이었다. 하지만 누구에게도 배울 수 없는 공부를 했고, 그만한 비용을 치렀다고 생각한다. 피고인에게 선처를 바란다는 말을 남기고 법원을 나오면서 지하철역으로 향하는 길에서 나는 이를 악물고 주먹을 불끈 쥐며 다짐했다. 반드시 꿈을 이루겠다고, 더 큰일을 해내서 공신의 이름을 다시는 빼앗기지 않겠노라고.

공신에 새로운
옷을 입히다

내일 죽을 것처럼 생각하고 살아라.
영원히 살 것처럼 생각하고 배워라.
- 마하트마 간디

    나는 미국에서 돌아온 후 새로운 꿈을 향한 시도를 거듭했다. 모든 학생들에게 멘토 한 명씩을 만들어주려면 동아리 같은 공신을 탈피해야만 했다. 이 사실을 인정하기까지 제법 많은 시간이 걸렸고 뼈아픈 실패도 거쳤지만, 우연히 '사회적 기업'을 알게 된 후로는 수학 문제의 정답을 찾은 것처럼 속이 후련해졌다.

    하지만 나는 경영학을 배워본 적도, 그 흔한 인턴 경험도 없었다. 말만 사회적 기업이지 뭘 어찌 해야 할지 아는 건 눈곱만큼도 없었다. 다만 힘들 때면 학생들의 든든한 '친형'이 되어주겠다던 처음 약속을 몇 번씩 되새겼다. 다행히 간절한 마음으로 도전한 소셜벤처경연대회를 계기로 공신의 가능성을 확신할 수 있었고, 드디어 첫 직원을 뽑게 되었다.

의욕과 열정은 누구에게도 뒤지지 않았지만, 공신에는 좀 더 탄탄한 시스템과 전문인력이 필요했다. 동아리에서 기업으로, 새로운 옷을 갈아입기 위한 도전은 시작되었다. 학생의 학생에 의한 학생을 위한 소셜벤처. 공신과 나의 또 다른 '처음'이 열리기 시작했다.

공신의 꿈을 이뤄줄 답을 찾다

"실례지만 거기가 공신 맞습니까?"
노숙자처럼 사무실에서 먹고 자던 때였다. 학교식당에서 아침을 해결하고 돌아오는 길이었는데, 전화벨이 한참 울렸던 모양이었다. 수화기 너머로 들리는 남자분의 목소리가 날카로웠다.
"오늘 ○○○ 선생님이 우리 전교생을 대상으로 공부법 강연을 하기로 되어 있는데 도무지 연락이 안 됩니다. 핸드폰도 꺼져 있고요."
'아뿔싸, 또 터졌구나!'
전교생이 강당에 기다리고 있는데 강사와 연락이 안 된다는 소리에 온몸에 소름이 돋았다. 현장의 싸늘한 분위기가 훤히 그려졌다. 부랴부랴 옷을 걸치고 뛰어나가 택시를 잡아탔다. 학교에 도착하니 내 몰골은 마치 마라톤을 완주한 선수처럼 땀에 흠뻑 젖어 있었다. 우선 학생들과 학교 측에 시간약속을 지키지 못한 점을 사과한 후, 기다린 시간이 아깝지 않도록 흐르는 땀을 닦으며 어느 때보다 열정적으로 강연을 마쳤다.

공신닷컴이 추진한 '친형 멘토링 사업'은 대학생들의 연합 동아리였다. 여러 학교에서 온 다양한 대학생들이 온오프라인을 통해 멘토링을 했다. 그중엔 책임감이 부족한 공신도 많았다. 심지어 멘티와의 약속을 번번이 어겨 상처를 주는 사람도 있었다. 그럴 때면 사무실에서 나 혼자 모든 민원을 해결하며 동분서주해야만 했다. 강의를 마치고 집으로 향하는 버스에서 애초 강의하기로 했던 멘토와 가까스로 연락이 닿았다.

"휴, 드디어 연락이 됐네. 걱정 많이 했는데, 무슨 일 있니?"

"아니에요. 형, 정말 죄송해요. 깜박 늦잠을 잤어요."

무슨 사고라도 난 줄 알고 걱정을 했다가 맥이 탁 풀려버렸다. 통화를 마치고 학교로 가는 길이 그날따라 쓸쓸하게 느껴졌다. 스스로 원했던 강연에 미리 강연료까지 받아놓고 이렇게 무책임하게 행동하다니. 아이들과의 약속쯤은 어겨도 되는 걸로 여기는 것 같았다.

"거기 공신 맞죠. 대체 책임자가 누구죠?"

가끔은 공신에게 과외를 받았다는 학부모에게 난데없이 전화가 걸려오기도 했다. 공신에서 활동하는 사람이라는 말을 믿고 아이를 맡겼는데 문제가 생긴 경우였다. 과외를 구하기 위해 이름만 걸어놓고 활동은 안 하는 공신도 생겨났다. 이렇게 주기적으로 터지는 사건사고의 처리는 늘 내 몫이었다. 동아리 운영진이 따로 있었지만 모두 학생신분이어서 깊숙한 개입을 기대하기 어려웠다.

나는 공신멘토 섭외와 관리부터 사이트 기획, 개발 등을 도맡았다.

물론 외부 인터뷰 요청이 있으면 공신들에게 일일이 전화를 넣었다. 해도 해도 티 안 나는 집안일처럼 일은 끊임없이 밀려들었다. 동영상 강의와 강의편집, 대본작성과 업로드까지. 강연을 맡은 공신과 미리 강연회를 준비하고, 공신닷컴에 상담을 올리는 학생들에게 일일이 답변도 달았다. 그 와중에 내 강의도 찍고 틈틈이 칼럼을 쓰다 보면 어느덧 하루가 다 가 있었다.

"아니, 강 대표는 슈퍼맨이에요? 우리 회사 전 직원이 하는 일을 혼자서 하고 있네요."

당시 사무실을 방문한 어느 교육업체 임원은 이런 나를 보며 혀를 끌끌 찼다. 그래서였나, 학교에서 먹고 자도 늘 시간이 부족했다.

"공신닷컴은 온라인 사이트도 그렇고, 오프라인 멘토링도 별 문제 없이 체계적으로 잘 운영되는 것 같아요."

내막을 알 리 없는 멘티들과 사이트 회원들은 간혹 게시판에 운영진에 대한 칭찬의 글을 올렸다.

당시 공신닷컴의 가장 큰 문제는 내부에 있었다. 모든 인원이 비전을 공유하기는커녕 업무도 명확히 배분하지 못했다. 목적이 없으니 단순한 학생들의 모임에 가까웠다. 무언가 변화가 절실했다. 이대로라면 꿈을 이루기는커녕 죽도 밥도 안 된다. 어떻게든 지금의 형태를 개선해야만 했다. 하지만 도무지 감이 오지 않아 가슴이 답답했다. 내용은, 갈 길은 이미 정해졌는데 이렇다 할 그림이 그려지지 않았다.

그러던 어느 날 책을 읽다 다음과 같은 구절이 눈에 들어왔다.

"사회적 기업, 사회적 목적을 우선적으로 추구하면서 영업활동을 수행하는 기업 및 조직."

기업의 목적은 이윤창출인데 사회적이라니 모순적인 느낌이 들었다. 사회적이라는 말은 얼핏 사회주의를 연상시켰다. 사회를 위한 기업이 존재한다? 왠지 이거야말로 동아리를 넘어서는, 우리의 꿈을 실현시켜줄 방법이라는 느낌이 직감적으로 들었다.

'빈부와 지역에 관계없이 모든 아이들에게 멘토 한 명씩 만들어주는 건 사회적 목적이 아닐까. 이에 기업의 효율성이 더해진다면?

나는 여러 사회적 기업의 사례를 읽으며 공신에 그 틀을 적용해보느라 밥을 먹을 때도 동영상 편집을 할 때도 계속 혼자 중얼중얼거렸다. 이러한 나를 본 공신들은 대체 무얼 그렇게 열심히 외우느냐고 물어봤다.

"응? 아무래도 내가 공신의 새로운 미래를 본 것 같아서."

나는 짧은 지식으로 공신들에게 사회적 기업에 대해 설명하기 시작했다. 어쩌다 보니 공신이 사회적 기업이 되어야 한다는 이야기로 흘러갔다. 이제 막 입학해 뭐가 뭔지도 잘 모르는 새내기 공신들은 한참 선배인 내 얘기에 솔깃한 듯했다.

아무래도 많은 멘토들을 관리하려면 지금의 동아리 형태로는 불가능하다. 즉흥적이고 주먹구구인 운영에서 벗어나 체계적이고 효율적으로 조직을 이끌어가야 한다. 한마디로 기업의 마인드와 효율성이 필요했다. 게다가 동아리는 법적인 조직이 아니기 때문에 외부와 프로젝트를 하려 해도 제휴나 계약을 할 수도 없었다. 조직을 가장 효율적으로 운영하는 길, 일단 공신의 꿈을 이루는 답으로 사회적 기업이 가장 적합해 보였다.

당시 공신은 방송 후 최고의 주가를 달리고 있었기에 당장이라도 대한민국 최고의 사회적 기업이 될 것 같았다. 이제껏 어떤 버스를 탈지 몰라서 막연하게 정류장에 서 있었다면, 적어도 어디로 가는 버스를 타야 하는지는 명확해졌다.

"사회적 기업? 그거 순 빨갱이들 아이가?"

당시에는 사회적 기업의 정확한 개념이 알려져 있지 않아서, 어르신들 중에는 내가 사회적 기업을 이야기하면 이렇게 걱정스럽게 물어보는 분들도 종종 계셨다. 하지만 아무래도 상관없었다. 이제 방향을 잡았으니 앞으로 나아가면 된다.

당신은 지금 '좀비기업'을 하려는 겁니다

"미국의 TFA(Teach For America)를 보십시오. 지금 대한민국에는 이런 단체가 필요합니다. 공신은 적은 비용으로 수많은 학생들의 인생을 바꿀 수 있습니다."

모 은행 사회공헌팀을 상대로 공신이라는 사회적 기업에 대한 후원을 브리핑하는 자리에서 나는 빈부의 격차를 뛰어넘어 모든 아이들에게 동등한 교육의 기회를 제공하는 TFA를 사회적 기업의 롤모델로 들었다. 비록 멘토링은 아니었지만 갓 대학을 졸업한 대학생들을 교육시켜 빈민가에 파견하는 TFA는 공신의 나아갈 방향을 충분히 보여주고 있었다.

TFA는 4,500명을 선발하는 데 무려 4만 5,000여 명의 지원자가 몰린다. 약 10대 1의 경쟁률인 셈이다. 하버드대와 예일대 졸업생의 18%가 지원하며 신입사원 가운데 15% 이상이 아이비리그 출신이다. 고액연봉을 마다하고 이곳에 취직한 대학생들은 정규직으로 2년 동안 열악한 빈민가 학교에서 학생들을 가르친다. 도대체 왜 아쉬울 것 없는 이들이 봉사활동에 가까운 일을 하려고 몰리는 걸까. 이 특출난(?) 대학생들은 자기들이 사회에서 받은 혜택을 돌려주기 위해 자신의 삶에서 기꺼이 2년이라는 시간을 떼어낸다고 말한다.

TFA 출신들은 2년 후 교육계는 물론 사회의 여러 분야에 진출하게 된다. 빈민가 학생들을 가르치며 교감을 나눈 TFA 출신의 정치인, 교육감, 대기업 직원, 벤처직원 등이 모두 아이들을 기억한다. 이 대목이 중요하다. 이들은 모두 각자의 자리에서 저소득층 교육과 불평등 문제를 개선하기 위해 지속적으로 노력한다. 정치인은 저소득층 아이들을 위한 정책을 입안하고, 대기업 경영자와 직원들은 사회공헌 프로젝트를 추진한다. 만일 TFA에서 일한 경험이 없었다면 이들은 평생 극빈층 학생들의 열악한 처지나 상황을 알 수 없었을 것이다.

나는 발표를 마치고 물을 한 모금 마셨다. 내게 아직 양복은 불편했고, 유난히 넥타이가 목을 조여 숨쉬기 힘든 날이었다. 처음 기업들을 찾아다닐 때만 해도 확신을 갖고 성실하게 준비한 만큼 열렬한 호응을 기대했다. 우리나라 교육의 불평등과 잘못된 공부법을 개선하는 일이니 기다렸다는 듯이 함께하자고 하겠지. 게다가 누가 봐도 의미 있고 중요한 현안이 아닌가. 그 일을 나와 공신이 해낼 수 있다는 생각에 절로 어깨가 펴졌다.

그런데 매번 찾아갈 때마다 돌아오는 반응은 영 딴판이었다. 냉담한 반응에 자꾸 어깨가 처지고 입이 말랐다. 더욱이 이제껏 공신이라는 브랜드로 돈을 벌자는 제안을 받아오던 입장에서 역으로 제안하는 것이 낯설고 어색했다. 적은 지원으로 수천, 수만 명의 인생을 바꿀 수 있는 기적이라 자신했건만, 현실은 내가 상상했던 것과 많이 달랐다.

"좋은 일이네요. 강성태 군의 뜻은 높이 사지만, 사회공헌도 결국 기업에 도움이 되어야 합니다."

결국 담당자로부터 돌아오는 대답은 기존에 진행하는 사회공헌 프로그램이 있으니 나더러 그 안에 들어와 활동하라는 말이었다. 종종 우리 애가 몇 학년인데 한번 만나줄 수 없냐는 부탁을 듣기도 했다. 하지만 특정 기업에 소속된 형태로는 결코 미국의 TFA처럼 전국적인 규모로 성장할 수도, 모든 학생들에게 멘토를 만들어주겠다는 공신의 꿈도 이룰 수 없다. 미국의 TFA는 정부뿐 아니라 수많은 기업들의 지원으로 운영이 되고 있다.

"사회적 기업을 여기선 '좀비기업'이라 불러요. 분명 취지는 좋지만 사회의 인식 상 투자받기 힘드실 겁니다."

기업과 함께할 수 없다면 투자라도 받아야 한다. 일반적인 벤처기업이라면 자본이 필요할 때마다 투자를 유치해 사업을 일으킬 것이다. 하지만 나중에 한 투자회사 직원으로부터 그 또한 불가능에 가깝다는 이야기를 듣게 되었다. 사회적 기업은 번 돈을 사회적 가치를 위해 재투자하는 부분이 많으니, 투자회사 입장에서는 바람직하지 않다는 것이다. 내가 하려는 게 고작 '좀비기업'이라니 솔직히 자존심이 상했다.

기업이나 투자회사의 입장이 이해가 안 가는 건 아니었지만, 내가 기업을 찾아다니면서 느낀 현실은, 대학생 한 명의 아이디어로 시작해 정부와 여러 기업에서 매년 엄청난 지원을 받는 미국 TFA와 같은 기적이 한국에서는 결코 일어날 수 없겠다는 절망이었다.

오기가 생긴 나는 아침부터 저녁까지 발이 부르트도록 사람들을 찾아다녔다. 하지만 끝내 개인의 경험과 네트워크만으로는 '사회적 기업'에 대한 인식 부족을, 그 높은 장벽을 넘을 수 없었다. 힘을 내다가도 난관에 부딪혀 어느덧 다시 제자리로 밀려와 있는 초라한 자신을 발견했다. 평소라면 낙담해서 몸이 가라앉았을 텐데 이상하게 마음이 담담하고, 이대로 괜찮을까 하는 두려움 대신 오기가 솟았다. 이가 없으면 잇몸이라고 과감하게 외부 지원 없이 혼자 힘으로 헤쳐 나가기로 노선을 수정했다. 이미 그만둘 수준의 것이 아니었다. 반드시 이뤄야 하고 반드시 이뤄질 꿈이었다. 하지만 대책은 없었다. 공신닷컴은 2년째 수익모델조차 없는 마이너스 회사일 뿐이었다.

'이럴 시간에 차라리 학생 한 명이라도 더 신경 쓰는 게 낫겠어.'

이리저리 후원해줄 곳을 알아보느라 정작 학생들을 신경 쓰지 못한다는 생각에 마음마저 불편했다.

정말 나와 함께 가겠다고?

"형, 좀 늦었지만 지금 얘기 좀 할 수 있으세요? 지금 꼭 봤으면 좋겠어요. 사무실로 바로 갈게요."

밤 10시, 후배 창영이에게서 전화가 걸려왔다. 사회적 기업 연구 동아리 '위시'와 함께 소셜벤처경연대회를 준비하느라 사무실은 늦은 밤까지 불이 켜져 있었다. 이런 게 운명인지 예전 사무실에서 쫓겨나 새로 얻은 사무실 겸 자취방의 바로 옆방 친구가 사회적 기업 동아리 창립멤버여서 함께 대회에 출전하게 되었다. 사회적 기업을 해보려던 순간 그 많은 사람들 중에 이런 친구가 옆방에 살고 있다니, 참 운명 같은 일이었다. 창영이 역시 대회를 준비하던 멤버 중 하나였는데, 늦은 시간 사무실로 찾아온 그의 얼굴에서는 굳은 결심이 느껴졌다.

"형, 제가 이제 졸업이 한 학기 남았어요. 1년 휴학하고 공신에서 일해보고 싶어요. 저는 이번 대회를 준비하면서 공신이 대한민국 최고의 소셜벤처가 될 거라는 확신을 갖게 됐어요. 한 학기 다니고 졸업한 후에 공신에서 일해볼까도 생각해봤는데, 지금 당장 하지 않으면 공신이 최고의 기업으로 성장하는 중요한 시기를 놓칠 것 같아요."

고맙다 못해 눈물이 나올 것 같았다. 사업자 등록을 한 지도 약 8개월이 지났지만, 직원 한 명 없이 홀로 공신을 운영하던 때였다. 기본적으로 내성적인데다 남한테 아쉬운 소리를 못하는 성격상, 한 치 앞도 내다볼 수 없는 불투명한 상황에서 함께 멘토링 사업을 해보자고 어느 누구에게도 말할 수 없었다. 누구에게 좀비기업을 할 테니 같이 일하자고 말할 수 있겠는가? 혹독한 현실에 뛰어들겠다는 창영이의 용기가 참으로 고맙고 대단해 보였다.

모든 학생들에게 멘토를 만들어주겠다는 원대한 꿈을 세웠지만, 정작 바쁜 멘토들에게 사정하다시피 해서 동영상을 찍고 강연을 뛰어다닐 뿐 내가 할 수 있는 일은 없었다. 그런 나와 함께 가겠다는 든든한 동지가 생긴 것이다. 나는 한동안 말을 잇지 못하다 겨우 말문을 열었다.

"창영아, 정말 고맙다. 그런데 하루만 더 생각해보고 결정해도 늦지 않아."

고마웠지만 그날은 찬찬히 이야기를 듣고 그냥 집으로 돌려보냈다. 내가 가려는 길이 결코 순탄치 않기에 합류하겠다는 창영이에게 좀 더 숙고할 시간을 주고 싶었다. 나중에 창영이에게 왜 하필 밤늦게 찾아왔는지 물으니 대답이 걸작이었다.

"하룻밤 지나고 나면 생각이 달라질지 모르는 거 아닙니까."

창영이 역시 공신에 몸담을지를 두고 고민을 많이 했다고 했다. 생각을 정리하기 위해 혼자 학교 운동장을 수십 바퀴 돌고 내린 결정을 내게 전하러 온 거였다. 창영이는 다음날부터 공신의 정식 직원으로 출근했다. 공신을 시작한 2006년부터 약 3년이 흐른 2009년 7월 25일이었다. 공신의 가장 큰 변화 중 하나였다.

영어로 회사를 'company'라고 한다. Com은 '함께'라는 뜻이고 pany는 '빵'을 뜻한다. 즉 함께 빵을 만들어 먹는다는 뜻이다. 아무리 뛰어난 사람이라도 혼자서는 할 수 있는 일이 많지 않은 법. 인간이 기업이나 조직을 결성하는 이유는 여러 사람이 모여 서로의 장점을 부각시키고 단점을 보완하기 위해서일 것이다. 그런데 나는 혼자서 모든 것을 책임지려 했으니 무늬만 기업이었던 셈이다.

이미 기업화를 시도한 후였지만 나는 창영이와 함께한 다음부터를 실질적인 기업으로 도약하기 위한 진짜 도전이라 생각한다. 창영이의 영입으로 공신닷컴은 4년 만에 처음으로 1인 운영에 종지부를 찍었다.

그 후로도 채용을 계속했는데, 처음 얼마간은 일할 의지만 있으면 무조건 직원으로 채용했다. 일해주는 것만으로도 너무 감사할 일이었다. 공부의 신이라고 하니 간혹 명문대 졸업생만 채용하는 게 아니냐는 오해를 받곤 하는데, 그때나 지금이나 그렇지 않다. 당시엔 명문대 출신은 오히려 적고 군에서 갓 제대한 사람이나 경력이 끊긴 여자분들이 대부분이었다. 그런데 가만히 지켜보니 별 고민 없이 일을 시작한 사람들은 그만둘 때도 비슷한 태도로 회사에 사표를 던지는 경우가 종종 있었다.

"죄송합니다. 사정상 더 이상 출근하지 못할 것 같습니다. 그 동안 감사했습니다."

명절을 잘 보내라고 손 흔들며 헤어졌던 직원이 고향에 내려가 보낸 문자였다. 선물세트를 쥐어주며 신년 덕담까지 나눴던 동료의 예상치 못한 행동은 남은 사람들의 힘을 쏙 빠지게 했다. 이런 일이 있으면 내색은 안 해도 나는 혼자 며칠간 식사도 잘 못할 지경이었다. 안 뽑느니만 못한 일이었다.

"고3처럼 일하자."

혼자서 공부했던 나는 마치 입시처럼 부지런히 노력하면 일 또한 뭔가 될 줄 알았다. 모든 것을 뒤로 하고 공부만 했던 고3 시절을 떠올리며 이런 문구를 책상 앞에 붙여놓았다.

하지만 사업은 공부가 아니다. 혼자 열심히만 하면 좋은 점수가 나오듯이 일도 그럴 거라는 생각은, 공부 좀 했던 사람들이 사업에 실패하는 이유 중 하나일 것이다. 경험이 없던 나도 마찬가지였다. 내게는 함께할 사람이, 그것도 나와 같은 꿈을 꾸고 있는 동지가 절실했다.

사회적 기업이
되고 싶습니다

자신이 진정으로 원하는 바가 무엇인지 깨달아라.
그때부터 당신은 나비를 쫓아다니는 일을 그만두고
금을 캐러 다니기 시작할 것이다.
- 윌리엄 몰턴 마스턴William Moulton Marston

"여러분, 저는 지금부터 공신을 하며 실제로 멘토링했던 아이들의 이야기를 하려고 합니다."

전국 학생들을 상대로 공부법 동영상을 찍어 올리는 나지만, 낯선 사람들 앞에서 발표를 하려니 입이 바짝바짝 마르고 심박수가 걷잡을 수 없이 올라갔다. 팀원들은 준비한 시나리오와 다른 발표내용에 눈썹을 치켜올리고 내게 집중하기 시작했다. 나는 가슴을 펴고 심호흡을 하며 마음을 가다듬었다. 내 판단이 옳다면 몇 분 후 여기 모인 이들 모두가 우리의 진심에 공감할 거였다.

나는 우리 학생들의 사례를 통해 아이들의 꿈과 그 꿈을 돕는 사람들이 사회를 어떻게 바꿀 수 있는지를 심사위원들에게 전하고 싶었다. 그렇게만 된다면 소셜벤처경연대회에서 공신은 사회적 기업으로서의 가능성을 대내외적으로 인정받을 수 있을 터였다. 멘토와 멘티가 만들어낸 가슴 먹먹해지는 에너지를 떠올리며, 나는 불안감을 떨치고 자신 있게 현실과 맞닥뜨리기로 다짐했다. 다행히 그 결과는 나쁘지 않았다.

마감 1분 전, 도전장을 던지다

"우와, 상을 받기는커녕 심사위원들이 지루해서 졸지 않을까?"

8명이 각자 역할을 분담해 만든 본선자료는 수치와 이론 일색의 딱딱한 소개자료. 내가 들어도 지루한 것이 한 편의 자장가 같았다.

노동부 주관 하에 처음 개최된 소셜벤처경연대회는 전국에서 600여 개의 소셜벤처가 출전했다. 소셜벤처경연대회는 사회적 기업을 꿈꾸는 사람이라면 누구나 한번쯤 참여하는 대회라고 보면 된다. 대상 상금이 3,000만 원이므로 한동안의 운영자금으로 숨통이 트일 것 같았다. 하지만 무엇보다 공신이 제대로 된 방향으로 가고 있음을 공식적으로 확인받고 싶은 욕심이 컸다. 다행히 우리는 지역예선을 포함한 세 번의 발표를 거쳐 최종 결선까지 올라올 수 있었다. 발표가 끝나면 그 자리에서 바로 수상을 한다. 사실 공신은 같은 이름의 대회를 과거에 참여해본 적이 있다.

"형, 사업계획서와 PT발표를 해야 한다는데. 이런 거 해봤어?"

사실 이런 걸 제대로 해본 적이 단 한 번도 없다. 생각 끝에 옆방의 경영대 동기에게 도움을 청했다.

"재형아, 넌 경영대니까 사회적 기업이라고 들어봤지? 내가 공신을 사회적 기업으로 만들어볼까 생각 중인데…."

"사회적 기업 당연히 알지! 나 얼마 전에 동아리도 시작했는걸."

지금 생각해봐도 참 신기하고 운명 같은 일이다. 사회적 기업에 대해 들어본 사람도 거의 없던 시절, 바로 건너편 자취방에 나와 동갑인 경영대 친구가 사회적 기업에 대해 빠삭하게 알고 있을 줄이야. 재형이는 얼마 전 서울대 사회적 기업 연구 동아리인 '위시'를 시작했다고 했다. 우리는 바로 의기투합, 곧장 팀을 짜고 출전준비에 돌입했다. 이번 대회는 과거보다 규모도 참가팀도 비교할 수 없을 만큼 확대되었다.

세 번의 예선을 거친 본선에서는 우리나라 교육에 반드시 필요한 멘토링 사업계획을 7분 안에 발표해야 했다. 발표는 내가 맡기로 했다. 숫기는 물론 말주변도 없어 혼자 뒤통수나 긁적이던 나였지만, 공신닷컴을 계기로 동영상을 찍으면서 어느덧 강연을 하는 데 익숙해졌다. 사람은 이론이 아니라 이렇게 몸으로 부딪치며 변해간다는 사실을 새삼 깨닫게 되었다.

그런데 발표자료 제출 전날, 문제가 발견됐다. 8명의 팀원이 각자 작업한 슬라이드를 합쳐보니 서로 제각각인데다 스토리가 자연스럽게 이어지지 않아 너무 부자연스러웠다. 이대로라면 좋은 결과는 물 건너갔다는 생각이 본능적으로 밀려왔다.

"창영아. 이 자료, 도저히 안 될 것 같아. 아무래도 다시 만들어야 겠다. 마감이 내일 오후 6시니까 아직 20시간 정도 남았어…."

공신의 첫 직원 창영이와 둘이서 밤샘을 시작했다. 시간이 너무 촉박해 팀원들에게 일일이 연락을 돌릴 틈도 없었다.

우선 초반에 시선을 끌기 위해 공신의 핵심사업인 멘토링의 실제 사례를 앞쪽에 배치했다. 뒷부분은 미국의 TFA 사례를 보여주며 성공한 모습을 그려볼 수 있도록 했다. 처음 자료는 사례가 빠진 지루한 사업계획이었는데, 현장에서 내가 진심으로 겪고 느낀 것을 넣으니 훨씬 와닿을뿐더러, 발표자인 나도 진심을 담아 말할 수 있을 것 같았다.

우리는 포스트잇마다 각각의 주제를 써놓고 위치를 조정하며 밤새도록 발표 스크립트를 만들었다. 그러고는 배치에 신경을 쓰며 스토리의 기승전결을 완성해나갔다. 발표자의 입에 착착 달라붙지 않으면 제대로 전달될 수 없기에 수없이 연습을 되풀이했다. 내가 큰 틀을 짜는 동안 창영이는 파워포인트를 완성했다. 중간에 또 내용을 바꾸는 바람에 새로 만들다시피 하는 등, 온몸이 녹아내릴 것처럼 모든 에너지를 짜냈다.

"됐어, 창영아. 6시까지 제출마감이야! 그만 보내자!"

5시 57분, 메일에 파일을 첨부하고 전송버튼을 눌렀다. 폰트 파일까지 첨부하는 바람에 용량이 커져 전송속도가 느려졌다.

'5시 59분! 메일이 전송되었습니다!' 아슬아슬 겨우 시간을 맞춘 후 우리는 가슴을 쓸어내렸다. 그 순간 인터넷이라도 끊어졌다면 어떻게 됐을까?

드디어 발표날이 되었다. 우리는 대한민국 교육의 문제점을 가장 적나라하게 보여줄 수 있는 멘티 상현이와 영진이의 사례로 발표를 시작했다.

꿈이 없어
마음이 가난한 아이들

"상현아, 너 왜 공부하니?"
"… 대학 가려고요."

상현이는 대화를 할 때 상대의 눈을 똑바로 쳐다보지 못했다. 항상 어깨가 축 처져 있는데다 손톱을 물어뜯는 버릇 때문에 오른손 손톱이 유난히 짧았다. 스트레스로 탈모까지 생겼다고 했다. 상현이의 유일한 고민은 자기 성적으로 갈 수 있는 대학이 없다는 거였다. 유복한 집안에서 자라 자신감 빼고 없는 게 없어 보였다.

"이 녀석은 글러먹은 놈이에요. 이 놈에게 들인 돈으로 집 한 채는 족히 샀을 겁니다."

상현이를 만난 건 지인의 소개를 통해서였다. 상현이 아버지께서 간절히 부탁하셔서 도무지 거절할 수가 없어 만나게 되었다. 첫 만남부터 충격적이었다. 상현이와 상현이 아버지를 만난 고급 식당에서 상현이 아버지께서는 앞에 있는 내가 무안할 정도로 심한 말을 서

습지 않으셨다.

"몇 군데서 공부하냐고요? 학원, 과외, 인터넷 강의 다 합쳐서 13개요. 아, 얼마 전 학원 진도 따라가려고 새끼과외 하나 더 시작했어요. 성적이요? 반에서 중하위권이요. 초등학교 때까지는 날렸는데 중학교 때부터 떨어지기 시작하더니 고등학교에서는 아예 죽을 쒀서 이 지경이 됐죠."

상현이는 성적이 안 나와 엄청나게 많은 사교육을 받았지만, 효과가 없거나 반짝 성적이 올랐을 뿐 지속적인 효과가 없다고 했다.

"대학은 왜 가려고?"

"잘살려고요. 대학 나와야 뭐든 할 수 있대요. 다들 그러던데요. 부모님, 학교 꼰대, 학원 선생님 전부 다요."

"상현아 잘 들어. 형도 어렸을 때 아버지가 너무 엄하셨어. 말도 섞기 싫어서 퇴근하실 때면 억지로 자는 척했어. 그때 나는 왜 공부해야 하는지도 몰랐어. 그냥 남들 다 하니까 나도 했다고. 게다가 열심히 하는데 성적이 안 오르니 머리가 나쁘다고 생각했지."

"정말요? 형은 전혀 안 그런 줄 알았어요."

"그런데 정말 이루고 싶은 꿈을 갖고 공부해야겠다고 마음 먹은 다음부터 공부가 즐겁고 신나더라. 상현이도 가장 먼저 이 넌덜머리 나는 공부, 꼭 해야 하는지부터 생각해봐. 너의 꿈이 공부가 아닐 수도 있어."

내 이야기를 듣는 상현이의 표정은 매우 혼란스러워 보였다. '공부의 신'이라고 아버지가 어렵게 데려온 사람이 고작 한다는 소리가 공부 안 해도 된다니. 나는 그날 상현이의 이야기를 주로 듣기만 했다. 그리고 연락을 주고받은 지 2주쯤 지났을 때 상현이에게서 연락이 왔다.

"형 얘기 듣고 많이 생각해봤는데요. 지금껏 왜 공부를 해야 하는지 한 번도 제대로 생각해본 적이 없더라고요. 형도 제가 축구 좋아하는 것 아시잖아요. 새벽에 축구 보느라 아버지가 텔레비전을 박살냈을 만큼요. 그렇다고 지금 축구선수가 되겠다는 건 아니고 나중에 구단주가 되고 싶어요. 그러려면 스포츠 마케팅 같은 것도 배워야 할 것 같아요. 경영대에 가야 할 것 같은데, 형이 방법 좀 알려주세요."

"오! 정말 멋지다. 나중에 형도 VIP석에서 구경시켜줄 거지?"

"당연하죠."

"놀고 싶다가도 그 생각하면 공부해야겠다는 마음이 들 것 같아?"

"네, 그럴 것 같아요."

됐다. 상현이는 이제 꿈이 생겼기에 공부가 예전처럼 지겹지는 않을 것이다. 나는 상현이에게 조금 파격적인 솔루션을 내렸다. 학교수업을 제대로 따라갈 때까지 당분간 모든 사교육 중단! 교과서와 가장 쉬운 문제집 하나만 남기고 모든 교재를 박스에 담아 봉인시켰다.

"어떤 과목이든 하나의 개념을 최소 다섯 번씩 반복하고, 매 수업마다 한 번 이상 반드시 선생님께 질문하는 습관을 들여. 그리고 수업이 끝나면 종이 한 장에 책을 보지 않고 하루 동안 배운 것을 모조리 적어봐. 나중엔 교과서 목차만 보고도 개념을 술술 적을 수 있을 때까지 주말마다 연습해."

"정말 그것만 해도 될까요? 학교에서 배우는 건 너무 쉽잖아요."

"상현아, 형이 교과서 쉽다는 학생치고 교과서에 나온 문제 제대로 푸는 걸 못 봤어. 쉬워 보이지만 막상 해보면 쉽지 않을 거야. 하지만 이 정도 인내 없이 꿈을 이루려는 건 그야말로 도둑 심보나 다름없어. 남들보다 더 참아야 뭐 하나라도 더 얻을 수 있지. 이건 공부에만 적용되는 법칙이 아니야."

몇 달 뒤 상현이로부터 기쁜 문자를 받았다.

"형! 고등학교 와서 이번 성적이 제일 잘 나왔어요. 형 덕분이에요. 아버지도 정말 좋아하세요. 하지만 형이 말한 것처럼 자만하는 순간 끝이라고 생각해요. 이제 시작이라고 믿어요. 저 공신 꼭 될 거니까 조금만 기다려주세요!"

상현이는 아마 공신이 될 것이다. 그게 조금 늦어진다 해도 이렇게 확고한 꿈을 가지고 있는 한, 언젠가는 반드시 그렇게 될 거라 확신한다. 이런 상현이와 동시에 가르치던 학생이 있었다. 영진이라는 아이였다. 영진이가 처한 상황은 동갑내기 상현이와 정말 많이 달랐지만, 이상하게 이 둘을 만날 때면 비슷한 감정을 느끼곤 했다.

"형, 저는 세상에서 짜장면 배달이 가장 근사한 직업이라고 생각해요."

나는 그날 옥상에서 담배를 피우던 영진이에게 꿈이 뭐냐고 물었다. 영진이는 별다른 고민 없이 짜장면 배달을 하고 싶다고 했다. 학벌이 없어도 할 수 있는 일이고, 일하다 싫증나면 바로 그만둘 수 있어서였다. 또 어울리는 친구들이 모두 비슷한 일을 한다는 것이다.

"난 당구장 주인."

"난 PC방 주인."

다른 아이들 역시 자신이 보고 들은 좁은 우물 안에서 미래를 찾았다. 그곳 외에 다른 꿈을 접할 기회가 없었기 때문이다. 아이들은 자기들의 가능성에 대해 들어본 적도 없다. 그럴 사람이 없었을 것이다. 이 아이들에게는 나를 끝까지 믿어주는 부모님, 칭찬과 관심을 보내는 선생님이 없었다. 부모님이 안 계시거나 부모님이 계셔도 이런저런 이유로 갈 곳 없는 아이들, 공부할 여건이 되지 않는 아이들이 대부분이었다.

신림동에 사는 영진이는 기초생활수급가정이라 학원은커녕 책 한 권 사보기도 어려운 형편이었다. 중학교 때 일진회에 가입했고 숱한 문제를 일으키다 결국 폭력사건으로 학교에서 퇴학을 당했다. 가족의 보살핌, 주변의 관심이 부족했던 만큼 영진이는 꿈을 꿀 기회조차 없었다. 세상에 얼마나 많은 직업이 있는지 관심조차 없었다.

그런 영진이가 청소년 자활센터 간사님을 만나 처음으로 마음을 다잡고 공부를 하게 된 것이다. 나는 정해진 요일에 영진이와 만나 공부를 가르치기보다 오히려 마음을 터놓고 대화했다. 특히 해병대에 관심이 많았던 영진이는 군생활에 대해 많은 것을 물어봤다. 영진이는 가끔 아르바이트를 이유로 수업에 빠지기도 했지만, 수시로 자신이 어떻게 지내는지 문자를 보내왔다. 멘토링 후 영진이에게도 서서히 변화가 생겼다.

"형, 내가 나중에 꼭 잘돼서 맛있는 거 많이 사줄게요."

영진이는 나의 충고대로 주위 친구들과 어울리는 시간을 줄이고 공부에 전념했다. 영진이는 내가 친형 같아서 좋다고 했다. 결국 영진이는 검정고시에 합격해 함께 공부했던 친구들과 바리스타 자격증도 땄다. 지금은 사회적 기업 카페를 열 수 있을지 알아보고 있다.

"나도 형처럼 누군가에게 좋은 형이 될래요. 아직 대학은 못 갔지만, 저도 성공해서 꼭 공신이 될 거예요. 그때 꼭 받아주셔야 해요."

나는 두 멘티의 이야기를 들려주며 경청하는 사람들의 반응을 살폈다. 숨죽이고 이야기에 집중하는 사람들 중에 졸고 있는 사람은 아무도 없었다. 나만의 착각일 수 있지만 조금씩 마음이 뜨거워져 얼굴까지 상기되어갔다.

"여러분, 동갑내기 상현이와 영진이의 삶은 앞으로 어떻게 전개될까요. 대치동에 사는 상현이와 신림동에 사는 영진이는 또래지만 믿기지 않을 만큼 다른 환경에서 자라고 있습니다. 공통점이라면 단 한 번도 자기만의 꿈을 갖지 못했다는 겁니다. 주어진 환경에 그냥 자신을 어찌어찌 맞춰서 살아가려던 아이들을 변화시킨 건 진지한 대화와 관심이었습니다. 과연 이 둘만의 문제일까요? 대한민국 대부분의 아이들이 꿈이 없습니다. 진심으로 의지하고 마음을 터놓을 멘토가 없습니다. 이것이 청소년 사망원인 1위가 자살이고 OECD에서 청소년들이 가장 많이 자살하는 국가인 대한민국의 현실입니다. '공신'은 이 땅의 아이들을 누구도 혼자 두지 않겠다는 미션을 가지고 있습니다. 공신의 비전은 대한민국 모든 학생들, 돈이 많든 적든, 시골에 살든 도시에 살든 누구에게나 친형 혹은 친언니 같은 멘토 한 명씩을 만들어주는 것입니다."

처음으로 이렇게 많은 사람들 앞에서 공신의 꿈과 비전을 밝힌 자리였다. 말하고 있는 나조차도 내가 얼마나 간절히 이 꿈을 원해왔는지 느낄 수 있었다.

7분의 기적, 소셜벤처경연대회

상현이와 영진이 이야기 다음에는 미국의 TFA 사례를 소개했다. 한 명의 대학생이 시작한 TFA가 미국을 어떻게 바꿔놓았는지, 그리고 TFA를 뛰어넘을 꿈을 키우는 소셜벤처 '공신'에 관한 이야기를 이어갔다.

"한국의 공신이 미국의 TFA에게서 배울 점은, 인재들이 자발적으로 교육봉사에 참여하는 사회 분위기입니다. 학생신분의 젊은이들이 이제껏 누린 교육의 혜택을 자진해서 다른 사람에게 돌려주겠다는 마인드는 공신의 핵심 활동과 많이 닮아 있습니다. TFA는 앞으로 공신이 나아가는 방향을 제시하는 데 중요한 롤모델입니다."

짧은 발표였지만 우리가 하려는 구체적인 사업과 비전을 발표하려니 절로 목소리에 힘이 들어갔다.

"여러분, 공신은 이제까지의 사회적 기업에서는 볼 수 없는 두 가지 선순환 구조로 지속 가능한 모델이 될 것입니다. 첫째는 사람의 선순환입니다. 현재 공신멘토들은 대부분 학창 시절 공신에게서 도움을 받은 이들입니다. 공신멘토가 되는 것은 멘티의 꿈이었고, 그 꿈을 이루어 공신이 된 이들은 더 많은 후배들에게 멘토링을 하고 있습니다.

둘째, 콘텐츠 혹은 자본의 선순환입니다. 공신에 멘토들이 많아지면 멘토링을 통해 공신닷컴의 콘텐츠는 그만큼 더 많아질 겁니다. 콘텐츠를 통해 더 많은 수익을 낼 수 있고, 이렇게 늘어난 수익으로 더 많은 아이들에게 멘토링을 할 수 있습니다. 공신은 대한민국 학생들의 친형, 친언니가 되어 모든 이들에게 멘토 한 명씩을 만들어줄 것입니다."

나는 공신의 꿈과 열정을 강조하며 1초의 오차도 없이 시간에 맞춰 발표를 끝냈다. 어떻게 발표를 마무리하고 자리에 돌아왔는지는 기억나지 않는다. 우렁찬 박수소리에 화답하듯 나의 심장이 무섭게 뜀박질했다.

수상을 기다리는 몇 분은 발표할 때보다 훨씬 긴장됐다. 오늘 이 자리는 내가 공들인 약 3년이라는 시간을 평가받는 자리나 마찬가지였다. 더불어 내가 하고 싶은 일의 가능성을 평가받는 자리였다. 그간 공신이 쏟은 노고와 현장에서 겪은 학생들의 생생한 변화를 단 7분 안에 전달하기엔 주어진 시간이 짧다고 느껴졌다. 그저 내 뜻이 제대로 전달되었기만을 기도했다. 손에 밴 땀을 바지에 닦고 있는데, 주머니에서 핸드폰 진동이 울렸다.

"네, 강성태입니다."

대상만을 남겨둔 시점에서 걸려온 전화는 주변의 소음 때문에 집중하기가 어려웠다. 그때 갑자기 '와' 하는 함성 소리와 함께 누군가 내 어깨를 와락 감싸안았다.

"형, 우리가 해냈어요. 형!"

"성태야, 성태야 수고했다."

동아리 친구들이 자리에서 일어나 서로를 부둥켜안고 있었다. 어리둥절해하는 내 귀에 '공신'이라는 단어가 크게 울렸다. 갑자기 얼싸안은 사람들의 소리와 풍경이 점점 작아지더니 정지화면이 됐다. 아무도 가지 않은 길을 고집하며 느꼈던 그간의 서러움이 북받쳐올랐다. 사이트에 올릴 동영상 자료가 하루아침에 날아가버린 일, 혼자 이리뛰고 저리뛰며 모든 걸 수습하려 애썼던 기억, 10억이라는 거액에 갈등했던 일 등이 영화 속 한 장면처럼 스치고 지나갔다.

소셜벤처경연대회 대상. 600여 개 팀 중에서 1등을 했다는 기쁨을 뒤로 하고, 걱정했던 가슴부터 쓸어내렸다. 그동안 쌓였던 불안한 마음은 한 방에 날아갔다. 바닥까지 떨어졌던 자신감이 다시 일어나기 시작했다. 겨드랑이에 날개가 한 뼘 돋아난 기분, 이제 기업으로 발돋움해도 된다는 자격을 인정받은 사건이었다.

경연대회 수상으로 공신닷컴의 기상은 하늘을 찔렀다. 원하는 일을 이뤘을 때의 성취감은 경험하지 않으면 누구도 알 수 없을 것이다. 물론 상을 받은 건 이제 시작의 시작일 뿐이었다. 하지만 내가 가는 길을 인정받았다는 사실만으로도 모든 것을 얻은 기분이었다.

앞으로 공신이 해야 할 일은 무엇일까. 무엇보다 새로운 세계로 나아가는 걸 두려워하지 말아야 한다. 결과는 차후 문제다. 일단 도전해야 지금이 아닌 다음으로 옮겨갈 수 있으니.

수상은 노동부 장관께서 직접 해주셨다.

"대상에게는 상금과 함께 미국의 사회적 기업을 탐방하고 소셜벤처대회에 참여할 수 있는 자격이 주어집니다."

미국의 선진 기업들을 볼 수 있는 절호의 찬스였지만, 나는 그 기회를 밤새 자료를 만드느라 곁을 지켜준 창영이에게 넘겼다. 창영이는 다시 공신의 막내였던 창민이에게 기회를 넘겼다. 결국 공신멘토 출신으로 인턴으로 입사한 막내가 대표를 대신해 해외출장을 가게 됐다.

미국은 나도 가고 싶었다. 그건 창영이도 마찬가지였을 것이다. 하지만 이미 다녀온 것과 진배없었다. 공신에게 중요한 건 탐방이 아니라 검증받은 사업계획을 실현하는 일이니까. 벌써부터 일이 하고 싶어서 여기저기가 근질근질했다. 그동안 만났던 아이들이 떠올랐다. 섬에서 공신닷컴으로 공부해 학교 후배가 된 가영이, 가난에 기죽지 않고 의대에 합격해 국경 없는 의사회를 꿈꾸는 진영이, 그 뒤를 이어 자기 목표를 정하고 경주에 뛰어든 수많은 후배들. 이런 식이라면 우리는 선배 아닌 사람이 없고 후배 아닌 동생이 없다. 모두 특별한 관심으로 만들어진 관계다.

누구에게나 형이나 누나처럼 내게 귀 기울여주고 격려해주는 조력자가 간절한 순간이 있다. 아무리 열악한 환경에서도 그런 존재가 있으면 범죄자는 생겨나지 않는다. 꿈이 그 아이를 지켜줄 테니까.

대상 수상팀에게는 소셜벤처국제대회에 한국대표로 참여하는 자격이 주어졌다. 하지만 나는 국제대회에 나가는 대신, 수상 다음날부터 공신 및 직원들과 현장을 지켰다.

"얘들아, 우리 신중하게 생각하자. 대회에 나온 건 스펙을 쌓기 위해서가 아니었잖아. 능력을 검증받은 이상, 조금이라도 빨리 움직이자. 1분 1초가 아깝잖아. 하루라도 빨리 대한민국 학생들에게 멘토 하나씩 연결해주자!"

이날 소셜벤처대회에서 대상을 받은 것은 그렇게 대단한 일이 아닐 수도 있다. 하지만 이 자리에 오기까지 넘어야 할 산은 만만치 않았다. 수없이 넘어져 무릎에 난 상처가 아물 시간조차 없었다. 공신이 소셜벤처기업으로 인정을 받고 펼쳐든 미래의 지도 역시 그 여정이 까마득했다.

지금 멘토가 필요한 건
바로 공신이야!

> 만일 당신이 배를 만들어주고 싶다면, 사람들을 불러 모아 목재를 가져오게 하고
> 일을 하나하나 지시한 다음 일감을 나눠주는 식으로 하지 말라.
> 대신 그들에게 저 넓고 끝없는 바다에 대한 동경심을 키워주도록 하라.
>
> — 생텍쥐페리 Antoine Marie Roger De Saint Exupéry

"여러분, 영혼이 있는 승부를 하십시오."

입대 전 우연히 안철수 교수님의 강연을 들을 기회가 있었다. 원래 특강을 챙겨 듣는 편이 아닌데, 생일선물로 받았던 책에 나온 교수님의 약력이 신기해 무작정 법대 강연장 맨 앞에 자리를 잡았다. 아직 꿈도 없고 뭘 해야 할지도 몰랐던 철부지 시절이었다.

교수님은 예의 그 조곤조곤한 말투로 강의를 하셨는데, 아무래도 경험도 배경지식도 부족한 나로서는 이해할 수 없는 내용이 대부분이었다. 다만 7년간 일에 빠져 새벽 3시에 일어났다는 말에 적지않게 자극을 받았다. 부러웠다. 자기가 원하는 일을 찾아 그렇게까지 몰두하는 모습이 나의 무의미한 삶과 비교가 됐다. 전구의 필라멘트에 전기가 통하면 깜빡거리며 빛이 난다. 마치 그때의 미세하지만

강렬한 떨림이랄까. 강의가 끝나자마자 뛰어나가 교수님 앞에 책을 내밀고 사인을 청했다. 당시엔 책에 사인받으러 나온 사람이 나뿐이었다.

"저도 선배님처럼 할 수 있을까요?"

"네, 물론이죠."

사인을 하는 동안 뭔가 말을 걸고 싶어 이런 황당한 질문을 했던 것으로 기억한다. 이제 막 강의를 마친 선생님은 체구와 상관없이 거인으로 보였다. 아주 짧은 만남이었지만 대단한 자극을 받았던 나는 그 길로 집에 돌아가 새벽 3시에 알람을 맞추고 잠자리에 들었다. 하지만 3일간 울리는 알람을 다시 끄고 자느라 오히려 늦잠을 자기를 반복했다.

작심삼일이라는데, 이런 행동은 사흘도 계속되지 못했다. 어쩌면 당연한 일이었다. 당시 내게는 미치도록 몰두할 일이 없었다. 안철수 선생님처럼 어지간한 능력이 아니면 나처럼 평범한 사람은 할 수 없는 게 당연한 거라고 합리화했다. 그런데 지금은 여전히 평범한 내가 하루 4시간을 자며 업무를 전부 소화할 때도 있다. 꿈이 있으면 없던 열정도 생기고 평범한 사람도 뭐든 할 수 있다는 걸, 마음이 아닌 몸이 먼저 증명하기 시작했다. 그땐 없었지만 지금은 있는 열정, 꿈이 생기고부터였다.

작은 거인,
안철수 교수님과의 만남

안철수 교수님 안녕하세요. 저는 대한민국 교육을 개혁하려는 열정으로 뭉친 사회적 기업 '공신'의 전략기획실장 안창영이라고 합니다. 공신은 대한민국의 경제수준과 교육수준이 비례하는 상황에서 저소득층 학생들이 겪고 있는 교육 불평등, 그리고 지나친 사교육 열풍, 청년실업, 이 세 가지 사회적 문제를 해결하기 위해 노력하는 사회적 기업(social venture)입니다.

제가 이렇게 메일을 드린 건 교수님의 조언을 듣고 싶어서입니다. 공신의 강성태 대표와 제 꿈은 훌륭한 사회적 기업을 만드는 것입니다. 저희는 사회가 안고 있는 다양한 문제들을 기존 패러다임에서 벗어난 혁신적인 방법으로 해결하고 싶습니다. 이러한 열정으로 강성태 대표가 먼저 '공부의 신'이라는 교육개혁 소셜벤처를 설립했고, 제가 올해 7월부터 함께하고 있습니다.

강성태 대표는 MBC 〈공부의 제왕〉이라는 프로그램을 진행하면서 대중의 많은 관심과 사랑을 받았습니다. 그대로 사교육 업계에 진출했다면 아마 큰돈을 만졌을 겁니다. 저 역시 다른 친구들처럼 대기업에 취직했다면 안정적인 생활은 할 수 있었을 겁니다. 하지만 그러지 않았습니다. 강성태 대표는 한국교육의 문제해결을 위해, 공신의 사회적 기업화를 선언했습니다. 그러나 '안정'을 지향하는 사회적 분위기에서 청년이 창업하고 사업을 경영하기란 만만치 않았습니다. 저는 이를 지켜보다 그 열정에 반하고 공감한 끝에 공신에 들어와 일하게 되었습니다.

저희는 한국의 교육에 '새로움'을 일으키고 싶습니다. 몸집이 커진 한국의 교육산업만큼 저희에게는 많은 꿈이 있습니다. 엄청나게 노력해야 한다는 걸 누구보다 잘 알고, 갈 길이 멀다는 것 역시 잘 알고 있습니다. 예상하셨겠지만 현재 공신이 처한 상황은 상당히 어렵습니다.

사교육 업체가 저희 상표인 '공신'을 도용하기도 했고, 웹사이트를 개편하다 외주업체에게 사기를 당한 적도 있었습니다. 포기하고 싶을 때도 있었고, 우리가 왜 이 고생을 하는지 투덜거릴 때도 있었습니다. 하지만 저희 공신의 멘토링을 받고 있는 아이들이 고맙다고 보낸 편지를 읽으면, 아이들이 짓는 환한 미소를 보면 없던 힘도 생깁니다.

제가 오늘 편지를 드린 이유는 교수님의 조언을 듣고 싶어서입니다. 바쁜 일정에 짬을 내어 저희를 한 번만 만나주시면, 그래서 도움이 되는 조언을 들을 수 있으면 좋겠습니다.

마지막으로 이 말씀을 꼭 드리고 싶습니다. 저는 교수님께서 말씀하신 '기업가 정신'이 '도전'이라고 생각합니다. 도전과 열정, 도전을 하기 위한 침착함과 도전을 위한 열정만큼의 노력, 그것이 제가 이해한 기업가 정신입니다. 교수님, 인생에 가장 빛나는 도전을 택한 젊은이를 위해 시간을 내주시기를 부탁드립니다. 긴 메일 읽어주셔서 고맙습니다. 그럼 평안하세요.

공신 드림

나는 모든 학생들에게 공신멘토 한 명씩을 만들어주겠다는 꿈을 꼭 이루고 싶었다. 그런데 막상 일을 하려고 보니 경험도 부족하고 능력도 없었다. 소셜벤처경연대회에서 상을 탔지만 금세 앞이 캄캄해졌다. 수익모델이 없었기에 회사는 여전히 어려웠다. 여기저기 일은 벌려놔서 하루 종일 분주하게 일하는데도 달라지는 건 없었다. 의욕만 앞서 일을 그르치는 건 아닌지 조바심이 났다. '대회에서 상을 타면 탄탄대로일 줄 알았는데…' 불안해서 밥맛까지 잃을 정도였다.

너무 의욕과 열정만 앞세워도 안 된다는 걸 이때 깨달았다. 자연과 밀착된 편안한 집을 짓겠다고 선언했는데, 구체적인 설계도면을 그릴 능력이 안 되는 상황이었다.

수험생 시절 죽어라고 공부한 데 비해 성적이 안 오르던 생각이 났다. 지금이 딱 그때 같았다. 처음 시작했을 때만 해도 공신 정도면 당장 한국의 TFA가 될 줄 알았는데, 답답하기 짝이 없었다. 직접적인 정보와 선배들의 조언이 간절했다. 그러나 당시만 해도 소셜벤처나 사회적 기업에 관해 물어볼 곳은커녕 제대로 아는 분조차 없었다. 망망대해에서 돛단배를 타고 있는 기분이랄까. 도무지 앞이 보이질 않았다.

이때 2003년에 들었던 안철수 교수님의 강의가 떠올랐다. 카이스트에서 '기업가 정신'에 관해 강의를 하고 계실 때였다. 어렴풋이 강연내용이 떠오르면서 안철수 교수님이 사회적 기업을 운영하신 건 아니지만, 소셜벤처에 대해 잘 알고 계시니 무언가 우리에게 조언해 주실 수 있을 것 같았다.

어미새는 새끼가 수월하게 알을 깨고 나올 수 있도록 바깥 세상에서 부리로 껍데기를 쪼아준다. 인간 세상에서 멘토란 그런 존재가 아닐까. 모름지기 식을 줄 모르는 열정이 끓어오를 때 주위에 지혜로운 사람이 있어야 하지 않을까?

우리는 무작정 메일을 썼다. 글솜씨 좋은 창영이가 메일을 보냈고 뜻밖의 답장을 받았다. 답신을 확인하는 순간 흥분해 메일을 열었지만 이내 약간의 실망으로 변했다. 현재 미국에 출장 중이고 한국에 언제쯤 돌아온다는 형식적인 자동답신이었다. 기대는 낙담으로 변했다. 나만 해도 학생들에게 쇄도하는 상담요청 메일에 일일이 답장을 보내지 못한다. 밥 먹을 시간조차 없이 노력해도 그 정도였다. 우리는 '그렇게 바쁜 분이 우리를 만나주실까?' 하며 기대를 지웠다. 그런데 어느 날, 깜짝 놀랄 일이 일어났다.

안녕하세요?

메일로나마 인사를 나누게 되어서 반갑습니다. 깊이 있는 조언을 위해서는 해당 분야에 대해 전문성을 갖춰야 하고, 그 회사와 구성원에 대해 잘 알고 있어야 합니다. 두 가지 모두 부족한 상황에서는 교과서적인 수준의 말씀밖에 드릴 수 없을 것 같습니다. 그래도 괜찮으시다면, ○월 ○일 오전 11시에 뵐 수 있을 것 같으니, 가능 여부를 말씀해 주시기 바랍니다. 열심히 노력하셔서 뜻하는 바를 이루시기 바랍니다.

안철수 드림

버스에 탈 사람만 태워라

"자, 조금만 더 서두르자!"

가을 분위기가 물씬 풍기는 카이스트의 교정은 한적했다. 호수 위를 여유롭게 노니는 오리 떼와 넓은 교정을 보며 목적지가 꽤나 먼 것을 깨닫고는 택시에서 너무 일찍 내린 걸 후회했다. 약속을 지키기 위해 우리는 흙먼지를 일으키며 전력질주를 했다. 멘토를 만난다는 생각에 가슴이 두근거렸다.

대학을 졸업하고 사회경험이 전혀 없는 내가 회사를 끌어가기란 만만치 않았다. 불안이 발끝에서 머리끝까지 서서히 차올라 항상 언제 터질지 모르는 수소폭탄 같았다. 이때 내가 하는 일을 점검받을 '큰 어른'을 만나게 된 것이다. 가뭄에 단비를 만난 기분이랄까. 사실 그것만으로도 적지 않은 동기부여가 되었다.

나는 자주 오는 기회가 아니라는 생각에 인턴들까지 모두 데리고 카이스트로 이동했다. 연구실에서 5년 만에 뵌 교수님은 예전 모습 그대로셨다.

"만나뵙게 되어 영광입니다. 말씀드렸다시피 저희는 대한민국의 모든 학생들에게 멘토 한 명씩을 만들어주고 싶습니다."

나는 한 글자 한 글자 또박또박 발음에 신경 쓰며 교수님께 공신의 자료들을 보여드렸다. 한국의 TFA가 되고 싶다는 말과 함께.

"그런데 TFA와 공신은 전혀 다른 모델인 것 같은데요."

교수님의 답변을 들은 순간, 몸에서 혼이 빠져나가는 혼란스러운 기분이 일었다. 한국의 TFA가 되겠다는 꿈에 한껏 부풀어 있었는데, 날벼락도 보통 날벼락이 아니었다. 문제는 수익창출이었다. 당시 우리의 수익은 공신닷컴에 실리는 대학들의 배너광고가 전부였다. 학생들에게도 일절 돈을 받지 않을 뿐 아니라, 사교육 업체는 광고조차 받지 않고 있었다. 반면 미국의 TFA는 연방정부뿐 아니라 많은 대기업의 엄청난 지원금으로 운영되고 있었다. 사실 나도 알고 있는 내용이었다. 하지만 그저 막연하게 어떻게든 되겠지 하고 생각했다. 그땐 왜 그렇게 어리숙했는지 나도 모르겠다. 나는 이렇다 할 반박도 하지 못한 채, 선생님의 날카로운 지적에 실망을 추스르며 준비해간 질문을 계속했다.

"선생님, 사회적 기업에서 일하려는 사람이 없어요. 어떻게 사람을 뽑아야 할지 고민입니다."

"저소득층 아이들에게 그냥 시간 날 때 하는 형식적인 봉사가 아니라, 정말 강남 못지않은 최고의 교육을 받게 해주고 싶습니다."

동아리일 때도 벤처기업일 때도 가장 큰 고민은 사람관리였다. 그날 안철수 교수님이 해주신 말씀은, 훗날 공신이 탄탄한 시스템을 만드는 데 중요한 밑거름이 되었다.

"회사의 비전과 가치를 공유할 수 있는 사람을 찾는 게 중요합니다. 흔히 버스를 출발시키기 전에 버스에 탈 사람을 정하라는 말이 있죠. 비전과 핵심가치를 정하는 일은 구성원 모두의 몫입니다."

"교수님께서 안철수 연구소에 계실 때는 어떻게 하셨나요?"

"구성원 모두가 조직의 핵심가치에 대해 오랫동안 고민하는 시간을 가졌습니다. 자연스럽게 회사의 모든 구성원이 핵심가치를 공유할 수 있었죠."

"조직 내부에 뜻이 맞지 않는 사람이 있을 수도 있잖아요. 그럴 땐 어떻게 해야 할까요?"

"그럴 경우 함께 할 수 없습니다. 회사에도 좋지 않고 당사자에게도 고문일 것입니다. 나가도록 하는 것이 맞지요."

교수님의 단호한 답변이 꽤나 놀라웠다. 조직의 비전과 맞지 않는 인물은 내보낸다. 내가 지금껏 상상하고 봐왔던 부드럽기만 한 교수님의 이미지와는 또 다른, 결단력 있는 모습이었다. 인정에 휘둘리지 않고 원칙과 결기에 맞게 행동해야만, 꿈을 이루는 과정에서 시행착오를 줄일 수 있다는 얘기로 이해됐다.

약속했던 30분은 순식간에 지나갔다. 그 이상 시간을 빼앗지 않겠다고 미리 마음먹고 찾아간 자리였다. 선생님께 사인도 받고 기념사진도 찍자는 직원들의 제안을 자르고 진심을 담아 교수님께 감사인사를 드렸다.

"교수님, 어렵게 시간 내주셔서 정말 감사합니다. 귀중한 말씀은 정말 큰 힘이 되었습니다. 포기하지 않고 반드시 좋은 기업으로 살아남아 다시 인사드리겠습니다."

사실 그날 조직의 비전과 가치에 대해 말씀해주셨지만, 나는 여전히 그 중요성과 의미를 제대로 파악하지 못했다. 입대 전 강의에서 들은 '영혼이 있는 승부'와 그저 같은 맥락이려니 하고 지나쳐버렸다. '영혼이 있는 승부'는 이기는 데 목적을 두지 않고, 기업이든 개인이든 자신이 따르는 가치, 그 숭고한 뜻에 따라 일하는 것을 의미한다. 1년이 채 지나지 않아 그날의 멘토링이 어떤 조직에서든 일을 추진할 때 빼놓을 수 없는 개념임을 깨달았다.

빌 삼촌, 안녕하세요?

"대표님, 빌 드레이튼이 한국에 온대요!"
"뭐라고?"
"빌 드레이튼이 한국의 사회적 기업가들을 만나고 싶어 한대요."
"맙소사!"

사실 자리에서 일어나서 당장 만세라도 부르고 싶었다. '사회적 기업의 아버지'라 불리는 빌 드레이튼이 한국을 방문한다니, 그것도 한국의 사회적 기업가와 만나고 싶어 한다니 어떻게 얌전히 앉아 있을 수 있을까. 다행히 한국개발연구원(KDI)의 주관으로 진행되는 '사회적 기업가정신 국제 컨퍼런스', 그 귀중한 만남에 초청을 받게 되었다.

빌 드레이튼은 미국사회에서 엘리트 코스를 거친 인물이다. 하버드 대학을 졸업하고 영국 옥스퍼드 대학에서 석사를 마친 후 예일 대학 로스쿨을 수료한, 말 그대로 수재였다. 이후 10년간 세계 최고의 컨설팅 회사인 맥킨지에서 컨설턴트로 활약하며 카터정부에서 탄소배출권의 개념을 처음으로 만드는 데 공을 세웠다. 그는 이렇게 탄탄대로를 달리던 중, 1981년 돌연 '아쇼카'라는 이름의 재단을 설립했다. 세상을 바꿀 수 있는 사람들을 발굴해 도움을 주기 위해서였다.

아쇼카 재단은 사회를 개선할 수 있는 혁신적 아이디어와 능력을 갖춘 사람을 선발해 그 사람이 꿈을 이룰 수 있도록 지원한다. 한마디로 '사회적 기업가'들을 돕는 재단이며, 빌 드레이튼 또한 그 자신이 사회적 기업가이다. 이런 분을 직접 볼 수 있다는 사실이 믿기지 않았다.

아쇼카 재단이 지원하는 사회적 기업가를 '아쇼카펠로'라고 한다. 수천 명이 넘는 아쇼카펠로 중 대표적인 인물로는 가난한 이들에게 소액대출을 해주는 그라민은행의 설립자 무하마드 유누스가 있다. 유누스는 2006년 그라민은행으로 노벨 평화상을 받은 인물이다. 위키피디아의 공동 설립자인 지미 웨일스 역시 아쇼카펠로 출신이다. 이처럼 아쇼카 재단은 사회적 기업가를 발굴, 지원하여 수많은 사회적 기업의 안착을 돕고 있다.

아쇼카를 떠올리자 내 눈앞에 커다란 숲이 펼쳐졌다. 그분은 단순히 나무 한 그루를 심은 것이 아니었다. 수많은 나무들을 길러 울창한 숲을 만들었다. 즉 수많은 사회적 기업가를 발굴해 길러냈고, 그 기업가들이 하나의 커다란 네트워크를 이뤄 큰 힘을 만들어냈다. 그 숲은 전 세계로 뻗어나가 좀 더 나은 세상을 만드는 데 일조하고 있다. 공신이라는 숲은 아직 비교할 수 없이 작지만, 멘토가 멘티를 만들고 멘티가 다시 멘토가 되어 또 다른 멘티를 돕는 시스템은 아쇼카와 비슷한 시스템이 아닐까 하는 생각에 빠졌다.

"사회적 기업은 없습니다. 사회적 기업가만 있을 뿐입니다."

나는 이 말이 아쇼카 재단의 취지를 한마디로 잘 표현한 것이라 생각한다. 자본이 아닌 사람의 가능성을 높게 평가해 더 나은 세상을 만들어가겠다는 아쇼카 재단의 뜻은 가슴 벅찰 만큼 감동적이다. 막상 사회적 기업에 도전해보니 정말 맞는 얘기였다. 기업은 망할 수도 있다. 하지만 기업이 쓰러지더라도 사회적 기업가는 포기하지 않고 계속해서 도전해나갈 수 있다. 창업을 해서 실패했을 경우 다시 일어설 기회가 좀처럼 주어지지 않는 한국과는 사뭇 대조적이었다.

"체인지 메이커(사회적 기업가)가 얼마나 많이 존재하느냐, 그것이 한 국가와 사회의 운명을 좌우할 것입니다. 아이들을 체인지 메이커로 키우지 못한다면 미래는 없습니다."

그의 말 한마디 한마디에 사람들이 박수를 보냈다. 행사장에서 만난 빌 드레이튼은 매우 선한 인상의 신사였다. 책이나 인터넷을 통해 자주 접해서인지 삼촌처럼 친근해 보였지만, 한눈에도 범상치 않은 아우라가 느껴졌다. 그는 천천히 그리고 나지막한 목소리로 자신의 의사를 분명히 전했다. 수년간의 경험과 노하우가 담긴 이야기였다.

"아쇼카펠로들은 50% 이상이 선정된 지 5년 안에 국가정책적 수준의 변화를 이끌어냅니다. 사회공헌을 위해 학교나 병원을 짓는 것도 중요하겠지만, 사람을 키워내는 것도 더할 나위 없이 중요합니다. 우리는 사회를 밝게 만드는 사회적 기업가를 더 키워야 합니다. 아니, 세상 모든 사람들이 체인지 메이커가 되어야 합니다. 사회적 기업가는 그 자체가 역할모델이며, 우리는 계속해서 더 많은 사회적 기업가, 체인지 메이커들을 만들어낼 것입니다."

멋진 말 아닌가? 결국 사람을 통해 세상이 바뀐다. 공신 역시 멘토링을 통해 아이들을 사회를 바꾸는 체인지 메이커로 키워내고 있지 않은가.

행사가 끝나자마자 나는 준비해간 펜과 종이를 들고 그에게로 돌진했다. 이미 많은 교수님들이 빌을 에워싸고 계셨지만 나는 당당하게 내 순서를 기다렸다. 다른 사람들 역시 내 뒤로 줄을 섰다. 나는 내 차례가 되자 간단한 영어로 자기소개를 하고 공신과 나의 포부를 밝혔다. 사실 긴장이 되서 제대로 말을 한 건지도 잘 모르겠지만.

안녕하세요? 선생님, 저는 강성태라고 합니다. 서울에서 만나뵙게 되어 영광입니다. 제가 공신을 운영하면서 좌우명으로 삼을 만한 문구를 하나 적어주신다면, 제 인생은 물론 공신에게도 큰 영광이 될 것입니다.

Good evening sir. My name is Sungtae Kang.
I am so honored to meet you here in Seoul. So welcome to korea. Sir, I have always wanted to have my own motto or something since I started to run this business. Today I met you. If you please give me a chance to get one from you, it will encourage me and gongsin a lot.

빌 드레이튼은 나의 소개와 갑작스런 요청에 조금 놀라는 눈치였지만, 방긋 웃으며 내가 건넨 종이를 받아들었다. 그는 한 손을 턱과 코 밑에 대고는 미동도 하지 않고 한참을 생각하더니 허리를 숙이고 한 자 한 자 또박또박 무언가를 적기 시작했다.

성태에게. 당신은 세상을 지금보다 훨씬 더 좋은 곳으로 만들겠다는 결심을 했습니다. 당신의 그 마음만큼이나 세상이 밝게 변할 수 있도록 최선을 다해주시길 바랍니다.

To. Sungate

You have decided in your heart to change the world, to make it a far better place. Please give yourself permission to do so fully, to change it in ways as big as your heart.

- Bill Drayton

나는 감사 인사를 나누고 그와 헤어졌다. 사회적 기업의 아버지라 불리는, 이 시대의 구루(guru) 반열에 오른 분에게 마음껏 뜻을 펼쳐달라는 부탁을 받았으니, 나는 정말 대단한 행운의 사나이인 셈이다. 언젠가 시간이 흘러 공신이, 내가 하려는 일들이 울창한 숲을 이루었을 때 빌 드레이튼을 만나 해줄 말을 여기에 미리 적어본다.

"보셨죠? 칭찬 좀 해주세요, 빌 삼촌. 공신은 모든 이들에게 멘토를 만들어주었어요. 그리고 당신이 만든 사회적 기업가들이 세상을 바꾸는 것처럼, 공신의 아이들도 세상을 바꾸고 있답니다. 그런데 그거 알고 계셨어요? 정말 세상은 제가 마음먹은 만큼 더 나아지더라고요."

하늘은 재능 없는 사람을 내지 않는다

"형, 뭘 그렇게 매일 열심히 들어요?"

공신의 갈 길을 정한 후부터 나의 관심은 오로지 아이들이었다. 그래서 전공과 전혀 상관없는 교육학에 관심을 가졌고 그 어느 때보다 교육학 수업을 열심히 들었다. 그러다 우연히 문용린 교수님을 알게 되었다. 교수님의 라디오 강의를 들었는데 내 생각과 비슷한 점도 많았을뿐더러 교수님이 해주시는 말씀 한마디 한마디가 정말 좋았다. 나는 교수님의 강연을 MP3로 저장해두고는 틈만 나면 듣고 다녔다.

"형, 가요 듣는 거 맞죠? 누구 좋아하는데요?"

가끔 짓궂은 동생들이 형을 놀린다고 아이돌 가수 이름이나 노래 제목을 물어볼 때가 있다. 센터 학생들이 고리타분한 대학생인 나를 놀리려고 던지는 단골 질문이기도 했다. 언젠가는 '시스타'가 뭔지 아냐고 묻길래 해산물 뷔페냐고 대답해서 학생들을 모두 쓰러지게 한 적도 있다.

"천불생 무록지인 지부장 무명지초(天不生 無祿之人 地不長 無名之草),

하늘은 재능 없는 사람을 내지 않고 땅은 이름 없는 풀을 품지 않는다는 말입니다. 논어에 나오는 이 말은 최근의 지능이론인 다중지능 이론을 아주 잘 설명하고 있습니다. 이처럼 모든 사람에게는 자기만의 잠재된 능력이 숨겨져 있습니다. 모름지기 교육이란 아이들이 원래부터 가진 잠재능력을 발휘할 수 있도록 도와야 합니다."

"도덕 또한 능력입니다. 자기만 알고 성적만 잘 받으려는 학생이 과연 사회에서 성공할 수 있을까요? 21세기는 도덕적이지 않으면 성공할 수 없는 시대입니다."

교육부 장관을 지낸 서울대학교 교육학과 문용린 교수님 강연을 MP3에 넣고 백 번은 족히 들었던 것 같다. 말투를 흉내 내는 것은 물론, 몇몇 구절은 줄줄 외울 정도였다. 나는 교수님을 나의 멘토로 삼아버렸다.

언젠가는 교수님을 꼭 뵙겠다고 다짐한 내게 마침 좋은 기회가 생겼다. 노원구에서 공부법 강연을 의뢰받았는데, 프로그램을 보니 내 강연 바로 한 주 전에 문용린 교수님의 강연이 잡혀 있었던 것이다. 교수님 수업을 듣고 기회가 되면 잠깐 이야기도 나눠볼 참으로 몰래 강의실에 들어갔는데, 계획이 일치감치 틀어져버렸다. 나만 빼고 전부 어머님들이셨던 것이다. 젊은 남자 한 명이 앞자리에 앉아 있다 보니 눈에 안 띌 수가 없었다. 게다가 주최 측에서 예상에 없던 깜짝 소개까지 해버렸다.

"아, 마침 다음 주에 강의를 해주실 강성태 대표님께서 참석하셨군요. 여러분, 박수 부탁합니다."

얼굴이 빨개져서 인사를 드리고 자리에 앉았지만 오히려 잘된 일이기도 했다. 덕분에 강의 후 교수님과 함께 식사할 기회를 얻었으니 말이다.

나는 교수님의 칼럼 등을 통해 의문이 가거나 좋았던 주제에 대해 이런저런 질문을 드렸다. 백발의 교수님은 산타할아버지처럼 인자하게 웃으시며 하나하나 대답을 해주셨다. 그날 교수님께도 평생 인생의 지침이 될 문장 하나를 부탁드렸다.

'인심제 태산이(人心齊 太山移)'

평소 교수님께서 강조하시던 논어에 나오는 말이었다. 사람의 마음이 모이면 태산도 움직일 수 있다는 뜻이다. 교수님께서는 그 의미를 한 자 한 자 설명해주셨다. 마침 내게 꼭 필요한, 내 마음을 읽으셨나 싶게끔 내게 위로가 되는 말이었다.

"모든 학생들에게 멘토 한 명씩을 만들어주겠다는 꿈을 가졌으니 당연히 수많은 사람들의 마음이 모여야겠지. 수많은 대학생, 직장인들의 참여가 있어야 하고 학부모, 학생 어쩌면 학교, 학원까지 수많은 사람들의 마음이 모여야 교육이 바뀔 수 있어. 한 사람의 꿈은 꿈으로만 남지만 만인의 꿈은 현실로 이루어지는 법이야."

다음날 출근하자마자 이 글을 복사해 사무실 벽에 붙였다. 볼 때마다 공신들의 작은 뜻이 모두 모여 엄청난 힘으로 변하는 모습을 상상하기 위해서였다.

사람, 행운, 그리고 기회…. 세상의 어느 것 하나 저절로 혹은 우연히 이루어지는 것은 없다. 계속 인내하고 준비하며 생각하고 있으면 어느 날 수줍게 어깨를 두드리며 말을 걸어오지 않을까.

나는 문용린 교수님이 주신 구절을 사무실에만 가둬두기 아까워서 나중에는 내 메일의 서명으로도 지정해두었다. 지금도 내 메일 서명에는 내가 이룰 꿈과 함께 빌이 적어준 응원 메시지, 문용린 교수님께서 적어주신 문구가 적혀 있다. 나도 하루에 수십 번씩 보게 되고 내 메일을 받는 분들께도 나의 꿈을 알릴 수 있으니 일석이조인 셈이다.

혼자 힘든 결정을 내려야 할 때, 외롭다고 느껴질 때, 나는 가족과 공신 그리고 멘토들을 떠올렸다. 지금껏 그래왔고 앞으로도 그러할 것이다.

소셜벤처 공신,
마침내 수익모델을 마련하다

포기하지 말라! 진정한 기업가들은 포기하지 않는다.
외부상황이 변하면 또 새로운 시장에서 새로운 아이디어를 내라.
진정한 기업가는 시냇물과 같아 외부상황에 끊임없이 변화하며 움직인다.
— 빌 드레이튼 Bill Drayton

톨스토이는 말했다. 가난한 사람은 자존심을 갖는 것조차 금지되어 있다고. 나는 공신을 시작한 후부터 '가난'이 무엇인지를 뼈저리게 실감했다. 공신은 만성적자에 허덕였다. 2008년 말 사회적 기업을 시작한 후 2010년까지 공신은 사실상 수익모델이 없었다. 물론 나름대로 멘토링을 확대하고 체계를 만들어갔다. 대한민국 최고의 교육봉사단체 중 하나로 매년 청와대의 초대를 받았고, 교육과학기술부 장관님이 교육장에 응원하러 오시기도 했다. 그러나 달라진 건 없었다. 이런 침울한 상황은 어쩔 수 없이 회사 분위기로 이어졌고, 드러내놓고 표현할 수는 없었지만 내 자신은 한없이 의기소침해졌다. 사람은 자존심 때문에라도 지갑에 돈이 넉넉해야 한다는 어른들 말씀이 떠올랐다.

돈 안 버는 것이
선한 것이라는 착각

"이대로라면 공신은 곧 문을 닫아야 할지도 모릅니다. 생각해보세요, 대표님이 지금 당장 강남 학원가에 가면 연봉만 수억을 받을 겁니다. 그런데 회사 매출은 그에 한참 못 미치는 수준이에요. 돈 있는 사람들에게 돈 받는 건 죄가 아닙니다. 일단 회사가 유지되고 살아남아야 큰 뜻이든 뭐든 펼칠 게 아닙니까."

"그래도 아이들에게 어떻게 돈을 받아요…."

공신은 이렇다 할 매출이 없어서 회사에서 발생하는 비용을 내 수입으로 해결해야 했다. 컨설턴트에게 자문을 해봐도 대답은 한결같았다. 수익구조를 만들어야 하고, 가장 확실한 방법은 사이트를 유료로 전환하는 거였다.

어찌 보면 정확한 지적이었다. 하지만 나는 무료로 교육봉사를 하던 사람이었고 그 굴레에서 벗어나지 못하고 있었다. 초창기 언론에 소개될 당시 무료 사이트라고 알려진 것도 이유 중 하나였다. 왠지 약속을 어긴다는 느낌을 지울 수 없었다. 물론 공신닷컴의 회원들이 그렇게 생각하는 건 아니었다. 학생들이 오히려 우리를 더 걱정하고 챙겼다.

"공신 사이트가 최근 자주 다운되던데요. 들어올 때마다 솔직히 걱정됩니다. 이러다 사이트가 없어지는 것 아닌가 하고요. 그런 일이 있어선 안 됩니다."

"공신닷컴에서 강의를 유료로 팔아도 뭐라 욕할 사람은 없습니다. 다른 주입식 인터넷 강의와는 비교할 수 없을 만큼 가치가 있으니까요. 더 나은 강의만 볼 수 있다면 기꺼이 돈 내고 듣겠습니다."

하지만 나는 일종의 결벽증을 갖고 있었다. 한때 큰돈을 벌 수 있는 많은 제안들을 거절했던 나는, 돈을 번다는 행위 자체에 극도의 거부감을 갖고 있었다. 조금이라도 상업적인 느낌이 드는 제안이면 무조건 거절부터 했다. 돈 벌 수 있는 기회를 걷어찬 것이 한두 번이 아니었다. 공신닷컴 사이트에 배너 광고를 하겠다는 사교육 업체들이 꽤 많았는데, 그마저도 거절했다. 나는 그것을 양심이라 착각했다. 기업임에도 돈을 버는 것을 죄악처럼 느꼈다. 정말 큰 착각이었다.

그렇다고 직원들 월급을 미룰 수는 없었다. 회사가 어려워서 대표가 월급을 벌려고 이리 뛰고 저리 뛰는 것을 대표들끼리 우스갯소리로 '대표이사 앵벌이'라고 표현하기도 한다. 다행히 나를 찾는 곳들은 많이 있었다. 지금이야 비교적 규모가 있는 강연회만 가지만, 당시엔 가리지 않고 다 가야 했다. 강연회를 다니며 어떻게든 돈을 벌어 그걸로 월급을 줄 때도 있었다.

"아니, 사회적 기업도 돈을 받아요?"

물론 강연회도 녹록지는 않았다. 사회적 기업인데 왜 돈을 받느냐는 반응이었다. 회사일 챙기고 공부법 연구하기에도 정신이 없는데, 바쁜 시간을 쪼개 가도 막상 강연료는 얼마 되지 않는 경우가 많았다. 이리 뛰고 저리 뛰어 회사에 다 쏟아붓고 나면 남는 게 없던 시절이었다.

우선 사회적 기업에 대한 오해가 많은 게 문제였다. 분명 사회적 기업도 기업이다. 돈을 벌지 못하면 어떻게 생존할 수 있겠는가. 그런데 많은 분들이 사회적 기업과 비영리를 혼돈했다. 간혹 상대적으로 낮은 가격에 물건을 사면서도, 왜 사회적 기업이 이익을 취하냐고 기분 나빠하시는 분들이 있다. 게다가 사회적 기업은 제품과 서비스가 형편없을 거라고 오해하는 경우도 있다. 공신닷컴은 저소득층 학생들을 가르치는 사이트니 가난한 애들이나 보는 콘텐츠라고 폄하하기도 한다. 사실 공신은 '서울시 우수 사회적 기업'임에도 사회적 기업임을 밝히는 것이 경영에 도움이 되지 않아 사이트에서 공지를 내린 적도 있다.

심지어 사회적 기업을 하겠다고 찾아오는 젊은이들조차 이런 착각을 한다.

"사업 계획서에 인건비는 없네요?"

"네! 저희들이 직접 일할 계획이기 때문에 인건비는 없어도 상관없습니다."

많은 이들이 돈을 적게 받거나 인건비도 안 받고 일하면, '착한 기업'이라고 생각하는 모양이다. 정말 잘못된 생각이다. 나는 그런 이들에게 열정은 높이 사지만, 내 경험을 들려주며 착한 일을 하기 전에 돈 벌 궁리부터 하라고 조언한다.

사회적 기업이라고 하면 엄청난 지원을 받으며 호의호식하는 줄 아는 이들도 있다. 하지만 중소기업청에서 진행하는 일반 벤처육성사업보다 지원이 적은 것으로 알고 있다. 지원 목표가 고용창출 위주이다 보니 주로 인건비를 지원하는데, 사업은 사람만 많다고 되는 것이 아니다. 게다가 제조업이 아닌 공신 같은 콘텐츠 기업은 상황이 좀 달랐다. 허위로 직원을 채용하고 인건비를 다른 곳에 쓰는 기업들도 비일비재했다. 물론 우리도 이런 편법을 쓸 수 있었지만, 안철수 교수님 말씀대로 같은 비전과 꿈을 공유하는, 꼭 필요한 사람만을 채용했다.

"대표님 식사하러 안 가세요?"

"아, 벌써 밥 먹을 시간이네, 먼저 가세요! 저는 오늘도 좀 할 게 있어서요."

워낙 검소한 부모님 밑에서 자라서인지 꼭 필요한 것 말고는 어지간해서는 돈을 쓰지 않는 나다. 하지만 밑빠진 독처럼 무섭게 줄어드는 잔고를 보면 그마저도 아껴야 한다는 생각에 돈을 쓸 수가 없었다. 어느 순간부터는 밥 먹는 돈마저 아깝다는 생각이 들었다. 사실 입맛도 없었다. '가장 싸게 먹을 수 있는 게 뭘까?' 하는 생각뿐이었다. 그래서 내린 결론이 김밥이었다. 시간도 아낄 수 있었고 영양 면에서도 나쁘지 않은 것 같았다. 한동안 3,000원짜리 김밥으로 혼자 점심을 때웠다. 하루종일 김밥만 먹는 날도 있었다. 워낙 음식을 가리지 않았을뿐더러 혼자 밥을 먹어도 정말 맛있게 먹는 편이었다. 다만 시간이 없어서 지하철에서 김밥을 먹다 체해 속이 안 좋을 때가 많았다. 그걸 알면서도 시간이 없어 김밥으로 지하철에서 끼니를 때우고 있노라면, 천하의 나도 갑자기 궁상맞다는 생각에 우울함이 밀려왔다.

어느 날은 강연을 마치고 돌아오는데 갑자기 비가 내리기 시작했다. 조금만 뛰면 되겠지 싶어서 정신없이 뛰는데, 장대비가 쏟아져 상당히 젖어버렸다. 겨우겨우 도착해 헉헉대며 숨을 몰아쉬고 있는데 순간 허탈함이 밀려왔다. 우산값을 아끼려고 비를 맞고 있는 나를 보며 비참하다는 생각이 들었다. 정말 외로웠다.

어느 순간부터 체중은 줄고 소화도 되지 않았다. 밤엔 잠이 오지 않았고 아침엔 속이 불편해서 깨곤 했다. 몸과 함께 마음도 지쳐갔다. 이대로 꿈과 영영 멀어질 것 같았다.

'꿈이고 뭐고 다 관두고 다른 데 넘겨버릴까?'

이런 생각이 절로 찾아왔다. 왠지 그게 더 빠른 길처럼 느껴질 때도 있었다. 그럼에도 버틸 수 있었던 힘은 역시 아이들이었다. 나는 힘들 때마다 공신닷컴에 접속해 게시판으로, 쪽지로 상담을 하곤 했다. 이렇게 상담을 해주면 아이들은 진심으로 고마워하며 나중에 공신이 되어 나를 꼭 돕겠다는 약속을 했다.

"강성태 공신님, 정말정말 감사합니다! 이렇게 직접 답변해주실 줄은 상상도 못했어요. 나중에 공신이 되면 꼭 보답할게요!"

아이들에게 해주는 상담은 어쩌면 나를 위한 것인지도 몰랐다. 공신닷컴의 아이들이 치열하게 공부하는 모습을 보며 나도 이러고 있을 때가 아니라고 마음을 다잡았다. 그럼에도 너무나 힘들고 외로웠다. 아무리 좋게 생각하려 해도 아직도 그때가 아름다운 추억으로 기억되지 않을 만큼.

아라빈드 병원의
혁신에 눈뜨다

현실이 시궁창 같다고 해서 혼자 우울함에 빠져 있다면 더 암울한 미래만 기다릴 뿐이다. 수험생 시절 스스로 나만의 공부법을 찾았던 것처럼, 일하는 것도 마찬가지였다. 내가 길을 개척해야 했고 이끌어줄 사람이 없었기에, 사람이든 책이든 멘토로 삼아야 했다.

나는 틈틈이 동생과 책을 읽으며 공신의 미래를 고민하는 시간을 가졌다. 보통은 바쁜 나 대신 성영이가 책을 보고 추천해주는 식이었다. 서로 읽은 책에 대해 이야기하는 것은 정말 효과적인 독서법이다. 기억에도 오래 남을뿐더러 자신이 미처 깨닫지 못한 내용이나 관련된 내용을 더 알아낼 수 있기 때문이다. 그러던 중 어느 책에서 우연히 인도의 '아라빈드 안과병원'을 접하게 되었다.

"인도의 맹인인구가 1,200만 명이나 된대. 우리나라 전 국민의 1/4에 육박하는 어마어마한 수치야. 게다가 매년 2~300만 명씩 사람들이 시력을 잃는데, 그중 80%는 백내장으로 실명을 한다는 거야."

듣고 보니 인도는 맹인의 숫자가 말 그대로 어마어마했다. 아라빈드 안과병원은 백내장 수술 전문병원이다. 연간 250만 건의 외래진료와 30만 건의 수술이 이루어지는데, 전체의 2/3, 즉 60% 이상이 백내장 환자라고 한다.

"여기 봐. 가난한 환자에게는 무료로 수술을 해주는데, 더 놀라운 사실은 이렇게 무료수술을 하는데도 영업이익률이 44%를 넘어."

이 무슨 말도 안 되는 소리인가. 무료수술을 한다면서 영업이익이 이렇게나 높다니! 사실 아라빈드 안과병원에 대해 이미 알고는 있었지만, 이때부터 갑자기 엄청난 관심을 갖기 시작했다. 공신을 몇 년째 이끌어온 나였지만 돈을 벌면서 좋은 일을 하는 건 정말 만만치 않았다. 당장 그 병원에 찾아가 한 수 배우고 싶은 심정마저 들었다.

아라빈드 병원은 안과의사인 벤카타스와미가 1976년, 58세의 나이에 은퇴해 세운 것이다. 안과의사였던 그는 더 이상 가난한 사람들이 돈이 없어 세상을 못 보는 것을 지켜만 볼 수 없어 이 일을 시작했다고 했다. 처음 아라빈드 병원에는 11개의 침상이 전부였다.

"그가 맥도날드 방식으로 병원을 운영했다는데?"

맥도날드는 표준화, 대량생산, 원가절감 등으로 이익을 취하는 거대한 햄버거 체인이다. 병원에 햄버거 체인의 방식을 도입해 환자를 치료하다니, 기존에 없던 창의적인 발상과 과감한 시도가 인상적이었다.

"과감한 시도라니 말인데 아라빈드 수술실 풍경이 좀 특별해. 수술대가 두 개 있는데 의사가 한 명의 환자를 수술하는 동안, 반대편 수술대에서 다음 환자를 위한 수술 준비를 하는 거야. 의사가 수술을 끝내면 몸만 돌려 바로 다음 환자를 수술할 수 있게끔. 그렇게 해서 의사가 한 명의 환자를 진료하는 데 드는 시간이 5분. 의사와 간호사들은 교대로 24시간 내내 수술을 진행한다는 거야."

"그야말로 햄버거 공장이네. 철저한 분업으로 일의 속도는 빨라질 테고. 가만, 그럼 당연히 비용이 내려가겠네."

당연히 비용이 내려간다. 특히 혈압검사, 시력검사, 간단한 상담 등 단순 작업에는, 고급인력 대신 인건비 부담이 적은 인력을 고용하고 있었다. 고졸 여성을 채용해 현장에 투입하는 한편, 맡은 업무에 관한 교육을 철저히 하는 식이었다.

"그것도 모자라서 아라빈드는 수술재료까지 직접 생산하기 시작했어. 백내장 수술의 핵심재료인 인공 수정체의 수입가격이 비싸니까 자체생산으로 전환한 거지. 당연히 수술비 절감으로 이어졌고 이젠 그 재료를 수출까지 해서 세계시장의 6% 이상을 점유하고 있대."

"이런 식이라면 너무 환자 위주여서 의사가 힘들지 않을까?"

"그래도 아라빈드에서 일하고 싶어 하는 의사들은 많아. 거기서 일했다는 사실 자체가 안과수술 분야에서 엄청난 고수라는 걸 증명하는 거니까."

의사들이 자신의 재능을 발전시키기 위해, 자신의 재능을 나누기 위해 기꺼이 아라빈드 병원으로 향하는 모습이 머릿속에 훤히 그려졌다. 세상에는 개인의 안락한 행복에만 집착하는 사람들이 있는 반면, 이처럼 타인의 행복까지 챙기는 사람들이 있다. 이렇게 다양한 삶이 있기에 여러 사람들이 함께 살아갈 수 있는 것 아닐까?

가난한 사람을 주로 치료하는 아라빈드 병원이지만, 형편이 넉넉한 사람들도 망설이지 않고 진료를 받으러 가는 건 의사들의 뛰어난 실력 덕분이었다. 내게 가장 충격적이었던 것은, 마술 같은 병원 시스템이 아니라 창업자인 벤카타스와미가 남긴 한마디였다. 그 말은 내 마음에 깊이 와 닿았고, 그동안의 내 생각을 송두리째 바꿔놓기 충분했다.

"이윤을 남기지 않고서는 지속적으로 가난을 도울 수 없다."

성현들이 세상의 이치를 깨닫기 위해 책을 읽었다면, 나는 자극을 받기 위해 책을 읽는 편이다. 든든한 마음의 지원군을 얻기 위해 좋은 구절은 메모를 해두고 여러 번씩 읽곤 한다. 아라빈드 병원 이야기는 한 편의 감동적인 소설을 읽은 기분마저 들었다. 아라빈드의 성공은 마법이 아닌 '현실'을 기반으로 하기에 한층 더 매력적이었다. 아라빈드 병원의 사례를 듣고 전율이 채 가시기도 전, 나는 이 풍경이 어디서 많이 본, 익숙한 모습이라는 생각이 들었다.

"아라빈드 병원에 이렇게 끌리는 이유는 뭘까?"

"공신과 비슷하잖아. 어려운 형편의 사람들을 배려하는 점이."

"그럼 아라빈드 병원의 '혁신' 가운데 '공신닷컴'에 적용할 부분은 뭐가 있을까?"

동생의 날카로운 지적에 나는 속이 뜨끔했다. 문제는 언제나 수익이었다. 공신닷컴은 모든 학생들에게 무료로 문을 열어두고 있다. 이제 더 이상 회피하지 말고 단판을 벌여야 할 때가 온 것이다.

아라빈드가 실명 위기에 처한 환자를 수술하는 모습은 공신이 어려운 처지에 있는 학생들을 멘토링하는 풍경과 많이 닮아 있었다. 아라빈드 병원이 이뤄낸 혁신을 공신에도 적용해볼 수 있지 않을까? 나는 바로 종이 한 장을 꺼내 아라빈드가 맥도날드의 방식을 적용한 것처럼, 아라빈드의 방식을 공신에 도입해 다음과 같은 표를 적어보았다.

아라빈드	공신
병원	교육장 (오프라인: 학교 및 자활기관 / 온라인: 공신닷컴)
의사	공신멘토
직원교육	멘토교육
무료환자	저소득층(학생, 학부모님들)
유료환자	일반(학생, 학부모님들)
맹인	꿈, 동기부여, 공부법을 모르는 학생
수술	멘토링
수술재료(인공 수정체 등)	멘토링 교재(학습법 책, 문제집, 동영상 강의, 자기주도학습 진단지, 멘토링 어플 등)
수술재료 수출	멘토링 교재 판매
원격수술(아라빈드엔 없다)	원격 멘토링(공신닷컴, 어플 활용)

"세상에서 가장 불행한 사람은 시력은 있는데 비전이 없는 사람이다."

헬렌켈러의 이 말이 불현듯 떠올랐다. 우리는 아이들에게 멘토를 만들어주고 그를 통해 꿈과 비전을 심어주고 있다. 아라빈드가 사람들의 시력을 되찾아준다면 공신은 미래를 보는 눈을 찾아주는 것과 마찬가지 아닌가?

'아라빈드가 수술에 필요한 재료를 팔아 해외에 수출하듯, 멘토링에 필요한 각종 자료들을 판매하면 돈을 벌 수 있을 거야. 아라빈드도 일반 환자들에겐 돈을 받고 있잖아. 공신도 굳이 돈 많고 여유 있는 사람들에게 돈을 받지 않을 이유는 없어. 그만큼 많은 학생들을

더 잘 가르치면 되지 않을까?'

나는 머릿속으로 스스로를 설득하기 시작했다. 수익과 관련된 고민을 회피하던 중 알게 된 아라빈드는 조금씩 생각을 고쳐먹는 결정적인 계기가 되었다. 특히 병원이 가진 고정관념을 넘어선 혁신에서는 전율이 느껴질 정도였다. 공신이 가야 할 방향이 조금이나마 보이는 듯했다.

누구나 좋아하는 일을 오래토록 하고 싶어 한다. 꿈을 이루는 데는 언제나 그만큼의 시행착오와 진통이 따르는데, 공신이 바로 그 지점에 있었다. 나는 앞 못 보는 이들을 위해 새로운 발상으로 아라빈드 안과병원을 세웠던 벤카타스와미처럼, 냉정할 정도의 혁신을 추진해야겠다는 각오를 새겼다.

우유부단한 대표, 마침내 결단을 내리다

"형! 우리는 강의를 주입식으로 떠먹이는 것도 아니고 과대광고를 하자는 것도 아니야. 아이들에게 정성껏 효율적으로 공부하는 법을 가르치고 동기부여를 해주는 거잖아. 그리고 우리가 사교육이면 어때? 오히려 사교육비를 줄이는 사교육이라고! 우리 같은 사교육 업체도 하나쯤은 있어야 하지 않겠어? 사교육 업체들이 돈을 얼마나 많이 버는데…. 게다가 벌어서 가난한 애들 돕겠다는데 어때."

"하지만 예전 프리첼 사이트를 떠올려봐. 유료화하는 순간 모두 떠나버렸잖아…."

결국 공신은 내부의 치열한 회의를 거쳐, 2010년 말부터 일부 콘텐츠의 유료화와 일반 학생을 대상으로 한 멘토링 사업을 진행하기로 결정했다. 단 조건이 있었다. 지금까지의 콘텐츠를 전면적으로 새로 제작해 돈을 지불할 만큼 철저히 가치 있는 내용으로 만들고, 저소득층 학생들에게는 모든 콘텐츠를 무료로 제공하기로 한 것이다. 발생한 수익은 멘토링을 확대해나가는 데 쓰는 한편, 멘토들에게도 일정 부분이 분배되었다.

유료화를 결심하자 사이트도 강의도 대충 만들 수가 없었다. 모든 강의를 새로 찍고 일정 수준으로 높이려니 작업시간이 엿가락처럼 늘어지기 시작했다. 마침내 2010년 8월, 사이트를 개편하고 일부 콘텐츠의 유료화를 감행했다. 2006년 동생과 공신을 시작한 지 4년, 기업화한 지 3년 만에 마침내 수익구조를 구축한 것이다.

그 과정의 가장 큰 걸림돌은 바로 대표인 나였다. 결국 돈을 벌어야 하는데 끝까지 그걸 가로막고 있었던 것이다. 사람들의 반응은 의외로 빨랐다. 그런데 그 반응이 걱정했던 것과 오히려 반대였다. 엄청난 반발을 예상했는데 정말이지 괜한 걱정을 했다 싶을 만큼, 오히려 콘텐츠 개편이 기대된다는 응원의 글이 더 많았다. 우려했던 것과 달리 강의에 가격이 매겨지자 학생들이 더 열심히 찾아왔다. 우선 완강 비율의 격차가 컸다.

'아무 때나 볼 수 있으면 아무 때도 안 본다'는 말이 틀리지 않았다. 아이들은 일정 금액을 지불하자 더 열심히 강의를 듣기 시작했고, 게시판에 올라오는 피드백만 살펴봐도 강의로 들은 공부법을 직접 실천하는 학생들이 훨씬 많아졌다. 생각해보면 자기 돈을 조금이라도 들이면 아까워서라도 더 열심히 할 수밖에 없을 것 같았다. 특히 대한민국 교육시장은 가격이 곧 콘텐츠의 질이라는 편견에 오히려 가격이 낮으면 판매가 덜 되는 경향이 있다.

강의를 무료로 듣는 저소득층 학생들의 태도 또한 달라졌다. 값이 매겨진 콘텐츠를 제공받으니 정말 가치 있는 콘텐츠를 배운다는 생각이 든다고 했다. 누군가 돈을 내고 구매하는 사람이 있다는 건, 검증된 콘텐츠라는 뜻이기도 했다. 가난한 아이들에게도 강남 못지않은 교육을 누리게 해주고 싶다는 생각이 이제 어느 정도 가능할 것 같았다.

사실 공신을 이끌어오는 동안 너무 힘이 들었다. 사회적 기업은 경제적 가치와 사회적 가치를 동시에 창출해내야 한다. 하지만 그게 어디 말처럼 쉬운가? 일반 벤처기업의 생존확률이 5%도 안 되는 것이 우리의 현실이다. 이러한 상황에서 사회적 가치까지 고민하며 기업을 운영하기란 여간 어려운 일이 아니다. 두 가지를 함께 고려해야 한다는 사실만으로도 역량이 엄청나게 분산될 수밖에 없다.

우리는 아라빈드 병원과 같이 멘토링을 통해 경제적, 사회적 가치를 동시에 만들어내야, 효율성과 전문성을 갖춘 기업으로 살아남을 수 있다는 결론을 내렸다. 나아가 아무리 좋은 일이라도 금전적인 문제를 해결하지 않으면 지속할 수 없음을 뼈저리게 실감했다.

돈을 버는 것이 죄는 아니다. 다만 머리로는 알겠는데 형편이 어려운 아이들만 만나오던 나는 어떻게 돈을 받을지를 너무 오랜 시간 망설였고, 드디어 어느 정도 가닥을 잡게 되었다.

물론 이것으로 모든 문제가 해결된 건 아니었다. 이제부터는 정말 실전이었다. 어마어마한 기존 사교육 업체들과 승부를 벌여야 하는 시간이 온 것이다. 다행히 학생들과 학부모님들의 열렬한 반응은 우리의 자신감을 채워주기 충분했다.

여전히 나는 아이들의 응원에서 큰 힘을 얻는다. 아침마다 메일과 쪽지로 받아보는 학생들의 응원에서 힘찬 희망을 발견한다. 이 따뜻하고 고운 기운이 공신의 앞날을 앞장서서 열어줄 거라 믿어 의심치 않는다. 그들이 있기에 나는 이 길을 끝까지 포기하지 않을 것이다. 어딘가에서 나무들이 땅 속 수액을 부지런히 끌어모으고 있었다. 계절이 거짓말을 하지 않는 한, 꽃 소식이 멀지 않아 보였다.

함께 꿈을 꾸면 현실이 된다

PART 4

여름밤 하늘을 가로지르는 유성우를 본 적이 있다. 식구들이 모두 깊이 잠든 밤이었다. 나의 시골 예천에서는 날씨 좋은 날이면 무수히 많은 별이 보였다. 동화에나 나올 법한 에메랄드빛 형체는 화려했지만, 순식간에 눈앞에서 사라져버렸다. 소년 시절 경험한 최초의 경이로움이었다. 오프라인에서 만난 아이들은 대부분 어두운 표정을 하고 있었다. 지속적인 관심과 애정을 보이자 아이들은 눈빛부터 달라졌다. 한결 부드러운 표정으로 꽃처럼 환하게 웃었다. 나는 아이들의 웃음에서 별을 떠올렸다. 모든 아이들에게 한 명의 멘토를 만들어주겠다는 생각은 소년이 처음 보고 느낀 아름다운 하늘과 닮아 있었다. 혼자서 시작한 작은 꿈은 어느덧 기업의 모습으로 변화하고 있었다. 이제는 국경을 넘어 더 많은 아이들에게 꿈과 희망을 주는 일을 욕심내고 있다.

착한 꿈에는 언제나 동지가 있다

하나의 문이 닫히면 또 다른 문이 열린다.
하지만 우리는 너무 자주 너무 오래 후회하며 닫힌 문만을 보고 있다.
다른 하나의 문이 우릴 향해 열려 있다는 것을 보지 못하며.

— 알렉산더 그레이엄 벨 Alexander Graham Bell

현장에서 저소득층 학생들과 함께하는 동안 내 마음에 강렬하게 박힌 단어는, 바로 '꿈과 멘토'였다. 희망과 꿈을 심어주며 응원해주는 사람이 단 한 명만 있어도 이 아이들이 훌륭하게 성장할 거라는 생각이 들었다. 자신의 속내를 들어주고 지지해주는 이가 있다면, 하고 싶은 게 뭐냐고 물어봐주는 사람이 있다면, 최소한 사회 부적응자나 범죄자가 되지는 않을 거라는 믿음이 생겼다.

믿음은 강했지만 공신닷컴의 학생 수가 급격히 늘어나면서 효율성 있는 지도와 더불어 꾸준한 성과를 내는 게 쉽지만은 않았다. 멘토링을 할 때 학생의 기질과 심리를 살피는 것은 매우 중요하다. 그런데 그 과정이 좀 애매해서 어려움을 호소하는 경우가 많았다. 저소득층 학생들의 경우 기관을 통해 일상적인 정보는 얻을 수 있지만,

공부하는 데 어떠한 어려움이 있는지, 어떠한 장단점이 있는지 한정된 시간에 제대로 파악하기가 쉽지 않기 때문이다.

"선생님, 혹시 좋은 방법이 없을까요?"

문제가 잘 풀리지 않을 때는 혼자 끙끙대기보다 주변에 조언을 구하는 것이 좋은 방법을 찾기 쉽다. 나는 학부모 공신멘토로 활동하며 자녀 또한 훌륭한 공신으로 키워낸 김효정 선생님을 찾았다. 선생님은 교육학 박사로서의 지식과 성공적인 자녀교육의 노하우를 다른 부모들과 나누기 위해, '서울자녀교육포럼'이라는 비영리 단체를 운영하고 계셨다. 말하자면 공신의 학부모 버전이다.

"강 대표가 전에 이야기했던 '진단지'를 만들어보면 어떨까?"

수백 명의 공신이 제시한 공부법 중에서 나와 가장 잘 맞는 학습법을 찾을 수 있다면 얼마나 좋을까? 이게 바로 공신닷컴 '진단지'의 역할이다. 단순히 지금의 상태를 진단만 해주는 것이 아니라 개선까지 해주는 도구! 자기에게 부족한 부분을 어떤 학습법으로 보완해야 할지 진단할 수 있다면, 이제껏 세상에 없던 강력한 학습도구가 될 수 있을 것이다.

하지만 아무리 강력한 학습도구라 해도 많은 이들의 참여가 없다면 유명무실할 터. 나의 간절함 때문인지 내 주위에는 점점 공신닷컴을 지지해주는 분들이 많아지고 있다. 이분들과 함께 하지 않았더라면 공신은 아직도 걸음마를 하고 있을지 모른다. 이제는 제법 울퉁불퉁한 산길을 요령 있게 걸을 수 있게 됐다. 어깨를 나란히 하는 동지들이 있기에 더는 외롭지 않다.

또 하나의 혁신, 진단지 프로젝트

우리는 즉각 진단지를 만드는 데 대한 회의를 시작했다. 회의 시작부터 공신과 직원들의 얼굴에는 걱정스러운 기색이 역력했다.

"우리가 공신닷컴에서 만나는 아이들 모두 성향이나 공부환경, 문제점 등에 많은 차이가 있다는 걸 아실 겁니다. 그래서 학생들의 상태를 빠르고 정확하게 파악하기 위한 방안을 마련했습니다. 바로 '진단지'입니다."

공신 가족들이 웅성거리기 시작했다.

"대표님, 진단지는 굉장히 전문적이어야 할 텐데, 과연 우리가 만들 수 있을까요? 동영상 콘텐츠와 사이트 운영에 집중하기도 만만치 않아서요."

물론 진단지를 만들기 위해서는 전문적인 지식과 연구는 물론, 작업량이 만만치 않을 터였다. 나 또한 그들의 우려가 어떤 것인지 너무도 잘 알고 있었다. 아직도 동아리의 습관이 남아 있어서일까, 공신은 한 가지 일에 집중하기보다 굉장히 다양한 시도를 하고 있었다. 물론 시도는 좋지만 너무 많은 일을 추진하다 보니, 늘 일손과 자원이 부족한 게 문제였다.

"여러분이 잘 느끼지 못할 수도 있는데 공신닷컴에 축적되어 있는 콘텐츠의 양은 엄청납니다. 이것만 잘 정리해도 정말 대단한 진단지를 만들 수 있어요. 너무 걱정하지 말고 주변의 도움을 받읍시다. 저도 열심히 도울게요. 정말 의미 있는 작업이 될 겁니다. 공신 멘토링에 쓸 수 있을 뿐 아니라, 진단지 자체도 확실한 수익모델이 될 수 있어요."

교육 전문가이신 김효정 선생님의 단호한 발언에 다들 귀가 솔깃해졌다. 김효정 선생님은 특유의 카리스마로 듣는 사람의 열정을 자석처럼 끌어내는 능력을 가진 분이셨다. 집안일과 사회봉사, 일까지 척척 해내시는 선생님의 열정과 추진력은 실로 엄청났다. 이십대인 우리가 한심스럽고 부끄럽게 느껴질 만큼.

"선생님 말씀대로 우리가 지나친 걱정에 눌려 있는지도 모르겠어요. 우린 학생을 위해 존재하는 멘토 아닙니까. 전문영역이라 '어렵다'는 생각을 전문가가 아니라서 쉽게 접근할 수 있다, 그래서 '가능하다'로 바꿔야 하지 않을까요?"

선생님 말씀에 힘을 얻은 공신들은 '어렵다'에서 '가능하다'로 생각을 바꾸고, 공신 진단지팀을 꾸리기 시작했다. 고1 때부터 공신닷컴을 활용해 교육학과에 진학한 윤성필 공신과 경영학도 안진우 공신이 주축이 되었다. 공신들의 반응은 대단히 우호적이었다.

"제가 공신닷컴에 처음 들어왔을 때가 떠올라요. 어떤 공신님의 글을 읽다 큰 충격을 받고 그날부터 며칠 동안 처음부터 끝까지 게시판의 글을 다 읽었어요. 제게 필요한 부분을 맞춤 형태로 제시해 준다면 정말 편리할 것 같은데요."

진단지가 완성되면 학생 스스로 자신의 상태를 진단할 수 있기에 자신에게 맞는 공부법을 찾는 시간이 절약될 것이다. 처음 막막해하던 모습과 달리 팀을 꾸린 공신들의 태도에서는 기대를 넘어선 비장함마저 느껴졌다. 그도 그럴 것이 진단지는 혁신에 가까운 시도였고, 하고 싶다고 아무나 참여할 수 있는 일이 아니었기 때문이다. 무엇보다 현장에서 뛰는 공신들 입장에서 진단지가 아이들에게 미칠 효과를 누구보다 잘 알고 있었을 것이다.

"사실 학생들이 사교육에 의존하는 건 자기 공부법에 자신이 없어서거든요. 이 진단지가 공신 최고의 자기주도학습법과 더불어 아이들에게 확신을 심어준다면 무작정 사교육에 의존하는 현상을 개선할 수 있을 겁니다!"

학생과 학부모가 진단지를 통해 자녀에게 맞는 공부법을 찾는다면, 과열된 사교육 시장에서 본의 아니게 피해를 보는 일이 줄어들 것이다. 혼자 공부하겠다는 아이의 의지를 꺾고 학원이나 과외로 내모는 부모님들도 줄어들 테고, 일찍 공부를 포기하는 아이들도 사라질 것이다. 꿈이 없어 마음이 가난한 아이들도.

진단지를 제작하는 과정에서 교육학과 직결된 부분은, 김효정 선생님의 깊이 있는 강의를 듣는 특혜를 누릴 수 있었다. 나는 이런 것 때문에라도 가급적 교육학을 전공하는 공신들에게 팀에 참여할 기회를 주고 싶었다. 선생님께서는 공신멘토들을 가르쳐가며 일을 할 계획이었고, 진단지가 완성된 후에는 학회에 보고할 예정이었다. 팀에 속한 공신들은 전단지를 만들며 공부를 하는 것은 물론, 경력을 쌓는데다 봉사까지 하니 그야말로 일석삼조의 효과였다.

시중에 나와 있는 기존의 교육관련 진단지는 학생들의 성격이나 심리유형을 구분하는 정도여서, 그 후의 대안이나 솔루션을 제시하기에는 턱없이 부족했다. 반면 공신닷컴에는 이제껏 축적된 수백 명이 넘는 공신멘토들의 학습 노하우가 있었다. 공부법과 수험생활, 동기부여 등을 주제로 한 공신들의 생생한 칼럼이 무려 1만 2,000여 건. 일단 공신닷컴의 모든 콘텐츠를 하나하나 정리해야 했다. 막상 작업을 시작하자 갈 길이 구만리 같았다.

"선생님, 그런데 이 많은 걸 우리가 다 할 수 있을까요?"

여기저기서 한숨이 터져나왔다. 그러나 김효정 선생님은 역시 프로다웠다.

"조금씩 나눠서 하면 할 수 있지! 실제 해보면 얼마 안 될 거야."

우리는 선생님의 다정하면서도 단호한 격려에 힘입어 각각 분야를 나눠 수년 동안 쌓인, 공신 선배들의 정성과 진심이 담긴 학습법을 정리하기 시작했다. 시작하고 보니 정말 쉽게 끝나는 일은 아니었지만, 3주 정도 지나자 애초 불가능하다고 생각했던 작업에 진척이 보이기 시작했다. 자신이 학창 시절 도움을 받았던 글을 발견하고 반가워하는 공신도 있었다.

일단 팀을 3명 단위의 조로 나눈 후, 각 조들이 추천과 조회수를 기준으로 검증받은 글들을 골라냈다. 한번 걸러진 글들은 회의에서 진단지 샘플로 타당한지를 판단하고, 부족한 부분은 보완했다. 그 내용을 주제에 맞춰 다시 분류하는 동안, 다른 조에서는 학생들의 상황을 유형별로 정리했다. 단순작업처럼 보이지만 하나하나 핵심을 짚으며 읽어보고 나눠야 해서 쉬운 일은 아니었다. 팀 전체가 논의

할 때는 함께 움직이고, 조별로 움직일 때는 융통성 있게 시간을 정해 움직였다.

공신들은 평일과 주말도 구분하지 않고 맡은 업무에 매달렸다. 자신이 맡은 데이터를 기한 내에 해결하기 위해 밤늦게까지 회의실에서 자리를 뜨지 않았다.

새삼 공신닷컴 초창기의 내 모습이 떠올랐다. 사무실에 전기장판을 깔고 누워 시린 코끝을 문지르며 잠자던 때가 엊그제 같은데 벌써 5년이라는 시간이 흘렀다. 그때와 비교하면 정말 많은 변화가 있었다. 이제 진단지가 완성되면 공신은 한 단계 더, 몰라보게 성장할 거였다.

진단지는 교육학적 이론을 토대로 모습을 갖추어갔다. 기존에 나와 있는 진단도구들을 모조리 찾아 분석하고 특징들을 찾아내는 작업도 선행됐다. 이 프로젝트에 참여한 공신들에겐 더없이 좋은 수업이요, 실습이었다. 작업 중간중간마다 박사님의 보석 같은 특강이 진행됐다. 일하면서 공부까지 할 수 있다면 이보다 더 좋은 일이 어디 있을까. 나는 세상에서 가장 아름다운 풍경을 보고 있는 기분에 가끔씩 볼을 꼬집어볼 정도였다. 그 어느 전공수업보다 강의를 듣는 공신들의 눈이 별처럼 반짝였다. 어쩌면 사람에게 가장 큰 선물은 사람인지도 모른다. 상대를 배려하고 살필 줄 아는 사람을 만나는 것이야말로 가장 큰 축복임이 틀림없다.

모두가 벅찰 때
기적은 만들어진다

"모두들 수고하셨습니다!"

길다면 길고 짧다면 짧은, 1년이 지났다. 진단지에 대한 논의가 시작되고 콘텐츠가 완성되기까지 꽤 오랜 시간이 걸렸다.

모처럼 사무실은 파티 분위기였다. 편의점으로 달려가 큰맘 먹고 야식거리를 잔뜩 챙겼다. 음료와 과자가 전부였지만 샴페인이 담긴 종이컵을 들고 축배를 드는 분위기만은 레드카펫을 밟은 배우들 못지않았다. 나는 떨리는 목소리로 건배사를 외쳤다.

"여러분, 드디어 우리가 해냈습니다. 전문가 선생님들의 도움이 없었다면 아마 불가능했을 겁니다. 공신들이 없었어도 할 수 없었을 겁니다. 하지만 이 일은 우리의 멘티들이 없다면 할 이유가 없습니다. 공신닷컴에서 만든 진단지는 우리 학생들이 입시를 준비하는 데 더없이 좋은 길잡이가 되어줄 것입니다. 대한민국 교육의 로드맵이 되어줄 겁니다. 저는 이 자리에 서 있는 여러분이 자랑스럽습니다. 정말 고맙습니다."

"와아!"

모두들 오랜 숙제를 해결한 학생들처럼 만면에 행복한 웃음을 띠며 건배를 했다. 정말 아름다운 밤이었다.

처음에는 투자한 시간과 노력이 좀처럼 드러나지 않아 일을 진행하는 데 애를 먹었다. 1년이라는 시간이 걸린 이유는 완성도를 높이기 위해서였다. 마무리를 할라치면 아쉬운 점이나 보충할 부분이 눈에 들어와 일정대로 끝낼 수가 없었다. 그러는 와중에 교육학적 증거를 확보하고 표준화 작업을 마쳤다. 마지막으로 테스트까지 거치니 겨울 땔감을 미리 준비한 나무꾼처럼 양 어깨가 든든해졌다. 이 과정에서 김효정 선생님이 소개하신 전문가 선생님들이 무려 열 분이나 흔쾌히 두 팔을 걷고 참여해주셨다.

"선생님이 안 계셨으면 저희는 진단지 개발 여부를 놓고 아직까지 고민만 했을 겁니다."

진단지 개발에 대한 선생님의 열정만 놓고 본다면 나 다른 공신 멘토들이 부끄러울 정도였다. 몇 달 동안 밤늦게까지 회의가 이어지기 일쑤였다.

"아니야. 오히려 선생님이 고맙지. 공신 덕분에 내가 가진 재능을 발휘할 기회가 생겨서 얼마나 고마운지 몰라. 선생님은 고생해서 딴 박사학위를 지금 이 진단지를 통해 제대로 활용하는 것 같아. 그것만으로도 기쁘고 이걸 통해 도움을 받을 수많은 아이들을 생각하면 더없이 행복하단다."

사람은 자신이 하고 싶은 일, 가치 있는 일, 무언가를 나누는 일을 할 때 즐겁고 좋은 에너지가 몸에 샘솟는 법이다. 이건 경험해본 이들만이 알 수 있다. 아직 자신의 열정을 마음껏 불사를 기회를 맛보지 못한 사람들도 언젠가는 꼭 가슴 뜨거워지는 경험을 했으면 하는 바람이다.

앞으로는 과목별, 학년별로 진단지를 출시해 공신의 전반적인 멘토링에 사용할 계획이다. 당연히 공신 멘토링의 질은 확연히 달라질 것이다. 진단지를 통해 학생들의 학습상태를 순식간에 파악하고, 공신닷컴의 모든 노하우를 토대로 각자에게 딱 맞는 가이드를 제시할 테니까. 그렇게 되면 개인에게 의존하던 멘토링의 표준화와 맞춤화를 이뤄낼 수 있다.

"대표님, 공신닷컴에는 지속적으로 최신 콘텐츠가 쌓이잖아요. 그걸 진단지에 바로바로 반영할 수 있어요. 공신닷컴이 있는 한 진단지 솔루션은 계속해서 진화할 거예요."

생각했던 것보다 훨씬 좋은 진단도구가 완성됐다. 이제까지 형편이 어려워 좌절했던 아이들에게 강남의 어느 사교육 못지않은 서비스를 제공할 날이 멀지 않았다.

공신 진단지는 정식 출시 전 실제 다양한 학생들과 학부모님들의 도움을 받아 완성도를 높이는 베타 테스트를 거쳤다. 공신 학습법 진단검사를 받은 분들의 반응은 예상보다 뜨거웠다.

"진단항목이 너무 많은데다 결과지도 수십 장이라 우리 애가 처음에는 검사받는 것조차 귀찮아하고 짜증을 내더라고요. 그런데 결과분석 파일이 나오고 상담을 받은 다음 확 달라졌어요. 진단결과에 나온 솔루션을 책상 앞에 붙여놓았더라고요. 이대로 하면 자기도 공신이 될 것 같다나요."

"사실 전에도 이런저런 검사를 많이 받아는 봤지만, 유형을 이것저것 나눠놓기만 하고 구체적인 가이드나 실질적인 대책은 없었거든요. 그때만 솔깃할 뿐 적용할 게 없었는데 공신 진단지는 좀 달라요. 검사를 통해 문제점이 확연히 드러났고, 공신선배들의 공부법을 토대로 저만의 공부법을 만들어가고 있어요."

아라빈드 병원이 수정체를 자체 생산했다면 공신은 멘토링에 중요한 '진단지'라는 도구를 완성시켰다. 아직 공신을 위해 개발해야 할 것은 무궁무진하다. 하지만 그중 가장 어렵고 까다로운 진단지를 만들었으니 다른 작업들 또한 탄력을 받을 것이다.

내가 과연 할 수 있을까? 내 꿈이 너무 큰 건 아닐까? 일이 힘들 때마다 후회하고 의심하지 않았다면 거짓말일 것이다. 하지만 그럴 때마다 나를 응원하는 이들을 떠올렸다. '멘토링'이라는 꿈을 밝혔을 때 다들 쌍수 들어 환영한 건 아니었지만, 그렇다고 무시한 사람도 없었다. 어느덧 내 곁에는 나를 지지해주는 사람들이 생겼다. 언젠가부터 하나둘씩 나와 같은 꿈을 꾸는 이들이 늘어났다. 이대로 '착한' 꿈에 동참하는 사람들이 많아지면 사회가 변하고, 결국 세상을 바꾸는 데 한 발 더 다가설 수 있을 것이다. 그런 이유 때문에라도 학생들에게 꿈을 심어주고 길을 안내해주는 공신닷컴은 성공해야 한다.

반값 문제집,
착한 꿈으로 수익을 창출하다

공신 멘토링에서 진단지 다음으로 절실히 필요했던 것이 바로 문제집이다. 우리는 기본적으로 교과서와 학교 보충교재를 활용한다. 가장 기본적인 내용이고 그렇게 공부했을 때 가장 결과가 좋기 때문이다. 이것만으로도 내신 만점을 맞는 데는 전혀 문제가 없다. 많은 학생들이 중간고사나 기말고사를 잘 보려고 학원을 쫓아다니거나 잡다한 문제집을 많이 푸는데, 이는 가장 기본적이고 빠른 길을 놔두고 돌아가는 격이다.

하지만 수능은 좀 다르다. 교과서와 보충교재만으로 채워주지 못하는 부분이 상당해서 늘 문제집 생각이 날 수밖에 없다. 게다가 고3이 되면 공부할 시간이 부족한 게 사실. 공신닷컴의 수험생 멘티들도 짧은 시간에 효과적으로 성적을 올리는 방법에 대해 많은 질문을 해온다.

사실 공신에서는 문제집 이전에 출판을 해본 경험이 있다. 2009년 공신멘토들의 제안으로 〈공부의 신〉이라는 잡지를 발행해 전국 학교에 무료로 배포한 것이다. 공부법과 멘토들을 공신닷컴뿐 아니라 오프라인에서 잡지로 만나볼 수 있게 하자는 취지였다. 하지만 수만 권의 책자를 발행, 배포하기란 보통 일이 아니었다. 결국 마지막엔 거의 나 혼자 이리 뛰고 저리 뛰다 발행을 중단할 수밖에 없었다. 잡지의 인기는 상당히 좋았는데 고생만 하고 중단하려니 속이 쓰렸다.

하지만 그로 인해 문제집 출판의 가능성을 확인한 것은 큰 소득이었다. 시중에 판매되는 문제집 가격의 거의 절반으로 제작이 가능할 거라는 판단이었다. 저소득층 학생들에게는 무료로, 일반 학생들에게는 시중 가격의 반으로 팔면 된다. 여기에 광고까지 받으면 수익창출도 가능하다. 반값 문제집은 소셜벤처경연대회에서도 발표했던 계획이었다.

그런데 잡지를 제작해 무료 배포했던 경험이 오히려 이에 대한 결정을 미루게 만들었다. 당시 잡지 관련 일들을 수습하느라 며칠 잠을 자지 못할 지경이었으니 다시 반복할 엄두가 나지 않았다.

그런데 며칠 후 어떻게 알았는지 소셜벤처경연대회 멤버였던 현명이에게서 연락이 왔다.

"형, 혹시 공신에서 문제집 낼 생각 없으세요?"

"문제집이야 필요하지. 하지만 지금은 강의 콘텐츠 만들기도 바빠서."

"아, 형! 공신에서 내라는 말이 아니고요, 저희가 만들어보고 싶어서요. 허락만 해주시면 바로 추진할 수 있어요!"

현명이는 서울대학교 사회적 기업 동아리인 '위시'가 만든 임팩트 스퀘어라는 소셜벤처에서 일하고 있었다. 주로 사회적 기업과 관련된 컨설팅을 해왔는데, 이제 본격적으로 사업을 추진하려는 모양이었다. 그곳의 핵심 멤버인 현명이의 목소리가 무더위 속 초원의 한 줄기 바람처럼 시원하게 들려왔다.

"지금 문제집 시장의 거품을 걷어낼 수 있을 거예요. 일단 수학 문제집 한 권 내보고 잘 되면 내년엔 전 과목 출시해야죠!"

현명이의 목소리엔 자신감이 넘쳤다. 열정과 능력은 물론 의지까지 뚜렷한 현명이와 공신들은 순식간에 일을 추진했다. '스터디라이크미'라는 출판사를 차려 공신에서 제공받은 콘텐츠를 활용해 책을 내기로 한 것이다. 우리는 소셜벤처답게 몇 가지 새로운 시도를 해 보기로 했다.

"문제집을 바인더로 제작하면 어떨까?"

바인더 제작은 많은 장점을 갖고 있다. 일단 오답노트를 관리하기가 편하다. 문제집을 한 장 한 장 빼서 따로 모을 수 있으니 굳이 칼로 오리고 공책에 풀칠해서 붙일 필요가 없다. 그저 바인더를 열어 한 장씩 빼내면 된다. 또 연습장으로 제공되는 속지에 필요한 개념을 적어 바인더에 끼워 넣으면 자기만의 문제집을 만들 수 있다. 물론 바인더가 되면 제작비는 꽤 높아진다. 하지만 문제집을 다 풀면 속지만 따로 구입할 수 있다. 과목별로 속지만 살 수 있기에 몇천 원에 문제집 한 권을 새로 사는 셈이다.

이렇게 열심히 알아보는 와중에 새로운 난관을 만났다. 바로 총판이었다. 충분히 예상은 했지만 막상 추진해보니 출판시장에서 총판에 들어가는 비용이 적지 않았다.

"그래, 독점판매로 해보는 거야."

직접 유통채널을 알아보고 다니다 궁리 끝에 떠올린 방법이 바로 독점판매였다. 제작 전부터 수수료를 낮추기 위해 반값 문제집의 뜻을 알리고 함께 할 인터넷 서점을 찾아다녔다. 대신 다른 인터넷 서점엔 팔지 않겠다는 독점판매가 조건이었다. 우리는 여러 업체에 제안한 끝에 인터파크의 오케이 사인을 받아냈다. 인터넷 유통망 한 곳을 뚫고 나니 뭔가 보이는 듯했다. 일단 출시가 되고 언론에 보도되자 롯데마트에도 독점을 조건으로 입점하게 되었다.

문제집의 문제들은 수능 기출문제를 사용했다. 문제의 질은 기출문제가 최고이고 가장 믿을 수 있기 때문이다. 그나마 공신에서 2006년부터 기출문제의 중요성을 설파한 탓에 이 사실이 알려지긴 했지만, 대부분의 학생들이 기출문제를 제대로 보지 않는다. 언제 어디서나 볼 수 있는 무료이기 때문에 대충 훑어보고 보통은 값비싼 학원교재에 목을 맨다. 결국 이런 기출문제의 중요성을 알리려고 기출문제만으로 수능 수리영역의 주관식 정답을 두 문제나 예언해 맞춘 적이 있다. 당시 내 블로그에 올린 영상을 하루에 10만 명이 넘게 봤을 정도로 큰 이슈가 되었다.

하지만 그 기출문제라는 것도 양이 결코 만만치 않다. 기출문제는 단순히 풀어보는 것만으론 부족하고 출제의도와 유형을 머릿속에 완전히 프로그램화시킬 만큼 익혀야 하는데 수험생들이 전부 풀기엔 버거운 양이다.

결국 집필에 참여한 공신들이 수학문제들을 직접 다시 풀어보고 그중에서 가장 좋은 문제들을 골랐다. 골라낸 문제들 중에서 가장 많은 선택을 받은 문제일수록 중요한 문제가 됐다. 문제집 이름은 '공신의 선택'이었다. 공신멘토들의 선택을 받은 문제들로만 구성된 문제집이란 뜻이다. 수험생을 거친 공신들의 생생한 경험과 후배들을 향한 선배들의 사랑이 결합된, 공신이기에 가능한 문제집이었다.

운도 따라주었다. 마침 SKT 타워에서 소셜벤처 공신의 성공사례를 발표할 기회가 있었는데, 잠깐이나마 곧 출시될 반값 문제집에 대한 소개를 했다. 발표 후 어느 기자가 반값 문제집에 대해 궁금해한 덕분에 결국 기사로도 나가게 되었다.

인터넷 서점 인터파크에서만 판매된 공신의 반값 문제집은 한동안 고등 문제집 분야 1위를 고수하며, 한 달 만에 5,000부가 판매되었다. 수십만의 회원을 보유한 공신닷컴 입장에서 큰 수치는 아니었지만, 이름 없는 출판사에서 이 정도 판매는 굉장한 수준이었다.

2011년 반값 문제집은 절반의 성공에 불과했다. 시간관계상 광고를 싣지 못해 수익이 예상에 못 미친 탓이다. 하지만 2012년, 교육 콘텐츠를 필요로 하는 SK텔레콤의 'T스마트러닝서비스'와 함께 다시 출시하게 되었다. 이번엔 스마트폰으로 어플을 다운받아 공신선배들의 해설강의를 무료로 들을 수 있는 새로운 시도다.

반값 문제집은 그 자체로도 사회적 가치가 되기에 충분하다. 돈이 없어 문제집을 주워서 지우개로 지워가며 풀었다는 어느 멘티의 이야기를 들은 적이 있다. 공신닷컴이 향후 확고한 멘토링 커뮤니티로 자리 잡는다면, 유통비를 최소화해 더 낮은 가격으로 제공할 수 있을 것이다. 반값 문제집은 수치만 보면 대단해 보이지 않을지 몰라도, 시도하지 않았더라면 결코 이루지 못했을 쾌거였다. 생각으로만 머물러 있던 것이 점차 현실화되고 가능성을 인정받자, 앞으로 더 큰 길을 성큼성큼 내딛을 수 있겠다는 자신감이 붙었다. 세상을 변화시킬 수 있다는 설렘과 희망이 계속 내 안에서 커지는 걸 느꼈다.

철학자 김영민은 이렇게 말했다. '생각은 공부가 아니다' 아무리 좋은 생각도 행동에 옮기지 않으면 곧 사라진다는 뜻이다. 반값 문제집, 공신과 임팩트스퀘어 멤버들의 협업으로 출간된 이 책은 단순한 문제집이 아니다. 함께 꿈을 꾸면 현실이 된다는 증거다.

'공신'의 주인공은 당신!

비관론자치고 별의 비밀을 발견하고 미지의 땅을 항해하고 인간정신의 새 지평을 연 사람은 없었다.
– 헬렌 켈러 Helen Keller

"여러분, 공신선배들은 정말 귀중한 시간을 쪼개서 여러분을 진심으로 돕고 있는 겁니다. 만약 여러분께서 조금이라도 고마운 마음이 있다면 꼭 공신이 되어주세요. 공신이 돼서 여러분의 후배들에게 더 많은 걸 나누어주세요. 우리가 바라는 건 그게 전부입니다. 약속할 수 있죠?"

추운 겨울날이었다. 강연을 마감하며 했던 말이다. 어깨를 움츠리고 버스 정류장으로 향하는데 고등학생 한 명이 내게 말을 걸었다.

"성태 형! 약속 꼭 지킬게요. 공신으로 다시 돌아오겠습니다. 기다려주세요!"

토론이면 토론, 특강이면 특강, 뭐든 열성적으로 하는 공신 윤성필의 과거의 한 장면이다. 고등학생 때부터 또래와 중학생들에게 상담을 해주던 성필이는 공신을 통해 교육학에 흥미를 느꼈고, 결국 교육학을 전공으로 선택했다. 연세대학교 글로벌리더 전형으로 합격해 공신에서 인턴으로 근무 중이며, 공신 어플리케이션 제작에도 참여했다. 평범한 고등학생에서 공신닷컴에 가입해 대학생이 되더니 공신 마니아에서 공신멘토, 그리고 인턴과 공신 동아리 회장까지. 농담 삼아 이 속도라면 조만간 차기 공신대표가 될 거라는 말을 듣고 있다.

공신닷컴은 성필이처럼 멘티였던 학생이 공신이 되어 또 다른 공신을 키우는 사례가 늘어나고 있다. 사실 공신을 운영해오면서 편안한 소파처럼 안정되고 아늑한 삶이 잠깐이나마 부러웠던 적이 없다면 거짓말일 것이다. 하지만 지금처럼 나의 꿈이 누군가에게 전파되고 전염되어 아이들이 성장하는 데 일조할 수 있다면, 이보다 더 좋은 일이 없다고 생각한다. 많이 도전하고 많이 배우고 많이 실수하고 많이 깨져본 나는 여전히 미미한 존재지만, 출발지점에 있을 때보다 한결 달라진 기분이다.

하나고등학교, 리틀 공신 출범!

2009년 공신이 대상을 받았던 소셜벤처경연대회는 그 후 참가하는 팀들이 상당히 늘어났다. 특히 2011년부터는 고등학생 이하의 학생들이 참여하는 청소년 부문이 신설되어, 어린 학생들까지 참여하는 자리가 되었다. 교복을 입고 왔다 갔다 하는 학생들이 마냥 신기하고 대견해 보였다.

"공신닷컴은 2년 전 이 자리를 통해, 한 사람의 꿈에 불과했던 '친형 멘토링'을 많은 이들과 공유하게 되었습니다. 좋은 꿈이 멀리멀리 퍼져나가도록 도와주신 분들께 감사드립니다."

나는 이 대회의 대상 수상자로서, 이번 대회에 참여한 많은 체인지 메이커들에게 공신의 사례를 발표하기 위해 참여했다. 과거 대회에 참가해 마음 졸였던 생각을 하니 언제 이렇게 시간이 지났나 싶었다. 나는 발표를 마친 후에도 자리를 뜰 수가 없었다. 곧바로 청소년 부문 발표를 기다려야 했다. 정말 특별한 자리였다. 공신의 닮은 꼴로 고등부 두 팀이 참가했기 때문이다. 마치 2년 전 그날처럼 발표를 기다리는 내내 애가 탔다.

"최우수상은…"

"청소년 부문 최우수상은 다울누리!"

나도 모르게 주먹을 번쩍 들어올렸다. 하나고등학교 공신 동아리에서 출전한 다울누리팀이 수상을 한 것이다. 경기외고에서 출전한 셰르파팀에 이어 다울누리까지, 공신을 통해 나간 두 팀이 모두 상을 받았다. 나는 주변 사람들을 붙들고 마구 자랑을 늘어놓았다. 자식자랑에 바쁘신 부모님 심정을 알 것 같았다.

2010년 3월, 하나고등학교 2학년 학생에게서 메일이 왔다. 여느 때처럼 단순한 상담요청 메일일 거라 생각하고 열었는데, 뜻밖의 제안서가 들어 있었다.

"저는 중학생 시절부터 강성태 대표님을 롤모델로 삼아 사회적 기업의 CEO를 꿈꾸었습니다. 수많은 학생들에게 멘토링을 해주시는 공신들의 활동이 너무도 인상적이어서, 고등학교에 가면 꼭 학습 멘토링 봉사를 하겠다고 마음먹었습니다.

현재 '공신'에는 아직 고등학생이 정규 프로그램에 참여한 선례가 없다고 들었습니다. 이번 기회를 통해 공신이 고등학생들에게 참된 봉사정신을 심어주고, 이런 협력관계의 동아리를 여러 고등학교로 확산시켜 진정한 사회적 기업으로 발돋움하기를 기대합니다."

내용인즉슨 하나고등학교에 공신과 같은 동아리를 만들고 싶다는 계획이었다. 컨셉은 공신과 같았다. 형편이 어려운 중학생 이하의 학생들에게 자신들이 친형처럼 멘토링을 제공하겠다는 것. 즉 멘토가 대학생에서 고등학생으로 자리를 바꾼 '리틀 공신'이었다.

도저히 고등학생이 쓴 제안서라고는 믿기지 않았다. 나는 대체 고등학교 때 뭐한 거지? 메일을 읽은 직원들 역시 나와 같은 생각이었다. 공신의 체계를 고등학교에도 전파시켜보자는 생각을 하지 않은 건 아니었다. 예전부터 홍보도 했고 이미 진행된 고등학교도 있었다. 하지만 의지만으로 지속될 문제가 아니었다.

그런데 묘하게 마음을 끄는 제안서였다. 남다른 열정이 엿보였고 구체적인 계획과 함께 실제 멘토링을 진행할 사회복지관까지 섭외를 마친 상태였다. 제안서의 마지막 구절에서는 비장함마저 느껴졌다.

"한 달이라는 시범기간 동안 저희를 지켜보면서 과연 저희가 협력

동아리로 적합한지를 판단해주셨으면 합니다. 사정이 여의치 않더라도 저희에게 봉사에 대한 진실된 열정과 성실성을 보여줄 수 있는 기회를 주셨으면 합니다. 감사합니다."

일을 하다 보면 공신멘토들에게 배울 때가 많다. 다른 사람을 통해 나를 돌아보기도 하고 뜻밖의 지혜를 얻기도 하는 것이다. 그리고 가끔은 지금처럼 어린 동생에게조차 배운다. 우리는 메일을 받은 후 바로 하나고등학교를 방문했다. 학습지도 가이드, 모범사례 소개 자료 등을 제공해 동아리 설립을 돕기 위해서였다. 아이들이 이를 바탕으로 직접 제안서를 만들어 복지관에 전달했고, 하나고등학교의 리틀 공신은 신사종합사회복지관의 저소득층, 소년소녀가장, 다문화가정의 아이들을 직접 멘토링하게 되었다.

체인지 메이커로 거듭나는 아이들

리틀 공신이 또래 멘토링을 시작한 지 얼마 지나지 않아 정식 만남을 가졌다.
"왜 공신 동아리를 하고 싶은 거예요? 굳이 교육봉사가 아니어도 봉사는 많고, 공신 동아리 아니어도 교육봉사를 할 곳은 있잖아요."
워낙 스펙을 따지는 시대다 보니 학생들 역시 영악해져 일단 시작하고는 흐지부지 그만두는 경우가 종종 있었다. 의심하면 안 되지만 공신 동아리를 만들려는 아이들의 진짜 의도가 궁금했다.

"자신이 잘하면서 스스로에게 도움이 되는 걸 베푸는 것이 진정한 봉사라고 생각합니다. 고민 끝에 저희가 할 수 있는 걸 찾다 보니, '공부를 가르치는 것'이었습니다. 저희는 상대적으로 배움의 기회가 많았기에 어려운 아이들에게 도움을 주고 싶었습니다. 공신을 선택한 이유는 멘토링과 소셜벤처 분야에서 최고의 기업이라 생각했기 때문입니다."

"공신에 있는 저보다 여러분이 훨씬 낫네요. 재능기부의 의미를 누구보다 정확히 알고 계신 것 같아요. 여러분이 진짜 공신이란 생각이 들 정도로요. 혹시 지금까지 멘토링하면서 특별히 기억에 남거나 배운 점이 있나요?"

"저희는 이 활동을 하면서 왜 공신 선배님들이 멘토링을 하시는지 알게 됐습니다. 어느 날 수업을 하는데 아이가 계속 졸기에 그 이유를 물었죠. 그랬더니 멘토 형이 내준 숙제를 하느라 새벽 4시에 잤다는 거예요. 고작 한두 살 많은 형과의 약속을 지키느라 밤을 새는 아이들을 보면 오히려 저희가 배우는 점이 많습니다. 집안 형편도 어려운데 용돈을 모아 멘토 언니오빠들의 선물을 사는 아이들을 보면서 저희는 진정한 배움에 대해 깨달았어요."

겉으로는 크게 표현하지 않았지만 나는 큰 감동을 안고 아이들과 헤어졌다. 이야기를 듣는 것만으로 기특하고 고마워서 밥을 안 먹어도 배가 부를 지경이었다. 이런 동생들과 함께라면 공신의 꿈도 머지않아 이루어질 것 같았다.

좋은 소식은 간간이 들려왔다. 하나고의 공신 동아리가 은평구청의 지원으로 은평구 내 7개 기관으로 활동을 확장한 것이다. 하나고 리틀 공신은 신문사와 하나금융그룹이 주최한 다문화가정 캠페인의 CF를 찍기도 했고, 공신 신입생 선발에 무려 70명이 지원하면서 가장 인기 있는 동아리가 됐다.

"형, 하나고 리틀공신 CF 보셨어요? 대단하죠!"

다른 공신들 모두 자신을 꼭 빼닮은 하나고 공신들을 더없이 소중하게 여길 것이다. 아이들은 동아리에 그치지 않고 공신 선배들이 그랬던 것처럼 계속 재능을 나누기 위해 소셜벤처경연대회에까지 참여했다.

후배들의 이러한 모습을 보면서 새삼 공신닷컴에서 하는 일에 자부심이 생겼다. 처음에는 대학생들에게 사회적 기업이 무엇인지 설명하는 것조차 힘들었지만, 지금은 공신을 통해 사회적 기업을 알게 되고 사회적 기업가를 꿈꾸는 중고생들도 많아졌다.

처음에는 사회적 기업 공신에서 멘토를 선발한다고 하면, 일반 사교육 업체인 줄 알고 입사원서를 내는 사람부터 이상한 운동권 단체로 오해하는 대학생까지, 바라보는 시선이 제각각이었다. 그렇다 보니 마치 사회적 기업 관련 공무원인 양 매번 사회적 기업에 대한 설명을 하고 다녀야 했다. 하지만 공신을 통해 사회적 기업을 알고 경험하고 느끼는 이들이 점점 늘어나면서 또 다른 영역의 '체인지 메이커'가 되어가는 기분을 느낀다.

대회를 마치고 집으로 향하는 길에 문자를 받았다. 상을 받은 하나고 학생들이 보낸 메시지였다.

"대표님, 저희한테 많은 관심과 도움 주셔서 정말 감사합니다! 저희도 꼭 대표님 같은 사회적 기업가가 될 거예요!"

사회적 기업가는 스스로가 롤모델이 되어 다른 사회적 기업가들을 만들어낸다는 빌 드레이튼의 말이 떠올랐다. 내가 TFA의 웬디콥을 보았듯, 아라빈드 안과병원의 벤카타스와미를 보았듯, 누군가 나를 롤모델로 삼아준다는 사실이 영광스럽고 고마웠다.

이미 하나고는 공신닷컴과 함께 다른 고등학교에 모델을 전파하는 데 앞장서고 있다. 하나고에 자극을 받아 강릉 명륜고를 비롯한 몇몇 학교에서도 공신 동아리를 설립해 운영 중이다. 현재 고등학생 공신 동아리는 공신닷컴의 간섭이나 도움 없이 운영되고 있다. 누가 가르쳐주지도 않았는데 말이다. 입시에 쫓겨 숨도 제대로 못 쉴 텐데, 아이들은 작은 틈 사이로 나비처럼 투명한 날개를 펴고 훨훨 날아오를 준비를 하고 있다. 그 모습을 가만히 보고 있노라면 입가에 저절로 미소가 지어진다.

이렇게 동아리가 늘어가고 교육봉사가 어린 동생들에게 확산되어 선배들의 노하우와 실용적인 공부법을 체화한다면, 교육은 물론 나아가 우리가 사는 세상이 조금씩 바뀌지 않을까. 정말 기분 좋아지는 상상이 아닐 수 없다.

나는 공신을 접하는 모든 이들이, 그 착한 꿈으로 세상을 바꾸어가기를 희망한다. 세상 모든 사람들이 체인지 메이커가 되었을 때 세상은 비로소 밝아질 것이다. 그리고 그때가 올 때까지 나는 멈추지 않을 것이다.

'손 안의 공신'으로 꿈에 접속하다

"공신 어플리케이션을 꼭 제작해보고 싶습니다."

2010년 2월, 디지털미디어고등학교 학생 셋이 공신 사무실을 찾아왔다. 내가 언젠가 공부법을 강의했던 학교였다. 'Unplug동아리'의 소속이라는 이 친구들은 방문 전 내게 한 통의 메일을 보내왔다.

저는 한국디지털미디어고등학교에서 '언플러그Unplug'라는 스마트폰 어플 제작 동아리를 맡고 있는 엄병수라고 합니다. 이번에 저희 동아리에서 공신칼럼, 수기, 동기부여 등 공신의 콘텐츠를 이용한 어플을 만들고자 합니다. 공부 때문에 힘들어하는 전국의 수많은 학생들에게 저희 어플로 스트레스를 덜어주고 싶습니다. 공신 콘텐츠를 언제 어디서나 핸드폰으로 다운받게 해서, 공신을 많은 사람들에게 알릴 계획입니다. 물론 무료로 배포할 생각입니다.

사실 우리는 처음 핸드폰 시장에 등장한 스마트폰을 보고 속으로 쾌재를 불렀다. '이건 공신닷컴을 위해 나온 거구나!' 트위터와 페이스북을 보면서도 내심 기뻤다. 학생들이 언제 어디서나 멘토를 만나고 이야기하는 모습이 머릿속에 생생히 그려졌기 때문이다.

하지만 아이들이 직접 어플을 만드는 건 또 다른 문제였다. 과연 이런 작업을 고등학생들에게 맡겨도 되는 걸까? 학생들을 돌려보내고 의견을 물었다. 아니나다를까 직원들의 의견은 대체로 부정적이었다. 게다가 이미 무료로 어플을 만들어주겠다는 업체도 있던 터였다.

"고등학생들에게 맡겨서 과연 결과물이 나올까요? 애들이 입학사정관제 스펙 때문에 별생각 없이 연락한 건 아닐까요? 공신멤버들도 하기 어려운 일인데 고등학생이라니 좀…."

"학생들은 공부를 해야 하는데, 이런 일을 해도 될지 모르겠네요. 설불리 참여했다가 성적이라도 떨어지면 정말 큰일인데."

걸리는 게 한두 가지가 아니었다. 하지만 이 일은 성공 여부를 떠나 시도만으로도 큰 의미가 있었다. 학생들이 먼저 찾아와서 자신들이 아끼는 공신닷컴을 활용할 어플을 만들겠다니. 신통방통한 후배들의 얼굴이 자꾸 어른거려 쉽게 '안 된다'는 결정을 내리지 못했.

생각다 못해 공신 어플에 관심이 많은 카이스트 박주홍 공신에게 이야기를 꺼냈다.

"공신 어플요? 있으면 정말 좋을 것 같은데요. 지금 사실 학생들에게 도움이 되는 어플이 없어요. 오히려 선정적이라 공부하는 학생들에게 방해되는 게 많은 편이죠."

"그걸 고등학생들과 함께 만들면 어떨까요?"

"예? 고등학생이요?"

자초지종을 들은 주홍이는 후배들과 하는 프로젝트에 큰 관심을 보였다. 평소 멘토링이 성실하기로 소문난 공신다웠다.

"일단 제가 직접 가서 만나봐야 할 것 같습니다. 고등학생들과 함께 만들 수 있다면 의미도 있고 좋죠. 만날 때마다 공부 멘토링도 해줄 수 있고요."

주홍이는 그 길로 디지털미디어고등학교를 방문해 동아리 회장과 선생님을 만났다. 학생들의 열정 못지않게 학교 측에서도 긍정적인 반응을 보였다.

"만들고 나면 동아리에서 지속적으로 유지, 보수할 수 있도록 도와주십시오."

학생들은 개발 후 문제가 생겼을 때 책임져야 할 부분까지 염두에 두는 모습이었다. 이런 아이들이라면 틀림없이 잘 해낼 거라는 믿음이 생겼다. 결국 반대하는 직원도 있었지만 디지털미디어고등학교의 어플리케이션 개발은 이렇게 시작되었다.

공신 중에서는 연세대 교육학과의 윤성필 공신과 서울대 수학교육과의 김부근 공신이 개발에 참여했다. 특히 김부근 공신은 서울대학교 어플리케이션 제작에 참여한 경험이 있던 실력자라 내심 든든했다. 고등학생 때부터 공신닷컴을 활용해 공부했던 윤성필 공신은 학생들에게 필요한 부분을 엄마처럼 섬세하게 챙겨주었다.

입시 때문에 고생하는 대한민국 학생들과 희망과 용기를 나누기 위해 대학생과 고등학생이 협력해 어플리케이션을 만든다! 이런 일은 세계 최초가 아닐까? 멘토와 멘티가 함께하는 프로젝트라는 이유만으로 가슴이 뭉클해졌다. 누가 하라고 한 것도 아닌데 고등학생이 자발적으로 어플을 개발하고 싶다고 제안해오다니, 아무리 생각해도 놀라웠다.

"박주홍 공신, '손 안의 공신' 개발, 잘 부탁합니다."

스마트폰을 처음 접하고 내내 품고만 있던 기대를 박주홍 공신에게 털어놓았다. 지금이야 스마트폰이 일상화됐지만 몇 년 전까지만 해도 모든 학생들이 '공신멘토'를 만나기가 쉽지 않았다. 공신 선배들은 주로 저소득층 학생들에게 가서 멘토링을 해주었으니까. 일반 학생들은 공신닷컴 캠퍼스 투어 혹은 멘토링 형식으로 매달 진행되는 '공신과의 만남'에서야 겨우 공신멘토를 만날 수 있었다. 온라인에서도 마찬가지였다. 학생들이 공부하다 말고 굳이 컴퓨터를 켜서 공신닷컴에 접속하기란 쉽지 않았다. '모든 학생에게 멘토 한 명씩'이라는 꿈을 이루려면, 공신의 오프라인 교육장 확대도 중요하지만 손쉽게 접근할 수 있는 모바일 멘토링이 반드시 필요했다. 그러한 사명감을 갖고 대학생 선배와 고등학생 후배가 개발에 나선 것이다.

모든 아이들은
천재의 가능성을 가지고 태어난다

꿈나무들의 어플리케이션 개발은 한동안 진척이 없었다. 어느 정도 예상했던 일이라 크게 실망하진 않았다. 공부에 집중해야 할 고등학생들이 개발을 맡았으니, 게다가 처음 해보는 일이 어디 그리 쉬운가. 하지만 시간이 지나도 이렇다 할 진척이 없자 내부에서 다시 회의적인 의견이 나오기 시작했다. '고등학생들이 해봤자 얼마나 하겠어. 곧 포기할 거야' 대부분 기대하지 않는 눈치였다.

게다가 개발을 마치지 못한 상태에서 개학을 맞이하자 애초 계획한 일정보다 많이 늦어지게 됐다. 대외적으로는 일정을 지켜야 했지만, 공부하는 학생들에게 무리하게 독촉을 하기란 어려웠다. 이러다 보니 열의가 넘치던 처음과 달리 슬슬 조바심이 나기 시작했다.

하지만 팀을 담당한 박주홍 공신이 학생들 입장을 이해하고 끈기 있게 기다려준 덕분에 조금씩 일이 진척되기 시작했다. 마침내 약속했던 기한보다는 늦었지만 샘플이 나왔다.

"기숙사 친구에게 어플을 깔아줬는데 화장실에서 볼일 볼 때마다 쓴대요. 친구들이 다들 고맙다고 하는데, 제가 만든 걸 써주니 오히려 제가 고맙더라고요."

"제가 좋아하는 일을 한다는 생각에 제작기간 내내 설렜어요. 공신 사무실에 갈 때마다 부족한 부분을 배울 수 있었고요. 대학생과 고등학생이 같이 뭉쳤을 때 어떤 시너지를 낼 수 있는지 직접 느낀 것 같아요. 각자의 자리에서 최선을 다했기에 더더욱 뜻 깊은 경험이었던 것 같습니다."

아이들은 자신이 스스로 도전해 얻은 성취에 놀라워했다. 이는 세상의 비밀을 엿본 사람들만이 알 수 있는 즐거움이었다. 아이들은 어느덧 또래와 다른 눈빛을 하고 있었다. 우리는 내친김에 한국디지털미디어고등학교와 산학협력을 체결했고, 적은 액수지만 공신닷컴에서 학교에 장학금도 기부하게 되었다.

사실 효율성만 따졌다면 멘티들과의 어플리케이션 개발은 어리석은 의사결정일지도 모른다. 하지만 결국엔 해냈고 여러 과정을 거치며 학생들과 이 프로젝트를 하길 참 잘했다는 생각을 했다. 일의 진척이 더디다 해도 공신닷컴은 어차피 학생들을 위해 태어난 회사다. 고등학생들이 어플을 만들었다고 하면 주위에서 아이들이 천재였냐고 묻는다. 결코 그렇지 않다. 그래도 모든 아이들은 천재의 가능성을 가지고 세상에 태어난다고 하지 않나. 이 아이들은 자신이 무얼 좋아하는지 아는 지혜로움과 좋아하는 일을 이루기 위해 포기하지 않는 성실함을 가졌다. 그리고 이 두 가지가 '기적'을 만들어냈다. 업로드되고 별다른 홍보를 하지 않았음에도 열흘 만에 1만여 명이 어플을 설치했다. 지금 '손 안의 공신'은 무려 10만 명이 넘게 쓰고 있는, 대한민국 학생들의 대표 어플 중 하나다.

"강성태 공신님, 늦은 시간에 죄송해요. 고민하다가 연락드렸어요." 어떻게 번호를 알았는지 지방에 사는 아이들은 힘들 때면 간혹 문자를 보내왔다. 아직 스마트폰이 나오지 않았을 때였다. 나는 바로바로 답을 보내진 못했지만, 틈날 때마다 힘내라는 답문을 보냈다. 별일도 아닌데 아이들은 진심으로 고마워했고, 덕분에 성적이 올랐다고 했다.

서울에 있는 명문대를 찾을 기회가 적은 지방의 학생들에게 자기가 가고 싶어 하는 대학의 공신을 연결시켜주면 얼마나 꿈이 커질까? 예전에는 속으로 생각만 했더랬다. 그런데 스마트폰이 나왔다. 과학기술의 발전에 힘입어 머리로만 가능했던 꿈을 이제 현실에 적용할 수 있게 된 것이다. 정말 이 좋은 기술을 개발한 모든 분들께 엎드려 절이라도 하고 싶은 심정이다. 더불어 '손 안의 공신'을 만들어낸 꿈나무들을 꼭 끌어안아주고 싶다.

오늘도 나는 버스로 이동하면서 '손 안의 공신'의 멘토 역할을 수행했다. 어플을 열고 미래의 공신들이 털어놓은 고민에 일일이 답을 달았다. 지금은 비록 아이들이 올린 질문에 답변을 해주는 정도지만, 앞으로는 공신닷컴 어플을 통해 자신에게 가장 적합한 멘토를 찾고, 그 멘토에게서 수시로 멘토링을 받게 될 것이다. '손 안의 공신'은 멘토와 멘티의 꿈이 함께 만든 '착한 기적'이다.

한류소셜벤처 공신,
인도네시아에 꿈을 심다

모든 여건이 완벽해지길 기다린다면
아무 일도 시작하지 못할 것이다.

– 새뮤얼 존슨 Samuel Johnson

'강성태와 닮았지만 강성태와 다른 사람'

누군가 내 동생을 두고 한 말이다. 누구나 그렇겠지만 내게 동생은 더없이 각별한 존재다. 피를 나눈 혈육, 속내를 털어놓을 친구, 나를 채찍질하게 만드는 스승, 최초의 공부법 실험대상…. 학창 시절 공부법을 정리해 동생에게 전수하면서, 형제는 비슷한 생각과 진로를 밟았다. 나는 앞서 경험하면서 후회되고 아쉬운 점이 있으면 빼놓지 않고 적어두었다가 동생이 같은 실수를 되풀이하지 않도록 했다. 덕분에 같은 생각을 하면서도 조금은 다른 길을 걸었다.

나는 대학생활을 무의미하게 보낸 것이 너무도 후회스러워 동생에게는 교환학생, 대기업 인턴 등 여러 활동을 권했다. 워낙 공신에 큰 힘이 되어준 동생이었기에 자리를 비울 때마다 그의 빈자리가 크게 느껴졌다.

하지만 동생은 이런저런 활동을 마치고 돌아올 때마다 한 뼘씩 자라 있었다. 아니 어느 순간 나를 훌쩍 뛰어넘어 있었다. 이번엔 또 얼마나 형을 앞서가려는 걸까. 동생은 어느 날 갑자기 국제협력요원, 코이카에 지원하겠다고 했다.

동생의 '코이카 공신' 선언

"형, 나 빨리 군대문제를 해결하면 좋겠어. 이제껏 못해본 일을 하면 좋을 것 같아. 의미도 있으면 좋겠고."

순간 나는 드디어 올 것이 왔다는 생각이 들었다. 이 녀석이 해병대를 염두에 두고 있구나. 실상을 말해줘야 하나? 나의 이러한 생각이 그대로 얼굴에 드러난 모양이었다.

"뭐야, 설마 해병대 갈 거라고 생각하는 건 아니지? 나 코이카 지원해보려고."

"코이카에 간다고?"

코이카는 개발도상국 원조를 위한 한국국제협력단체다. 우리나라는 전후 원조를 받던 국가에서 원조를 하는 국가로 성장한 지구상의 유일한 나라다. 그 원조를 위해 국가적 차원에서 설립한 기관이 코이카다. 성영이는 공신으로 활동하며 가졌던 교육에 대한 관심을 개발도상국에서도 펼치고 싶어 했다.

"형이 하는 일이 우리나라에 혁신을 일으킬 거라고 믿어. 내가 그 경험을 개발도상국과 공유하면 그 나라에도 큰 도움이 되지 않을까? 어쩌면 한국보다 더 큰 영향을 미칠지도 모르지. 개발도상국에서 교육은 더더욱 현실적인 문제니까."

동생은 뭐든 나와 상의를 해서 결정을 내렸는데, 이번에는 이미 마음이 그곳에 가 있는 것 같았다. 어느 때보다 열의가 대단했다.

"코이카로 인도네시아에 지원해서 컴퓨터를 가르칠 거야. 학교에서 선생님으로 근무하면서 다른 선생님들이 못 해주는 여러 가지를 해줄 수 있을 것 같아. 재밌을 것 같기도 하고."

"뭐, 내가 잘은 모르겠다만 멋져 보이네, 그것도 나쁘지 않겠다."

사실 말은 이렇게 했지만, 내심 걱정스러웠다. 코이카로 파견되는 지역이 굉장히 열악한 조건이라고 들었기 때문이다. 그리고 인도네시아라면 몇 해 전 대형 쓰나미로 수십만 명이나 죽은 곳 아닌가? 하지만 내 나름대로 자료를 찾아본 후에는 결국 준비하는 동생을 격려하게 됐다. 사실 가족들에게 한마디 말도 없이 해병대에 입대한 나로서는 뭐라고 말릴 입장도 아니었다.

동생은 당장 코이카가 되기 위한 준비를 시작했다. 알고 보니 코이카 요원으로 군복무를 하려면 별도의 시험을 쳐야 했고, 그 경쟁률이 상당히 높았다. 복무기간 2년 6개월. 해당국가에 파견되면 한국으로 올 수 있는 휴가는 단 한 번으로 제한되어 있었다. 파견기간인 2년 동안은 거의 못 본다고 봐야 했다.

다행히도 성영이는 코이카로 일하는 동안 수시로 메일을 보내 형의 걱정을 덜어주었다. 내용은 그때그때 달랐는데 하루의 단상을 보내는가 하면 그날그날의 고민을 털어놓기도 했다.

형, 이곳 아이들은 꿈이 없어. 데니라는 아이에게 뭐가 되고 싶냐고 물었더니, 그냥 마을에 뭔가 일이 생기면 그 일을 하겠대. 그래서 TV에 나오는 건축가나 외교관처럼 멋진 일을 해보고 싶지 않느냐고 물었더니, 피식 웃으면서 그건 자기랑 다른 세상 사람들이라고 하더라. 식민지 국가로 오래 살아서인지, 나는 이곳 아이들이 스스로를 2등 국민 취급하는 게 싫어. 족자카르타에 사는 엘리트들과 자신들을 다른 세상 사람으로 생각하고 있어.

성영이가 간 학교는 인도네시아 자바섬의 중부에 있는 마글랑이라는 지역이었다. 근처에 보로부두르라는 세계 최대의 불교사원이 있어 유명한 곳이기도 하지만, 한참 낙후된 농촌마을이었다. 그러다보니 아이들이 접할 수 있는 세계가 지극히 좁았다.
성영이는 제자들의 시야가 좁은 것이 안타까워 여러 시도를 해본 모양이었다. 아이들을 데리고 상담을 하기도 하고, IT 분야에서 성공한 사람들에 대한 정기 세미나를 열기도 했다. 그러던 중 가자마다대학교라는 인도네시아 최고의 대학 컴퓨터과에 재학 중인 1학년 조교를 만나게 되었는데, 학생들과 교감하는 그의 모습을 보며 인도네시아에도 공신멘토가 필요하다고 느낀 모양이었다.

"형, 이곳도 마찬가지야! 이곳 아이들에게도 우리처럼 멘토가 필요해. 아이들이 가진 가능성을 일깨워주고 꿈을 갖도록 응원해줄 멘토 말이야!"

글로만 읽어도 성영이의 기뻐하는 목소리가 생생하게 들리는 것 같았다. 동생은 내게 이거야말로 장기적인 국제협력방안이라며 공신 같은 조직이 인도네시아에도 있어야 한다고 열을 올렸다. 자기 같은 선생님을 파견하면 2년 동안 100여 명의 학생들이 도움을 받겠지만. 공신 같은 시스템을 이식하면 인도네시아 전역으로 그 효과가 확산될 거라는 얘기였다. 정말 중요한 내용은 편지의 마지막 부분에 있었다. 나에게 보내는 'SOS'였다.

형! 인도네시아에 꼭 한번 와줘! 인도네시아에서도 공신처럼 대학생 멘토링 단체를 만들고 싶다는 친구들을 만났어. 친구들이 공신이 어떻게 만들어졌는지 많이 물어보는데, 형이 직접 와서 노하우도 알려주고 동기부여도 해줬으면 좋겠어. 그리고 미안한데 초기 자금이랑 안 쓰는 캠코더도 있으면 부탁할게.

나는 몇 번의 메일과 독촉 전화를 받은 끝에 인도네시아로 향했다. 공신 일이 바빴지만 동생의 성화로 더 이상 방문을 미룰 수 없었다. 동생이 코이카에 자원한 지 1년이 조금 넘은 시점이었다. 그동안 무수히 많은 메일을 통해 현지에서 진행되는 사항들을 주고받았다. 그래도 한국에서 공신을 시작하며 한번 겪은 일들이라 처음 공신닷컴을 런칭할 때보다는 진행이 수월한 눈치였다.

　시골 터미널 같은 작은 공항에 내리자 엄청난 더위가 공격적으로 덤벼들었다. 가만히 있어도 등에서 땀이 줄줄 흘렀다. 이런 곳에서 1년간 동생이 어떻게 지냈을지 걱정스러웠는데, 오랜만에 보는 동생은 까맣게 그을려 오히려 건강해 보였다. 동생은 자카르타 인근 고등학교에서 컴퓨터 선생님으로 근무를 하고 있었다. 택시를 타고 동생이 사는 곳으로 이동했다. 동생은 알아들을 수 없는 인도네시아어로 택시기사와 농담을 주고받더니 기사에게 나를 소개했다. 이미 인도네시아어로 의사소통하는 데 별다른 어려움이 없어 보였다.

　"내가 주로 식사하는 곳이야, 한국식당하고 많이 달라."

　뭐가 다르다는 거지? 나는 식당에 들어서자마자 그 말이 무슨 뜻인지 알 수 있었다. 식당에는 파리가 떼로 몰려다녔다. 식탁에는 때가 끼어 있었고 묘한 냄새가 진동을 했다. 이슬람 국가인 인도네시아에는 짐작대로 화장실에 용변을 처리하는 물 한 동이가 놓여 있었다. 나는 동생이 아무렇지도 않게 음식을 시켜 현지인처럼 오른손으로 밥알을 꾹꾹 뭉쳐가며 맛있게 먹는 모습을 물끄러미 바라봤다. 적응이 잘 되진 않았지만, 그래도 모두 선하게 웃는 사람들이어서인지 마음이 편했다. 나는 포크를 쥐고 서둘러 식사를 마쳤다. 인도네시아 공신을 만날 생각에 밥이 어디로 들어가는지도 몰랐다. 처음 공신을 시작할 때처럼 설레임으로 가슴이 두근거렸다.

인도네시아 공신
'마하멘토' 탄생

어느 가정집에 들어서자 4명의 친구들이 우리를 반갑게 맞이했다. 이메일을 통해 이야기를 들었던 와나, 앙깃, 폴리나, 바유였다. 이들은 인도네시아 명문 대학의 MBA 과정을 밟고 있는 학생들로, 성영이의 소중한 친구들이었다. 인도네시아에서 공신을 하려면 대학생과 대학원생들의 참여가 절실한 상황. 성영이는 궁리 끝에 가자마다대학 교수님께 사정을 하여 MBA 수업을 청강하게 되었고, 그곳에서 인도네시아 최고 엘리트들을 친구로 사귄 것이다.

우리는 와냐의 집에서 미리 사간 열대과일을 나눠먹으며 공신에 대한 이야기를 시작했다. 공신 일을 마무리하느라 한숨도 못 자고 비행기를 탄 데다 10시간이 넘는 여정으로 지칠대로 지쳐 있었다. 하지만 나를 향한 반짝이는 눈빛들을 바라보며 '잠깐 눈 붙이고 싶다'는 말을 차마 할 수가 없었다. 그들은 한국의 공신 이야기에 깊은 관심을 보였다. 피곤을 누르며 첫날의 이야기보따리를 풀었다.

"1953년 한국전쟁이 끝난 후 UN 최고사령관이었던 맥아더 장군은 이렇게 말했습니다. 이 나라가 재건되려면 최소한 100년은 걸릴 거라고요. 하지만 한국은 30년 뒤인 1988년 서울올림픽을 성공적으로 치렀고, 2010년 G20 의장국이 되었습니다. 한국은 자원도 돈도 기술도 없는 나라였습니다. 가진 것은 오직 사람뿐이었고, 사람이 자원이었습니다. 결국 사람을 키우는 교육이 지금의 한국을 만들었다 해도 과언이 아닙니다. 오히려 인도네시아는 한국보다 더 많은 것을 가지고 있습니다. 자원도, 인구도 많으니까요.

저는 여러분이 인도네시아 최고의 엘리트임을 동생에게 들어 잘 알고 있습니다. 오직 여러분만이 할 수 있습니다. 이 프로젝트를 통해 수많은 인도네시아 청소년들에게 꿈과 희망을 찾아주고, 공부를 시킬 수 있습니다. 여러분이 꿈을 갖고 움직인다면 여러분의 조국, 더 나아가서 이 세상을 바꿀 수 있습니다. 이런 도전을 하고자 하는 여러분이야말로 진정한 혁명가이며, 어떤 정치인보다 위대하고 고귀한 존재라고 생각합니다."

전날 늦게까지 일한 데다 장시간 비행기를 타느라 몹시 고단했지만, 내 이야기에 귀를 기울이는 친구들의 진지한 모습에 피로가 씻은 듯 가신 기분이었다. 그들은 정말 큰 감동을 받은 것 같았다. 우리는 아침이 밝아올 무렵까지 쉬지 않고 이야기를 나눴다. 그뿐인가. 머무는 일주일 동안 하루도 빠지지 않고 수많은 질문들이 쏟아졌다.

"당신은 '친형 멘토링'을 통해 아이들의 어떤 변화를 보고 싶어 했나요."

"인도네시아 교육은 낙후되어 있고, 격차가 정말 큽니다. 정부에서도 못하는 일을 과연 우리가 할 수 있을까요?"

인도네시아 친구들은 꼼꼼한 데다 지구력도 남달랐다. 대충 건너뛰는 법 없이 한국의 공신닷컴 초창기부터 현재까지의 변화를 조목

조목 짚어가며 질문했다. 좋은 질문은 답을 하는 사람에게 좋은 자극제 역할을 한다. 우리는 매일 밤 만나 캠코더 촬영방법부터 콘텐츠 내용, 공신의 역사, 동영상 리뷰 등을 함께했다. 그들 덕분에 공신닷컴의 역사를 한 줄로 꿰어보며 내 스스로도 정리하는 시간을 가질 수 있었다. 말이 잘 안 통하면 동생이 옆에서 인도네시아어로 계속해서 통역을 해주었다.

인도네시아 친구 하나는 동영상을 찍기 위해 자신과 동생이 살고 있는 집의 방 하나를 스튜디오로 내놓았다. 새삼 4평짜리 좁은 기숙사 방에서 성영이와 동영상을 편집하던 일이 떠올랐다. 내가 뿌린 작은 씨앗 하나가 국경을 넘어 머나먼 이곳까지 퍼졌다고 생각하니 눈시울이 뜨거워질 만큼 감격스러웠다.

나는 서울에서 가져간 여분의 촬영기기를 멘토링 사업에 써달라고 내밀었다. 새것도 아니고 쓰던 물건이라 내심 미안했지만, 오히려 그들은 한국 공신들이 쓰던 캠코더를 받는 게 더할 나위 없는 영광이라며 너무도 고마워했다. 오히려 롤모델이 사용했던 기계여서 더더욱 의미가 있다고 말하는 그들을 보며, 좋은 꿈을 나누려는 사람에게 국경은 아무런 장벽이 되지 않음을 깨달았다. 이렇게 진지하고 호기심 왕성한 친구들 덕분에 조만간 이 나라는 희망과 긍정이 넘치는 곳으로 바뀔 거라는 확신과 함께.

"그런데 인도네시아 공신 이름이 왜 마하멘토야?"

이들은 공신과 비슷한 의미에 학생들이 친근하게 부를 수 있는 이름을 고르다 보니 마하멘토라고 지었다고 했다. 인도네시아어로

'maha'는 멋진 신을 연상시킨다. 산스크리스트어로 '큰', '위대한'이라는 뜻이란다. 위대한 인물 앞에 '마하'라는 말을 붙이기도 한다.

우리가 공부를 신나게, 공부의 신 등을 '공신'으로 줄여 말하듯, 이곳 친구들 역시 마하멘토를 마멘(mamen)으로 줄여서 불렀다. 낯선 곳에서 기꺼이 뜻을 같이 하겠다는 벗을 만났으니 성영이는 억세게 운이 좋은 녀석이다. 마하멘토는 인도네시아 학생들을 위한 작은 놀이터가 되어주었다. 한국의 공신이 국경을 넘어 인도네시아에 뿌리 내렸다는 증거이기도 했다.

아이들의 가슴에
희망의 불꽃을 심다

"화산재 입자가 고와서 물이 지면에 스며들지 못해. 결국 홍수가 날 수밖에."

사라진 다리의 흔적인 앙상한 철근이 그날의 처참한 상황을 여실히 보여주고 있었다. 한쪽에는 화산에서 떠내려온 퇴적물이 산처럼 쌓여 있었다. 동생이 계속 이곳에 있어도 될까 신경이 쓰일 정도였다. 화산 분출 당시 동생은 긴급히 자카르타로 대피한 적도 있었다. 당시 사진을 보니 나뭇잎마다 화산재가 수북이 쌓여 있는 게 너무 위험해 보였다. 화산 근처 고지대로 올라가자 피해상황은 훨씬 더 심각했다. 앙상한 나무들이 기둥만 남은 채 한 방향으로 쏠려 있었고,

산산조각 난 솥뚜껑과 부서진 아스팔트는 참혹해서 보기 힘들 정도였다.

"성영아, 여기는 정부 지원도 거의 없을 텐데 사람들이 어떻게 생활해?"

아니나다를까 화산으로 집과 일터를 잃은 사람들이 강을 따라 내려와 빈민촌을 형성하고 있었다. 알몸의 아이들이 땡볕 아래서 더러운 물로 장난을 치며 놀았다. 그때 한 여자가 구걸해 얻은 사과를 더러운 강물에 씻어 자신의 아이에게 꼭 쥐어주는 모습이 눈에 들어왔다. 자연의 재앙을 숙명으로 받아들이는 사람들이었다. 여자의 눈은 깊은 늪을 연상시켰다. 우리를 보고도 아무런 반응이 없었다. 아이들이 이쪽으로 달려와 손을 내밀며 새처럼 종알거렸다. 통역하지 않아도 뭔가를 달라는 얘기임을 알 수 있었다. 아무런 움직임이 없자 아이들은 흙먼지를 일으키며 다시 더러운 물속으로 풍덩, 몸을 던졌다. 아이들은 감히 삶이 나아질 수 있다는 생각조차 할 수 없는 곳에 방치되어 있었다.

절망 속에서 자라는 아이들에게 희망을 심어주려면 하루라도 빨리 마하멘토가 단단하게 몸집을 키워야 했다. 동생은 이러한 내 생각을 읽었는지 걱정 말라는 듯 어깨를 두드렸다. 폐허 속에서도 꽃은 환하게 피어 바람에 흔들리고 있었다. 이 나라 역시 하루라도 빨리 교육의 혜택을 받은 사람들이 앞장서서 나눔을 시작해야 한다. 막힌 혈관을 뚫어야 몸 구석구석까지 맑은 피가 돌 수 있으니.

왜 이 녀석이 이 위험천만한 곳에서 온갖 위험을 무릅쓰고 댕기열로 죽을 고생을 했으면서도 시키지도 않은 고생을 하려는지 어렴풋이나마 짐작할 수 있었다.

"형, 여기 아이들을 가르치는 게 정말 쉽지가 않아."

자신이 가르치는 아이들이 착하고 순하지만 악착같은 구석이 없고, 더운 나라 사람들 특유의 느긋함 때문에 공부를 가르치기 힘들다는 하소연이었다. 배우는 학생에게 하고 싶다는 의지가 없으면 멘토링이 잘될 리 없다.

성영이는 학생들의 생활기록부를 보여주었다. 들은 대로 아이들이 꾸는 꿈의 90% 이상이 농부, 경찰, 가게 주인, 군인, 선생님이었다. 그 아이들이 꿈꾸는 미래는 마을에서 봐왔던 몇 가지 직업들이 전부였다. 300여 년이나 식민지로 지내서인지, 빈부와 지역격차 때문인지 아이들에게는 가슴속 불꽃이 되는 '꿈'이 부재했다. 우리는 흔히 열대지방의 개발도상국 사람들이 선천적으로 게으르다는 선입견을 가지고 있다. 하지만 이 여행을 통해 그것이 잘못된 생각임을 알 수 있었다. 단지 마음 놓고 꿈꿀 수 있는 환경이 아니었던 것이다.

새삼 동생이 이곳에 적응해 친구들을 사귀고 '공신'이라는 모델을 도입하려는 모습이 놀라웠다. 내가 공신을 하며 겪는 어려움은 성영이가 겪는 고난에 비하면 새발의 피일지도 모른다. 마하멘토가 인도네시아에서 해야 할 일은 점점 더 명확해졌다. 한국에서 공신닷컴이 했던 것처럼 아이들에게 멘토를 만들어주고 꿈을 심어줘야 했다. 아이들 가슴에 불꽃의 씨앗을 심어주는 일, 우리는 차로 이동하는 틈틈이 어떻게 인도네시아 아이들에게 꿈과 자신감을 말해줄 수 있을

지 고민을 거듭했다.

나는 일주일 중 단 하루도 쉬지 못하고 한국행 비행기에 몸을 실었다. 돌아가는 비행기 안에서 떠오른 건, 공신을 준비하는 인도네시아 대학생도, 화산 피해지역도 아니었다. 열악한 환경에 방치된 벌거벗은 아이들이었다. 아이들을 만난 후 나의 꿈을 꼭 실현해야겠다는 책임감이 더 커졌다. 그리고 그 꿈이 한국의 아이들에게 국한되어선 안 된다는 생각도 들었다.

이 책을 마무리할 즈음에 성영이는 사회적 기업 '마하멘토'를 설립해 현지 학생들에게 공부비결을 전파했다는 이유로, 2012년 대한민국 인재상을 받게 되었다. 상을 받는 것이 전부는 아니지만, 성영이의 끈질긴 도전과 열정이 조금이나마 인정을 받은 것 같아 말로 표현할 수 없을 만큼 기뻤다. 이를 계기로 다른 나라에도 공부 한류, 아니 꿈 한류를 일으킬 '공신'의 활약을 기대해본다.

기적의 씨앗,
드림 인도네시아 프로젝트

하나의 작은 불씨가 큰 불꽃을 만든다.
- 단테

　　인도네시아의 한류 열풍은 뜨거웠다. 사람들은 한국에서 온 내게 엄청난 관심을 보였고, 마치 내가 아이돌이라도 되는 것 마냥 나와 사진을 찍고 싶어 했다. 나는 들르는 학교와 식당마다 학생들과 사진을 찍었는데, 일부러 '김치'를 외치며 카메라를 향해 환하게 웃었다.
　　여기서는 소녀시대가 'SNSD'라고 불린다는 것도 그때 알았다. 대형몰의 오락시설에 가면 과거 한국에서 유행했던 펌프라는 오락기계에서 샤이니나 동방신기 같은 한국의 아이돌 음악이 흘러나왔다. 인도네시아 공신인 마하멘토 역시 한류의 일부로 여기는 학생들이 있었다. 한국의 문화로 인식된 타임캡슐이 이곳 사람들에게 재미있는 놀이로 보이는 건 어찌 보면 당연했다.

드림캡슐에
아이들의 꿈을 담다

"형! 형! 드림캡슐이야, 드림캡슐 하면 대박이겠다."

인도네시아에서 돌아온 어느 날 새벽, 동생의 전화가 나를 깨웠다. 동생은 마치 내가 처음 공신을 떠올린 때처럼 잔뜩 꿈에 부풀어 계획을 설명하기 시작했다. 드림캡슐은 공신닷컴 사이트의 게시판 이름으로, 학생들이 자신의 꿈과 목표를 적는 곳이다. 여기 올린 내용은 공신과의 약속이기에 학생들은 수시로 자신이 적어놓은 꿈을 확인하며 마음을 다잡는다.

"영화 〈엽기적인 그녀〉 알지? 여기서 엄청나게 인기를 끌었거든. 영화 보면 뭔가 적어서 캡슐에 넣고 땅에 묻잖아. 타임캡슐 말이야. 인도네시아에 타임캡슐이란 개념이 없어서 사람들이 그걸 보고 굉장히 신기해하더라고. 우리도 그걸 해보는 거야. 형도 자주 아이들한테 10년 후 일기를 써보라고 하잖아. 그걸 타임캡슐에 넣는 거지. 말 그대로 진짜 드림캡슐!"

우리는 프로젝트 이름을 '드림캡슐Dream Capsule'이라 정한 후, 이 프로그램을 운영할 학교를 찾기 시작했다. 프로젝트를 진행한 첫 번째 학교는 족자카르타 반툴지역의 공립 고등학교였다. 반툴은 몇 년 전 지진으로 약 5,000여 명의 사망자가 발생한 대표적인 저소득 농촌지역이다. 워낙 낙후된 지역이어서인지 학교 측에서는 마하멘토가 학생들과 이 프로그램을 운영할 수 있도록 아예 하루를 비워주었다.

덕분에 학교 전체가 마치 특별활동처럼 하루종일 행사를 진행할 수 있었다.

마하멘토 운영진은 지난 르바란(이슬람 추석) 명절 때 남은 과자깡통을 모아 타임캡슐을 만들었다. 그리고 학생들이 10년 후 자신의 모습에 대해 쓰면, 각 반에 멘토들이 들어가 그것을 모아 캡슐에 담았다. 10년 후에 대해 쓴 내용은 캡슐에 넣기 전 일일이 스캔을 받아두었다가 정기적으로 학생들에게 메일로 보내주는 식이었다.

인도네시아 공신들은 멘토와 학생의 비율을 1:5로 정했다. 그들은 각자 맡은 아이들에게 다양한 직업의 세계를 이야기하거나 고민을 들어주었고, 무엇보다 자신감을 심어주려 노력했다.

"자, 이제 마하멘토인 형, 언니들과 10년 뒤 나의 모습에 대해 이야기해봅시다. 꿈을 적고 캡슐에 넣은 다음에는 학교 뒤뜰에 땅을 파서 묻을 거예요. 그리고 정확히 10년 후 오늘, 모두 모여 그 꿈을 다시 확인할 겁니다. 여러분이 적은 10년 뒤 모습은 반드시 이루어져 있을 거예요."

단순히 꿈을 적으라고 했다면 아마 아이들은 지루해서 몸을 비비 꼬았을 것이다. 하지만 10년 후 다시 이 자리에 와서 캡슐을 연다는 말에 고도의 관심을 보였다. 대부분의 아이들이 의욕적으로 자신의 꿈을 찾으려 노력했지만, 몇몇 아이들은 여전히 의기소침했다.

"10년 후에 뭐가 되고 싶어?"

"선생님이요."

"왜 선생님이 되고 싶은데?"

"……."

"괜찮아, 형한테는 말해도 돼."

"사실 애플이나 삼성 같은 회사에서 IT 개발자로 일하고 싶어요. 하지만 부모님이 허락하지 않으세요. 부모님은 저한테 현실적으로 생각하래요. 마을에 계신 선생님이 최고라고 말씀하시죠. 그게 제일 낫대요."

일대일로 대화를 나눠보면 자신의 현실에 한계를 느끼고 한숨을 쉬는 아이도 있었다. 하지만 이 정도에서 주저앉으면 인도네시아 공신이 아니다. 마하멘토들은 아이들의 꿈을 이룰 수 있는 방법을 고민하고, 실제 그 꿈을 이룬 사람을 찾기 시작했다. 대학생, 대학원생으로 이루어진 멘토들은 모두가 인도네시아 최고의 엘리트들인 만큼, 자신의 조국을 바꾸겠다는 마음가짐으로 누구보다 열성적으로 임했다.

"언니 고마워요. 매일 밤 눈을 감을 때마다 승무원이 되어 암스테르담행 비행기에 탄 제 모습이 아른거려요. 어제는 영어책도 새로 샀어요. 그 전에 내년에 대학 가면 꼭 언니처럼 되고 싶어요."

"제 꿈은 저널리스트입니다. 10년 후 제가 만든 드림캡슐을 열어 볼 때는 BBC 기자가 돼서 그 현장을 직접 취재할 거예요."

이 아이들은 10년 후 꿈을 이룬 자신을 확인하기 위해 스스로 노력할 것이다. 아이들을 꿈꾸게 만드는 마하멘토 역시 머지않아 자신이 키워낸 멘티를 멘토로 맞이하는 기적을 맞게 될 것이다.

이후 두 달 동안 다섯 곳의 학교에서 1,500여 명의 학생들이 드림캡슐 프로젝트에 참여했다. 그뿐인가. 페이스북에 올라온 마하멘토의 활동을 보고 자극받은 이들이 '마하멘토'를 전파하는 기적이 일어났다. 남들이 좋은 일을 한다니까 따라 하려는 친구, 한국의 공신닷컴이 모델이라는 말에 눈이 번쩍해 동참하려는 친구들이 앞 다투어 신청을 했다.

"이거 무슨 일이지. 이제 하늘에서 팍팍 밀어주시나 봐."

멘토에 참여하고 싶다는 인원은 순식간에 200명을 넘어섰다. 그 중 30%가 대학생이 아닌 대학원생과 직장인일 정도로 일반인들의 열기도 뜨거웠다. 마하멘토는 인도네시아 Top 10 학교들이 위치한 세 개의 도시에 지부를 만들었고, 늘어난 멘토들을 위해 본격적으로 2주에 한 번씩 멘토스쿨 프로그램을 만들어 교육도 실시했다.

기적은 시작에 불과했다. 현지 언론에서 관심을 가진 덕에 마하멘토는 언론에 무려 15번이나 보도가 되었고, TV 프로그램에도 방영되는 것은 물론 활동 자체가 다큐멘터리로 만들어지기도 했다. "한국영화의 한 장면처럼…."이라는 문구로 시작된 기사도 실렸고, '소셜벤처의 한류', '교육 선진국 한국의 노하우'를 도입했다는 기사를 낸 곳도 있었다.

형, 지난번 방문해줘서 정말 고마워! 친구들한테 큰 동기부여가 됐어. 친구들이 형을 거의 '구루'급으로 생각하지 뭐야. 앙깃과 와나는 만날 때마다 형이 한 말을 흉내 낸다. 심지어 칠판 오른쪽 구석에 적어놨더라고.

"네가 변한다면, 인도네시아가 변하는 거야. 뿐만 아니라 '인도네시아가 변화하고 있다'는 건 '네가 변하고 있다'는 거지. 인도네시아가 바로 너야, 너가 바로 인도네시아라구!"

지금까지 8개 학교에 '10년 후 꿈'을 넣은 타임캡슐을 심는 프로그램을 진행했어. 지난주에는 인도네시아 최고의 뉴스에 소개되어 인도네시아 전역에 우리를 알리게 됐어. 프로그램을 위해 필요한 유인물 인쇄비를 빼면 비용이 거의 안 든 셈이야. 학생 한 명당 멘토링 비용이 $0.1 정도거든. 우리나라 돈 100원으로 학생 한 명에게 꿈을 갖게 해주다니 정말 대단하지 않아? 얼른 스폰서를 찾든지 수익모델을 찾든지 해서 멘토들한테 밥이라도 한 끼 사주면 좋겠다. 형, 마하멘토 앙깃한테 운영비 좀 보내줘. 일단 한 100만 원만 쏴줘라. 나중에 한국 가서 갚을게.

2주간 300여 명이 멘토에 지원할 만큼, 마하멘토에 대한 인도네시아 대학생들의 호응은 뜨거웠다. 한국에서 처음 공신을 만들 때 멘토를 찾기 힘들었던 것과 비교하면 다소 부끄러울 정도였다. 인도네시아의 미래는 적극적인 대학생들의 참여 덕분에 희망차다. 평소 사회활동에 대한 이들의 열정이 부족했던 것은 아니다. 다만 데모와 같은 수동적인 부분에 집중되어 있었을 뿐. 마하멘토처럼 능동적으로 사회를 개선해가는 시스템이 퍼지면, 대학생들의 뜨거운 열정은 보다 건설적인 방향으로 쓰일 것이다. 당분간 인도네시아의 드림캡슐은 마하멘토가 될 것 같다.

'꿈'이라는 별이 모이면
'기적'이라는 은하수가 된다

마하멘토의 '드림캡슐 프로젝트'는 대성공이었다. 하지만 언론을 통해 알려진 멘토링을 본격적으로 확장시키려면 또 다른 계기를 마련해야 했다.

"언론에 알려졌을 때 기회를 잡아야지. 사람들에게 마하멘토를 확실히 각인시킬 뭔가가 필요해."

고민하며 자료를 뒤적이는데 페스티벌이 눈에 들어왔다. 인도네시아 공신의 본거지인 족자카르타에서는 매년 'Youth Festival'이 열린다. 인도네시아가 국제적인 영웅을 기리기 위해 젊은 학생들을 대상으로 주최하는 페스티벌로, 매년 10만여 명의 학생이 참여할 만큼 행사의 규모가 상당하다.

그런데 마침 작년에 행사를 주관했던 단체가 이번에 마하멘토도 행사의 주최자로 참여하면 어떻겠냐는 제안을 해왔다. 2012년 페스티벌의 주제는 '우리 지역의 영웅을 찾는다'였다. 아직 마하멘토가 활동을 시작한 지 얼마 되지 않았지만 주제가 마하멘토와 잘 맞는 데다, 마하멘토의 활동을 한 단계 업그레이드할 수 있겠다는 생각에 참여하기로 했다. 그런데 페스티벌을 진행하기 위해서는 전문 기자재가 필요했다. 입장료 수익도 있었지만 당장 들어가는 비용이 문제였다. 마하멘토 측에서는 예전에 멘토링을 다닐 때 인도네시아 애플 총판에서 애플 태블릿을 제공하겠다는 연락을 받은 적이 있어 애플에 접촉할 모양이었다. 하지만 우리에게는 단순히 페스티벌로 끝내지 않고 지속적인 관계를 유지할 끈끈한 파트너가 필요했다.

"애플도 좋지만 삼성전자에 연락을 넣어봐."

마침 며칠 전 한국에서 공신 어플 프로젝트에 참여한 공신멘토들과 삼성전자의 권강현 전무님을 뵙고 난 후였다. 공신을 열렬히 응원해주신 분이니, 폐가 될 수도 있겠지만 직접 연락을 해보라는 제안을 했다. 우리는 삼성전자의 제품명에 맞춰 '드림 갤럭시'라는 프로젝트를 제안했다. 마하멘토는 '드림캡슐' 프로젝트라는 이름으로 아이들의 꿈을 땅에 묻었지만, '드림 갤럭시' 프로젝트는 조금 성격이 달랐다. 학생들은 드림 갤럭시를 통해 자신의 꿈을 영상으로 찍어 마하멘토 사이트와 페이스북에 올린다. 자기 꿈을 인터넷에 올리는 것과 땅에 파묻는 것은 굉장한 차이가 있다. 땅속에 갇혀 있는 꿈을 누구나 볼 수 있는 인터넷에 올리는 것이다. 누구나 고개만 들면 자신의 꿈을 볼 수 있고, 다른 사람의 꿈도 볼 수 있다. 이렇다 할 꿈이 없는 다른 이들을 자극할 수도 있다. 한 명의 꿈은 별 하나에 불과하지만, 모두의 꿈이 모이면 촘촘하게 빛나는 은하수가 된다. 이렇게 인터넷에 올라간 꿈을 친구나 다른 사람들이 보고 페이스북의 'like' 버튼으로 투표를 한다. '드림 갤럭시'는 가장 많은 표를 얻은 학교가 우승하는 이벤트였다. 이 이벤트를 통해 친구들끼리 자신의 꿈에 대해 이야기하도록 하는 것이 프로젝트의 진짜 목적이었다.

마하멘토 운영진은 연락을 받고 PT를 하기 위해 자카르타 남부에 있는 삼성전자 현지법인으로 날아갔다. 성영이는 코이카 규칙상 부임지를 벗어날 수 없어 다른 마하멘토 운영진만 참석했다.

"당신의 꿈은 이제 은하수에 흐르는 별 하나가 될 것입니다. 당신은 매일 밤 잠들기 전 그 별을 보고, 매일 아침 하루를 시작할 때도 그 별을 보게 될 것입니다. 당신의 꿈이 당신을 인도할 것이며, 당신의 꿈은 다른 이들도 꿈꿀 수 있도록 도와줄 겁니다.

학생들의 꿈은 쉽게 캡처되고 업로드되고 저장되고 공유될 수 있습니다. 삼성전자의 태블릿을 통해 인도네시아 공신 마하멘토는 모두의 미션을 더 쉽게 도울 수 있습니다. 인도네시아를 꿈의 은하수로 물들이겠습니다."

결과는 성공적이었다. PT가 끝난 후 현지 담당자는 마하멘토 운영진에게 몇 시 비행기를 타고 출발했는지 물어보았다고 했다. 6시 비행기라고 하자 그렇게 아침 일찍 비행기를 타고 왔는데 지원을 안 해줄 수 있겠냐며 엘리베이터 앞까지 배웅을 나왔다고 했다. 누군들 그들의 열정에 공감하지 않을 수 있을까. 결국 9,300만 IDR, 한국 돈으로 1,000만 원이 넘는 금액과 갤럭시탭 13대가 제공되었고 행사용으로 15대를 추가로 대여받았다. 이 정도 장비라면 축제를 이끌어가기에 충분했다. 나중에 알고 보니 한국의 헤드쿼터에서 예전 삼성전자에서 인턴으로 일한 적이 있는 동생을 보고 현지법인에 각별히 부탁한 모양이었다. 동생에게 적극 추천했던 삼성전자 인턴활동이 이렇게 큰 인연으로 이어질 줄은 생각도 못했다.

  삼성전자의 결정은 마하멘토 운영진에 큰 동기부여가 되었다. 마하멘토는 30개의 학교에서 200여 명의 학생회 학생들을 초대해 'Youth Festival'에 참여하는 방법을 상세하게 알려주었다.

  "이번 축제 주제는 '우리 지역의 영웅을 찾는다'입니다! 자신의 꿈을, 미래를 동영상으로 찍어서 올려주세요."

  며칠 후 행사를 미처 보지 못하고 한국에 들어온 나에게 성영이가 전화를 걸어왔다.

  "형! 지금 내 페이스북 계정 알려줄 테니까 'Facebook Statistics(페이스북 페이지의 통계수치를 볼 수 있는 메뉴)'에 들어가봐."

  '129,052 likes'에 무심히 마우스를 갖다 대니 '당신의 사이트에서 사람들이 like 버튼을 누른 횟수'라는 말풍선이 떴다. 마하멘토를 통해 인도네시아 학생들이 올린 꿈 동영상을 보고 누른 'like' 버튼의 회수였다. 친구들의 꿈을 응원해주는 학생들이 이렇게 많다니.

  학교마다 like 버튼을 누르는 데 경쟁이 붙으면서, 행사는 페이스북을 통해 걷잡을 수 없는 속도로 전파되었다. 행사를 시작한 지 하루만에 100~200개에 달하는 동영상이 올라왔고 사이트는 부하가 걸려 중간에 접속이 안 될 정도였다.

행사는 성공적으로 끝이 났다. 마하멘토가 페스티벌 정중앙에서 행사를 주도했다는 소식이 몇 차례나 크게 보도되었다. 행사의 스폰서 제품 역시 학생들과 멘토들에게 많이 알려지게 되었다. 현지의 혼다, AXIS(인도네시아 통신사), AMD에서도 스폰싱을 받았다. 추후 삼성전자에서는 자카르타를 포함한 인도네시아 전역에서 학교와 학생들에게 교육용으로 사용할 제품을 선보이자는 제안을 해왔다.

나는 이 프로젝트를 통해 한국의 소셜벤처 모델이 해외에 전파되어 한국기업의 후원을 통해 그 나라에 좋은 변화를 일으킨다면, 해당 기업의 현지진출이 수월해지겠다는 확신을 얻었다.

인도네시아의 현지 상황을 생각하면 마하멘토는 이제 첫 단추를 끼웠을 뿐이다. 하지만 학생들이 일제히 600개가 넘는 동영상을 올리는 쾌거를 짧은 시간에 만들어냈다. '드림 갤럭시' 행사를 계기로 마하멘토는 더 많은 이들에게 알려졌고, 2012년 7월까지 435명의 멘토가 50개 학교의 약 15,000명의 학생들과 드림캡슐 프로젝트를 진행했다. '드림 갤럭시' 프로젝트가 가능했던 이유는 다년간에 걸친 한국공신의 경험과 국내 대기업 인프라가 크게 작용했기 때문이다. 마하멘토의 경험을 통해 차후 또 다른 국가에 공신이 진출할 경우 참고할 만한 사례가 아닌가 싶다.

물론 관점에 따라 기업과의 제휴를 통한 프로젝트가 상업적으로 비춰질 수도 있겠지만, 이는 마하멘토 운영진이 알아서 잘 조절할 거라 믿는다. 방법이야 어찌 됐든, 나는 우리나라의 아이들뿐 아니라

인도네시아 아이들의 꿈 또한 밝게 빛나는 은하수처럼 저 하늘에 알알이 박혔으면 하는 바람이다.

나는 오늘도 인도네시아와 한국, 그 밖의 다른 모든 나라 아이들의 꿈이 폭죽처럼 환하게 터지는 모습을 상상해본다. 아이들의 꿈이 밤하늘을 환하게 수놓은 은하수처럼 어두운 세상을 밝게 비추기를 바라면서.

꿈이 있어 공부가 신나는 인류

PART 5

우리는 이 도전을 계속하는 동안 꿈을 이루는 것도 중요하지만, 그것이 전부가 아님을 깨달았다. 여행의 목적이 목적지에 도착하는 것이 아닌 것처럼. 삶과 여행은 그 자체가 기쁨이며 즐거움 아닌가. 과정을 즐기는 사람에게는 하루하루가 소중하고 아름답다. 또한 외롭지 않다. 수많은 멘토와 멘티, 그리고 같은 꿈을 가진 많은 이들이 함께하기에, 우리는 이 신나는 여행을 계속해나갈 것이다.

지구가 멸망해도
살아남을 조직

뜻을 높이 세우지 않으면
그 사람의 학문도 평범한 것이 되고 만다.
— 진관

"저는 기업의 목적이 이윤창출이라는 게 이해가 되지 않습니다. 수익은 기업의 목적이 아니라 기업활동의 결과입니다. 이는 경영학의 창시자라 불리는 피터 드러커의 이야기입니다."

2012년, 나는 서울대융합대학원에서 '기업가 정신'이라는 강의를 듣고 있었다. 앞에서 강의를 하시는 분은 다름 아닌 초창기 공신에게 따끔한 자문을 해주셨던 안철수 교수님이었다.

나는 이 수업의 청강생이었다. 우연히 내가 기업가 사례로 선정된 덕분이었다. 나는 그날 직접 수업을 들어도 되겠냐는 부탁을 드렸고, 그 후부터는 아예 청강을 하게 되었다. 공신에게 꼭 필요한 강의를, 그것도 재학시절 수업을 듣던 그 강의실에서 듣는 행운을 누리게 된 것이다.

"기업가는 많은 어려움을 이기고 세상에 존재하지 않는 가치와 일자리를 만들어내는 사람입니다."

사실 2009년 카이스트를 찾았을 때 교수님이 계셨던 기업가정신 연구센터와 기업가 정신이라는 수업을 보며 의문이 들었다. 뭘 배우는 곳이지? 그런데 내가 그 수업을 듣고 있다니, 아무래도 우리네 삶은 예측 가능한 방향으로 흘러가는 게 아닌 듯 싶다.

나는 2003년 안철수 교수님의 첫 강의와 2009년의 상담, 그리고 2012년 수업을 들을 때마다 사실 거의 같다고 할 만큼 일관된 이야기를 들었다. 하지만 그 뜻은 매번 다르게 와 닿았고 이제야 조금이나마 그 의미를 알 수 있을 것 같다.

나는 마지막 수업날, 공신의 결과물 중 하나인 《돈 없이 공부하기》라는 책과 편지, 그리고 한 자 한 자 직접 적은 공신의 비전과 핵심 가치를 동봉해 교수님께 드렸다. 청강생인 내가 보고서를 제출해야 할 의무는 없었지만 마치 그동안 내게 주어졌던 묵은 숙제를 내는 기분이었다.

2009년 교수님의 자문을 받고 카이스트를 나오면서 세웠던, 꿈을 이룬 후 다시 찾아뵙겠다는 목표는 아직 이루지 못했다. 하지만 이제는 자신이 있다. 우리는 꿈을 향해 열심히 전진하고 있고 그 과정을 아낌없이 즐기고 있으니까.

공신의 'DNA'를 만들다

"만약 내가 없으면 공신은 어떻게 될까?"

갑작스런 질문이 한동안 머릿속을 떠나지 않았다. 이제까지 공신, 하면 강성태로 인식되어왔다. 공신이란 조직의 핵심역량은 '강성태'라는 분석을 받을 때도 있었다. 아무리 생각해봐도 나라는 개인에 대한 의존도가 너무 컸다. 이건 내가 최종적으로 원하는 모습이 아니었다. 만일 내게 무슨 일이 생기더라도 공신은 공신의 비전을 위해 쉬지 않고 달려야 한다. 이런 고민 때문에 강의 사이트가 분리되기 전까진 일부러 공신닷컴에 강의도 올리지 않았다. 얼굴이 알려진 만큼 학생들이 나만 찾을 것 같았고, 다른 멘토들의 활동에 지장을 줄까 우려스러웠기 때문이다. 공신의 꿈을 이루려면 나보다 다른 멘토들이 주목을 받아야 했다.

'백 년, 천 년을 넘긴 장수기업들은 그들만의 비결이 있어. 과연 공신도 그렇게 될 수 있을까?'

답을 구하기 위해 이런저런 책을 찾아보았다. 그런데 그 답이라는 게 이미 내가 들었던 내용이었다. 바로 '영혼'이었다. 안철수 교수님은 '기업활동은 영혼이 있는 승부여야 한다'고 말씀하셨다. 하지만 대학 시절 나는 교수님의 말이 무슨 뜻인지 전혀 이해하지 못했다.

'영혼이 뭐지? 보이지도 않는 영혼이 회사를 운영하는 데 대체 왜 중요하다는 거지?'

조직에서의 영혼은 비전이나 문화, 조직에서 우선시하는 가치를 의미한다. 하지만 나는 회사를 시작한 뒤에도 영혼이 왜 중요한지를 오랫동안 깨닫지 못했다. 안철수 교수님을 두 번째 직접 뵈었을 때도 교수님은 '영혼'을 강조하셨다. 조직의 비전과 뜻에 맞지 않는 직원은 내보내야 한다고까지 말씀하셨다. 나는 내가 없는 공신을 고민하면서야 비로소 그 뜻을 알게 되었다.

"성태 형, 지구가 멸망해도 살아남을 조직이 세 개 있다는데 뭔지 아세요? 호남 향우회, 고대 교우회, 해병대래요. 형은 해병대였으면서 그것도 모르셨어요?"

모를 리 있나. 며칠 전 고려대학교를 졸업한 콘텐츠팀 종민과 점심을 먹으며 이야기를 나누다 순간 귀가 번쩍 뜨였다.

"지구가 멸망해도 살아남을 조직? 그래, 그게 바로 공신이어야 해!"

밥을 먹다가도 정신나간 사람처럼 중얼거리자 사람들이 이상한 눈으로 쳐다봤다. 아무리 가려워도 손이 닿지 않아 긁지 못하던 곳을 누가 대신 시원하게 긁어준 기분이었다. 해병대가 그렇게 불리는 이유는 금세 알 수 있었다. 해병대에서는 그것을 '해병혼'이라 표현했다. 해병대라는 조직이 간직하고 있는 긍지와 애국심 그리고 전우애, 이러한 정신은 전통과 문화로 이어졌고, 열악하기 짝이 없는 환경에서도 백전백승이라는 신화를 일궈냈다. 눈에 보이지도 않고 설명하기도 어렵지만, 분명 그것은 해병대라는 조직을 영원한 존재로 만들어주는 힘이었다.

'그래, 왜 비전과 핵심가치가 중요한지 알겠어' 조직의 문화와 분위기는 눈에 보이지도 않고 값으로 매길 수도 없다. 하지만 그 어떤 가치보다 중요하다.

강성태라는 인물이 사라져도, 설령 지금 공신의 모든 직원들이 사라진다 해도, 공신의 영혼은 남아 있어야 한다. 한 개체가 사라지면 후손들에게 DNA를 남기는 것처럼, 지금 이 조직에 천년만년 이어질 DNA를 심어야 한다. 나는 그런 사명을 가진 사람이다!

공신이 한때 극심한 무기력에 처한 시기도 있지 않았던가. 버는 건 없고 모두들 지쳐만 가던 시절, 공신의 분위기는 마치 장례식장에 버금가는 수준이었다. 월요일 아침회의는 마치 무덤에 들어간 기분이랄까. 구성원 개개인의 성향도 큰 영향을 미쳤다. 눈에 보이지 않는 것이 눈에 보이는 것보다 더 중요할 수도 있다는 걸 이때 깨달았다.

나는 기존에 존재하던 지극히 형식적인 공신의 핵심가치를 과감히 정리하고, 진심으로 실천할 수 있는 공신의 핵심가치를 구성원들과 의논해 정했다. 그리고 몇 번을 고치고 고친 끝에 2012년 1월 1일, 내 손으로 직접 쓴 공신의 비전과 핵심가치를 공신닷컴에 올려 만천하에 공개했다.

비 전 선 언

우리 공신은 대한민국 모든 학생들에게 공신멘토 한 명씩을 만들어 준다. 돈이 많든 적든 시골에 살든 도시에 살든 누구도 혼자가 아니며,

멘토를 통해 자신이 가진 무한한 가능성과 꿈을 이루는 구체적인 방법을 배울 수 있다. 뜻이 있는 사람은 누구나 쉽게 공신의 멘토로 참여할 수 있고, 누구나 자신에게 꼭 필요한 멘토를 찾아 언제 어디서든 멘토링을 받을 수 있는 시스템을 개발한다.

1. 함께 꿈꾸는 가족

꿈을 함께하는 우리는 '회사' 이전에 같은 꿈을 가진 '가족'이다. 모두가 주인의식을 갖고 원활한 소통을 통해 서로의 단점을 보완하고 강점이 발휘되도록 돕는다. 가족정신은 모든 멘토와 멘티로 확대되어 모두가 공신의 일원임을 느끼게 할 것이다.

2. 무한한 탐구정신

우리의 큰 꿈은 무한한 탐구욕을 통해 현실이 된다. 지금 우리의 노력이 많은 이들의 인생, 그리고 사회가 달라지게 함을 자각하여, 멘토링의 양과 질이 함께 성장할 수 있는 방법을 강구한다.

3. 진심이 담긴 콘텐츠

학생들의 꿈을 현실로 이뤄줄 최고의 콘텐츠에는 우리의 진심과 혼이 담겨 있다. 시간이 흘러 이 학생들은 다시 공신의 멘토로 참여할 것이고, 멘토링을 통한 나눔은 기하급수적으로 확산될 것이다.

기숙사 방 한켠에서 후배들의 '친형'이 되어주겠다던 그 처음 마음에는 아직도 변함이 없다. 우리는 이 땅의 모든 학생들에게 공신멘토를 만들어주겠다는 꿈을 계속 이어갈 것이다. 그 꿈은 수백, 수천 년 뒤에도 동일할 것이며, 멋진 꿈을 위해 거침없이 도전했던 진정한 멘토로 우리는 기억될 것이다.

비례대표 제안을 거절하다

"강 대표, 이번 기회가 강 대표 꿈을 이룰 수 있는 정말 좋은 기회임이 틀림없네. 좋은 선택을 할 거라 믿고 기다리겠네."

19대 총선이 있기 몇 주 전이었다. 새누리당에서 급하게 나를 찾는 전화가 와서 가봤더니, 나를 새누리당 비례대표 후보로 추천하겠다는 제안이었다. 당시 청년 실업문제 등이 워낙 주목을 받고 있던 터라, 20~30대 청년 중 뜻 있는 일을 하는 사람들을 영입하고 있었던 것 같다. 딱 서른에 접어든 나도 그에 해당이 되었다.

비례대표? 정말 큰 영광이긴 하지만 내가 무슨 정치인가? 생각해본 적도 없었고, 내겐 그럴 자격도 없다는 생각부터 들었다. 비슷한 교육봉사 영역에서 자주 만났던 이준석 새누리당 비대위원을 보며 대단하다는 생각은 했지만, 내가 이런 제안을 받을 줄은 꿈에도 몰랐다.

그렇게 대수롭지 않게 넘기고 며칠이 지나서였을까, 신경을 거의 못 쓰고 있던 차에 한바탕 난리가 났다. 내가 비례대표 후보로 거론되고 있다고 신문에 대문짝만하게 보도된 것이다. 주말 동안 내 이름은 포털 검색어 1위를 오르락내리락했다. 인터뷰를 한 적도 없는데 TV 토론 프로그램에서는 이미 내가 비례대표 후보로 확정된 줄 알고 출연요청이 오기 시작했다.

그뿐 아니었다. 매일같이 보는 분들에서부터 10년 전쯤 잠깐 마주친 분들까지, 수많은 곳에서 전화와 메시지가 쇄도해 도무지 아무 일도 할 수가 없었다.

"강 대표 축하합니다. 부디 청년들을 위해, 이 나라 교육을 위해 애써주시기 바랍니다. 대한민국 미래를 위해서는 강 대표 같은 사람이 나가야 합니다."

"성태야. 기사 봤는데 설마 아닐 거라 믿는다. 이유는 너도 잘 알지?"

"성태, 너 꼭 이 기회 잡아야 한다. 무슨 수를 써서라도 잡아야 해! 친구로서 부탁한다. 정말 이번만큼은 내 말 들어라."

가족들도 가만히 있는데 주변에서 이래라저래라 하는 사람들이 너무 많았다. 그제야 이게 얼마나 중대한 사안인지 실감이 나기 시작했다. 내 주변은 극단적으로 찬성하는 분들과 극단적으로 반대하는 분들로 나뉘었다. 서로 상반된 조언을 들을 때마다 혼란은 더해졌다.

사실 비례대표가 되어보라고 응원해주시는 분들이 훨씬 많았다. 젊을 때 도전하면 잃을 게 없다는 의견이었다. 내가 가진 뜻과 그간의 고생을 알고 계신 분들은 비로소 꿈을 제대로 펼칠 기회가 왔다며 기뻐해주셨다.

"정말 이번이 꿈을 이루라고 하늘이 주신 기회인 건가?"

나 또한 뒤늦게 굉장한 번뇌에 휩싸였다. 사실 그동안 이 일을 하며 정말 힘들고 답답할 때가 한두 번이 아니었다. 그건 나뿐 아니라 내 또래의 다른 이들도 마찬가지일 것이다. 안정적인 삶을 버리고 새로운 도전을 하는 것, 특히 사회적 기업과 같이 아무도 가지 않는 길에 뜻을 품고 도전하려면 엄청난 시련을 견뎌낼 각오가 필요했다. 겉으로는 멋있어 보일지 몰라도 실상은 달랐다. 실패는 너무나 쉬웠지만 다시 일어서는 것은 말로 할 수 없을 만큼 어려웠다.

무엇보다 대한민국 교육을 생각해보면 안타까운 점이 한둘이 아니었다. 모든 아이들에게 멘토 한 명씩을 만들어주기에 나와 공신은 너무도 미약한 존재였다. 정책적인 지원이나 구체적인 변화 없이는 현실적으로 불가능한 것이 많았다. 만일 내가 정책을 입안하는 입장이 된다면, 내가 경험했던 청년문제, 사회적 기업, 교육분야에서 제대로 된 역할을 할 수 있지 않을까 하는 생각도 들었다.

처음 '공신'을 시작할 때만큼이나 고민스러웠다. 이 기회를 잡으면 내가 가진 꿈을 단번에 이룰 수 있을 것 같다는 생각도 들기 시작했다. 그간의 고생을 이겨낸 상으로 내게도 드디어 기회가 주어진 건 아닐까? 하지만 그렇게 쉽게 결정할 문제가 아니었다. 주변 사람들이 너도나도 연락을 해오는 통에 혼자 생각할 시간도 변변치 않았던 나는 핸드폰도 꺼놓은 채 고민을 하기 시작했다.

누가 내게 가장 도움이 되는 조언을 해줄 수 있을까? 많은 분들께서 조언을 해주셨지만, 고민과 부담이 더해질 뿐이었다. 순간 떠오르는 사람이 있었다. 바로 사회적 기업의 아버지, 빌 드레이튼이었다. 아쇼카에는 수천 명의 아쇼카펠로가 있고, 그중엔 정책적인 변화를 이끌어내거나 정치인이 된 사람들이 있지 않은가. 나는 빌에게 내 사정을 털어놓고 꿈을 이루기 위해 어떤 선택을 해야 좋을지 메일을 보내보기로 했다. 물론 과거 메일을 주고받은 적이 있긴 하지만 답장을 받을 수 있을지는 미지수였다. 하지만 꼭 시도라도 해보고 싶었다. 긴급히 메일을 보냈고 내 다급함이 전달된 것일까? 신기하게도 답장을 받아볼 수 있었다.

성태 님,

다시 소식을 나눌 수 있어 매우 기쁩니다! 2년 전 저희가 나누었던 대화를 또렷하게 기억합니다.

성태 님이 직면하신 딜레마에 대해 깊이 이해합니다. 도움이 될지 모르겠지만, 몇 가지 생각과 고려사항들을 적어봅니다. 먼저 지금 세계가 직면한 가장 큰 문제 중 하나는, 정부가 기업가와 경쟁하는 시대로 아직 옮겨가지 못했다는 것입니다. 시민단체는 1980년대 이후 이미 이 전환을 시작했는데 말이죠. 그리고 그 결과는 매우 긍정적이었습니다. 만약 우리가 정부로 하여금 이러한 전환을 할 수 있도록 도울 수 있다면, 이는 매우 큰 공헌이 될 것입니다.

정치와 사업은 매우 다른 삶의 방식이며, 두 분야의 사람들은 매우 다른 부류의 사람들인 경우가 많습니다. 데이비드 맥클랜드의 분석에 따르면 권력을 원하는 부류의 사람은 정치에 참여하고, 또 다른 종류의 성취를 원하는 사람들은 사업과 과학분야로 진출한다고 합니다. 아마 이 때문에 두 분야의 사람들이 매우 다른 것 같습니다. (데이비드 맥클랜드는 사회관계분야에서 명성 높은 하버드 대학의 교수였습니다. 그의 명저인 《성취하는 사회The Achieving Society》를 읽어보시면 참고가 될 것 같네요).

스스로에게 다음과 같은 질문을 던져보세요.

"당신이 최종적으로 사회적 기업가의 길을 걷고 싶다는 가정 하에, 지금부터 당신이 원하는 사회적 기업가의 모습을 이루기 위해 과연 어떤 과정을 밟아야 가장 잘 준비할 수 있을 것인가?"

그럼, 행운을 빕니다.

나중에 알게 된 사실이지만 빌은 컴퓨터로 메일을 쓰지 않는다. 컴퓨터가 익숙지 않은 세대이기도 하겠지만, 모든 메일을 직접 정성스럽게 쓴 후 다른 사람이 타이핑만 대신한다는 사실을 알게 되었다. 70세에 가까운 세계적인 리더가 지구 반대편 애송이의 고민에 정성들여 답장을 쓰는 모습을 떠올리니, 감사함을 넘어서서 감격스러운 마음마저 들었다.

그러는 와중에 지역구 출마 제안까지 받게 되었다. 당시 부산지역에서는 20대 여성인 손수조 후보가 새누리당의 공천을 받아 엄청난 주목을 받고 있었다. 나에게도 수도권에서 교육열이 높은 지역에 출마해 청년들의 이야기를 듣고 교육에 관한 새로운 대안을 제시해보는 게 어떻겠냐는 제안이 들어왔다. 당선이 확실시되는 지역 중 하나였다.

순간 내가 살아본 적도 없고 알지도 못하는 지역구에 출마해서 그 지역 주민들을 대표하겠노라고 유세를 하고 있을 내 모습이 떠올랐다. 불과 며칠 전까지 정치에 관심도 없던 사람이 지역을 책임지겠다며 트럭을 타고 표를 애걸하는 모습이라니, 생각만 해도 어이가 없는 광경이었다. 정신이 번쩍 들었다. 결국 나는 고민 끝에 모든 제안을 거절하기로 했다.

배울 수 있는 것도 많을 테고 내가 시도해볼 수 있는 것도 많아질 것임엔 분명했다. 더욱이 꿈을 위해 더 큰 도전을 할 수 있을 터였다. 하지만 그에 못지않게 잃는 것이 더 많다고 느껴졌다. 게다가 그런 일을 하기에 나는 턱없이 부족했고, 무엇보다 지금 공신엔 내가 필요했다.

나는 이러한 과정을 겪으며, 앞으로 나의 꿈을 이루기 위해 어떠한 선택을 해야 하는지, 공신의 비전과 사명을 수십 번씩 되풀이해써보았다. 뚜렷한 답을 얻은 건 아니었지만, 마음을 비우고 생각하는 데 도움이 되었다. 정치가 아닌 어떤 분야라도 나의 경험과 지식이 조금이라도 도움이 될 수 있다면, 올바르게 쓰일 수 있다면 정말 영광스러운 일일 것이다. 하지만 내가 보기에 나는 아직 부족한 사람이었다. 결국 나는 내가 갈 길에 집중하기로 마음을 굳혔다.

이러한 나를 바보 같다고 비웃는 친구들도 있었다.

"성태 넌 정말 희한한 녀석이다. 예전에는 10억도 마다하더니, 이번엔 국회의원 자리를 걷어차? 너 그러다 나중에 천벌 받는다."

사람은 살면서 세 번의 기회를 맞이한다고 했다. 어쩌면 나는 친구들 말처럼 그러한 기회를 오는 족족 걷어차고 있는지도 모르겠다. 하지만 나는 이미 공신을 통해 수도 없이 많은 기회를 만나고 있다고 생각한다. 공신을 통해 아이들에게 멘토를 찾아주고 꿈이라는 인생의 전환점을 만들어주는 기회. 이것만큼 값진 기회가 세상에 또 어디 있을까? 오늘도 나는 멘티들을 보며 내 앞에 놓인 보석 같은 기회들을 놓치지 않으려고 내 모든 노력을 쏟아붓고 있다.

우리의 꿈은 사회적 기업이 아니다

"제 꿈은 사회적 기업을 하는 것입니다. 아직 뭘 해야 할지 모르겠지만요."

요즘 들어 이런 말을 하는 대학생 후배들이 부쩍 늘었다. 그럴 때마다 참 대단하다는 생각과 함께 칭찬을 해주고 싶다. 하지만 구체적으로 왜 이 일을 하고 싶은지 물으면 뚜렷한 이유를 대지 못한다. 나는 이러한 이들에게 사회적 기업 자체는 꿈이 될 수 없다고 단호히 말한다. 특별한 이유 없이 시작하면 버티기 쉽지 않다는 말과 함께.

이는 마치 어떤 학생이 내 꿈은 검사인데, 특별한 이유는 없고 그냥 그 일이 괜찮아 보여서라고 말하는 것과 다를 게 없다. 확실한 이유가 없으니 꿈을 이루기 위한 노력을 계속하기도 쉽지 않다. 실제 그저 사회적 기업이 하고 싶어서 시작한 사회적 기업은 그리 오래 가지 못한다. 사회적 기업에도 비전과 미션이 반드시 필요하다.

우리는 살면서 목적과 수단이 뒤바뀐 경우를 많이 본다. 공부법만 해도 오답노트가 좋다고 하니 틀린 문제를 칼로 오리고 풀로 붙이는 등 엄청난 노력과 시간을 들여 만들어놓고는 들춰보지도 않는다. 오답노트는 같은 문제를 다시 틀리지 않기 위한 것이다. 그런데 많은 학생들이 오답노트의 목적인 반복은 무시한 채 '노트 꾸미기'에만 열심이다.

사회적 기업, 아니 다른 어떤 일도 마찬가지다. 사회적 기업 자체는 수단일 뿐 목적이 될 수 없다. 공신 또한 모든 학생들에게 멘토를 만들어준다는 꿈이 목적이지, 사회적 기업이 목적은 아니다. 나는 공신이 '성공한 사회적 기업'으로 기억되기보다 '진정한 멘토'로 기억되기를 진심으로 바란다.

물론 공신도 목적과 수단이 전도된 적이 있다. 사회적 기업을 시작한 지 얼마 되지 않아서였다.

"공신은 이제 동아리가 아닙니다. 그저 취미로 하는 활동이 아니에요."

조금 과장해서 말하면 정말 동아리의 '동'자도 꺼내지 못하게끔 했다. 동아리라는 말 자체에 책임지지 않아도 되고 시간 날 때 대충 하는 활동이라는 뉘앙스가 배어 있는 것 같아서였다. 나라고 쉽게 내린 결정이 아니었다. 하지만 사회적 기업으로 야심차게 변화를 꾀한 만큼 설렁설렁 하고 싶지 않았다. 실제로 우린 훨씬 더 업그레이드

될 필요가 있었다. 적은 돈이지만 멘토들에게 월급도 지급했다. 그리고 멘토링에 부족함이 보이면 질책도 하기 시작했다. 그러자 실수도 묻어주고 격려도 아끼지 않았던 공신의 분위기가 갈피를 못 잡고 조금씩 붕괴되기 시작했다. 회사에 소속된 직원들과 일반 멘토들의 사이는 조금씩 멀어져갔다. 분위기가 딱딱해지자 멘토와 멘티 사이의 멘토링도 성과가 제대로 나지 않았다.

이는 기업으로 변모해야 한다는 생각에만 매몰되어 오히려 목적과 수단이 뒤바뀌어 생긴 부작용이었다. 도저히 이대로는 안 될 것 같아 다시 동아리 성격을 유지하기로 했다. 초창기부터 운영해온 동아리는 동아리의 특성을 지키면서 운영하고, 사회적 기업은 기업대로 운영하면서 시너지 효과를 내기로 한 것이다. 나는 이런 일들을 계기로 형식이 어떻든간에 '꿈'을 이루는 데 더 집중해야 할 필요성을 느꼈다. 저소득층임을 입증해야만 무료로 강의를 들을 수 있는 절차를 폐지한 것도 이러한 이유에서다.

우리는 콘텐츠 일부를 유료화한 후 얼마 지나지 않아 저소득층 아이들을 대상으로 콘텐츠를 제공하는 과정을 다시 점검하게 됐다. 공신은 그동안 형편이 어려운 아이들에게는 무료로 콘텐츠를 제공하고 있었다. 그러려면 반드시 인증서가 필요했다. 노동부에서 제시한 사회적 약자의 기준표가 있는데, 여기에 해당된다는 증빙서류를 제출해야만 콘텐츠를 무상으로 제공받을 수 있었던 것이다. 이거야말로 불필요한 형식에 갇혀 있는 것이라 생각했던 나는, 팩스와 이메일로 받던 인증서를 그만 받자고 했다.

"대표님. 그런데 자기가 저소득층이라고 속이고 혜택을 받으려는 애들도 많지 않을까요? 그리고 서울시는 저희를 사회적 기업이라고 인증했지만, 노동부 인증을 받으려면 저소득층 아이들에게 제공되었다는 증빙서류가 꼭 있어야 하잖아요."

"그런 아이들이 있다면 어쩔 수 없겠죠. 하지만 애초에 가졌던 마음, 이루고자 했던 뜻이 더 중요하다고 생각합니다. 생각해보면 우리가 가난한 애들 증빙서류 모아서 사회적 기업으로 인증받으려고 이 일을 시작한 건 아니지 않습니까? 모든 이들에게 멘토를 만들어주기 위한 것이 우리의 목적이지, 사회적 기업이 되는 게 최종 목적은 아니잖아요. 우리가 아이들을 믿지 못했다면 애초에 공신 자체를 시작할 수 없었을 겁니다. 증빙서류 챙기는 노력으로 더 많은 아이들에게 멘토링을 제공하고, 더 나은 콘텐츠를 만들어주는 게 바람직하다고 생각합니다."

나는 일체의 증빙서류 없이 수업을 신청할 수 있도록 사이트를 개편했다. 공신의 콘텐츠를 무료로 이용하는 저소득층 아이들의 경우 인증서를 보내주면 좋지만 없어도 상관없다. 현장에 가봐도 분명히 기초생활수급가정인데, 장성한 자식이 있거나 남편이 가출을 해서 이혼이 되지 않아 혜택을 못 받는 가정이 수두룩했다. 부모님이 안 계신 거나 다름없는 애들도 많았다. 다른 여러 이유로 증빙서류를 못 떼어오는 경우도 적지 않았다. 지금 기준대로라면 이런 아이들은 공신의 유료 콘텐츠를 제공받을 수 없다. 실제 형편이 어려운데 혜택에서는 제외된 것이다. 물론 행정과 효율을 생각하면 이런 절차들이 꼭 필요하지만, 어쩔 수 없이 발생하는 비효율과 불공정, 나는 여기서 생기는 마이너스가 더 크다고 생각한다.

나의 이런 시도는 잘못된 생각일 수 있고 앞으로 바뀔 수도 있다. 하지만 이러한 일들을 계기로 공신이 추구하는 진정한 뜻을 앞으로도 잊지 않으리라 다짐했다. 결코 말로만 구호를 외쳐서는 안 될 것이다. 공신이 존재하는 이유는 우리 아이들에게 든든한 형, 언니를 만들어주기 위해서다.

'공부가 신나는 세상'에
도전하다

위대한 일을 하는 유일한 방법은
당신이 하는 일을 사랑하는 것입니다.

- 스티브 잡스 Steve Jobs

    소외된 아이들을 상대로 교육봉사를 하던 한 대학생이 있었다. 학창 시절 늘 자신에게 멘토가 없음을 아쉬워하던 그는 힘들었던 학창 시절의 기억과 교육봉사 경험을 통해 멘토링의 효과를 누구보다 실감하고 있었다. 어느 날 그는 아이들에게 해주던 이야기를 동영상으로 만들면 더 많은 아이들이 볼 수 있겠다는 단순한 생각을 했다. 우여곡절 끝에 만든 동영상 사이트는 큰 반향을 일으켰고 책으로, 예능 프로그램으로, 드라마로 만들어졌다. 그리고 온라인 멘토링을 뛰어넘어 오프라인으로, 모바일로 멘토링은 확대되어갔다.
    그는 숱한 도전을 거듭하는 과정에서 설레는 마음, 살면서 처음으로 꿈이란 걸 꾸기 시작했다. 26살이 되던 해에 비로소 청춘을 바칠 뜻을 세우고 꿈을 정했다. 꿈이 큰 만큼 난관과 시련도 적지 않았다.

하지만 그 과정은 고통이 아닌, 새로운 것을 찾아가는 여행이자 탐험이었다. 누구나 쉽게 멘토를 찾고 멘토링을 받을 수 있는 세상을 만들겠다는 도전이었다.

우리는 이 도전을 계속하는 동안 꿈을 이루는 것도 중요하지만, 그것이 전부가 아님을 깨달았다. 여행이 목적지에 도착하는 것이 전부가 아닌 것처럼. 삶과 여행은 그 자체가 기쁨이며 즐거움 아닌가. 과정을 즐기는 사람에게는 하루하루가 소중하고 아름답다. 또한 외롭지 않다. 수많은 멘토와 멘티, 그리고 같은 꿈을 가진 많은 이들이 함께하기에, 우리는 이 신나는 여행을 계속할 것이다.

미치게 힘들어도
내가 행복한 이유

"재밌다! 공부가 이렇게 재밌을 수 있다니! 정말 공부가 즐거워."

카이스트에 있는 사회적 기업과 비영리 조직을 위한 경영 전문가 과정. 미니 MBA 과정으로 대단한 난이도는 아니지만 경영학에 필수적인 내용을 배울 수 있다. 나는 우연한 기회에 운 좋게 이 과정을 수강하게 되었다. 경영학을 배워본 적도 없고 회사에 다녀본 경험도 없는 나에게는 절호의 기회였다.

내게 꼭 필요한 수업이기도 했지만 무엇보다 정말 재미가 있었기에, 나는 수업을 빠질 수가 없었다. 거의 주말수업이어서 정말 급한 행사가 있으면 어쩔 수 없이 빠져야 했지만, 그럴 때면 녹음을 부탁해 따로 들었다. 심지어 몸살이 나도 수업을 들을 정도였다.

수업이 재미있었던 이유는 교수님들께서 워낙 열정이 넘치셨던 데다, 수업시간에 말씀해주신 사례들이 정말 마음에 와닿아서였다. 교수님께서 하시는 말씀 하나하나가 오늘 당장이라도 회사에서 일어날 수 있는 내용들이었다. 어찌 집중을 하지 않을 수 있겠는가?

"공신가족 여러분, 제가 어제 수업을 들었는데요, 맙소사…."

틈만 나면 이런 이야길 하곤 했는데 지금 생각해보면 직원들이 피곤했을지도 모르겠다. 지식경영, 소비자 분석 등 실제 배운 것을 다음날 회사에 적용시켜보기도 했다. 물론 아주 간단하고 초보적인 수준의 것들이었다.

하지만 나는 '정말 이런 것을 왜 지금에야 알았을까?' 하는 후회가 들 만큼 공부가 재미있어서 수업이 끝나는 게 안타까울 정도였다. 어느 날은 수업을 듣는데 아는 지인으로부터 메시지가 왔다.

"수업 어때요? 재밌어요?"

나는 수업 듣느라 바쁘기도 했지만, 정말 신나서 답장을 이렇게 보냈다.

"ㅋㅋㅋㅋㅋㅋㅋㅋㅋㅋ"

"헐…. 정말 재미없나 보네요."

답장을 받으신 분은 수업이 워낙 재미가 없어서 이런 답을 보낸 줄 알았겠지만, 수업을 듣는 나의 상태는 정말 'ㅋㅋㅋㅋㅋㅋㅋ'였다.

학창 시절 특히 대학에 입학한 후에는 강의실에 앉아 있어도 '공부를 왜 해야 하나'라는 생각뿐이었다. 내가 가야 할 길에 대한 확신도, 무언가를 하고 싶은 의지도 도전의식도 없었다. 결국 학사경고를 연속으로 받으며 학교에서 잘리기 직전까지 갔다.

하지만 지금은 어떤가? 이 공부가 내 꿈에 도움이 되는 것이고 지금 하는 일과 관련이 있으니, 더 이상 공부라 할 수 없을 만큼 수업 하나하나가 흥미진진했다. 다시 학생이 되어 학교로 돌아가고 싶은 생각이 마구 솟구쳤다. 공부하면서 필기를 미친 듯이 해댔는데, 노트 한 권을 더 준비해 실제 공신은 어떻고 배운 것을 공신에 어떻게 적용할지 하는 아이디어들을 적었다. 그렇게 적은 내용이 교수님 말씀보다 더 많을 정도였다.

어린 시절을 되짚어보면, 선생님들께서 꿈을 가지라는 말을 자주 하셨던 것 같다. 그게 무슨 의미인지 그때는 솔직히 잘 몰랐다. '꿈 따위가 무슨 소용이야. 그냥 공부만 잘하면 되지' 하는 생각이었다. 심지어 공신을 시작하고 학생들에게 처음 멘토링을 할 때까지도 그 의미를 몰랐다. '꿈은 나중에 찾아도 좋아. 일단 공부부터 하는 거야'라고 할 때도 있었다.

하지만 나는 알게 됐다. 진짜 꿈을 찾는다면, 그리고 그 꿈을 위한 공부를 하고 있다면, 공부는 더 이상 공부가 아니다. 그 순간 공부는 취미 혹은 놀이, 아니 어느 것보다 더 재미있는 유희다. 그러니 어찌 성적이 안 나올 수 있겠는가? 나는 결국 최우수상까지 받으며 이 재미난 수업을 수료하게 되었다.

"꿈이 뭐예요?"

학생들을 만날 때, 사인을 해줄 때, 신입사원 면접을 볼 때 항상 하는 질문이다. 하지만 막상 이 물음에 제대로 답을 하는 사람은 거의 없다. 있어도 정말 피상적인 대답인 경우가 많다. 심지어 공신의 멘토들조차 자기 꿈이 뭔지 잘 모르는 사람이 많아서, 보통 신입멘토들의 교육은 꿈과 관련된 내용이 많다.

'뭐 꿈이 없을 수도 있지. 꼭 있어야 하나?' 하고 단순히 지나칠 수도 있을 것이다. 하지만 나는 그렇게 생각지 않는다. "공부의 신이 생각하는 우리나라 교육의 문제점은 뭔가요?" 이런 질문을 받으면 나는 학생들의 꿈에 대한 이야기부터 꺼낸다.

우리의 교육은 학생 개개인의 적성과 꿈에 대해 얼마나 고민하고 있을까? 그저 때 되면 학교 가고, 입학하면 수업 듣고 국영수 위주로 공부하다 남들 다 가니까 학원 가고, 공부해서 시험보고 좋은 성적 받으면 좋은 대학 가서 대기업에 취직하는 것. 이러한 삶을 권장하는(?)것이 우리네 현실이다. 실제 꿈이 있다고는 하지만, 그것이 사회가 원하는 기준인 경우도 많다. 젊은이들이 꿈이 없는 상황에서 과연 대한민국이 세계를 리드해 나갈 수 있을까?

근대 교육은 산업화의 일꾼과 전쟁터에서 싸울 군인을 양성하기 위해 시작되었다. 당시 교육은 공장부품을 찍어내는 것과 큰 차이가 없었다. 이런 목적의 교육은 꿈이 필요 없는, 오히려 다양한 꿈이 인정되어서는 안 되는 거였다. 사람들이 기존의 모순된 사회를 갈아엎는 꿈을 꾸어서는 안 될 테니. 결국 기존 계급과 사회체제의 유지에 교육이 활용되었다. 무조건적인 복종과 더불어 단순주입식 교육이 탄생한 것이다. 과연 지금 우리의 교육이 그때보다 얼마나 더 나아졌는지는 생각해볼 일이다.

그러한 의미에서 기업은 시속 100마일의 속도로 발전하고 변하는데, 교육은 시속 10마일의 속도로 변한다고 지적한 엘빈 토플러의 얘기가 영 틀린 건 아닌 것 같다. 정치가 변하는 속도가 3마일이니 교육은 정치보단 빠르지만 사실 그마저도 맞는지 모르겠다.

간혹 어른들은 말씀하신다. 너희는 왜 꿈도 없냐고. 하지만 정확히 말하자면 꿈을 꿀 시간조차 없는 것이다. 학교에서도 그럴 기회가 없을뿐더러, 어려운 가정형편이나 도전을 기피하게 만드는 사회구조도 한몫 거든다.

그러고 보면 나는 명백한 행운아다. 아니 최고의 행운아일지도 모른다. 학창 시절 몇 번의 좌절을 겪고 마침내 원하던 대학을 갔기 때문에 행운아가 아니다. 수억의 제안을 받았고, 국회의원이 될 뻔했기에 행운아가 아니다. 청춘을 바칠, 온몸을 던질 수 있는 무언가를, 주말도 휴일도 없이 새벽부터 밤까지 격무에 시달려도 기쁘고 즐거울 수 있는 이유를 찾았기에 나는 누구보다 행운아다.

공신이라는 새로운 인류의 출현

한동안 학교생활에 공부에 애를 먹었던 철호는 이제 더 이상 힘들지 않다. 공신 어플리케이션이 큰 도움이 되어주기 때문이다. 스마트 폰으로 공신 어플 '손 안의 공신'에 접속하면, 각 분야별로 지정된 멘토들에게 궁금한 것을 물어보거나 격려의 메시지를 받을 수 있다. 단순히 모바일에서만 끝나는 것이 아니다. 매달 열리는 '공신과의 만남' 행사에서는 직접 공신선배들의 강의를 듣고 상담도 받을 수 있다. 이제 철호에겐 새로운 꿈이 하나 생겼다. 바로 공신멘토가 되는 것. 공신이 되어 학교 후배들에게 자신의 공부법을 알려주고 멘토링을 해주는 꿈을 꾸며, 철호는 오늘도 열심히 공부한다.

PD로 일하는 학겸이는 공신멘토 출신이다. 직장에서 어느 정도 자리를 잡고 나자 학창 시절 동아리로 활동했던 공신을 다시 시작했다. 대학생 때 공부법과 동기부여를 가르쳐주었다면, 이제는 PD를 꿈꾸는 후배들에게 도움을 주고 싶어서다. 학겸이에게 멘토링을 받는 후배들은 비단 중고생만이 아니다. PD를 꿈꾸는 대학생 멘토들은 학겸이의 도움을 받아 시험을 준비하는 것은 물론, PD의 실생활에 대해 생생히 들을 수 있다. 얼마 전 학겸이는 멘티 몇몇을 자신의 일터로 초대해 실제 일하는 모습을 보여주기도 했다. 그는 자신이 할 수 있는 최고의 기부를 했다는 사실에 뿌듯함을 감추지 못했다. 앞으로 공신에는 학겸이 같은 사회인 멘토가 부쩍 늘어날 것이다.

경북 예천 보문면에 사는 중학생 수랑이는 공신닷컴에 매일 선배들이 올리는 칼럼을 읽으면서 자신에게 맞는 공부법을 찾았다. 그러던 중 반가운 소식을 접했다. 방학 때마다 공신에서 진행하는 지방 순회 강연회인 '공신과 같이 걸을까?'라는 행사가 확대되어 예천에도 공신선배들이 방문한다는 소식이었다. 공신닷컴은 대기업과 함께 지방에 매주 100명이 넘는 공신멘토들을 보내고 있다. 방학 때는 마을회관에서 지내면서 농촌 봉사활동과 함께 시골에 사는 아이들을 멘토링해준다.

현영이는 학교가 끝나면 '공신 동아리' 친구들과 함께 공신선배들이 가르쳐준 효율적인 학습법을 활용하기 바쁘다. 이렇게 배운 학습법을 다른 친구들에게 전한다. 이번 축제 때는 인도네시아 공신에서 실시했던 '드림 갤럭시' 프로그램을 추진하기로 했다. 친구들이 꿈을 꿀 수 있도록 도와주고, 그 꿈을 서로 응원해주는 이 프로그램은 동아리가 존재하는 한 계속될 것이다.

성적이 오르는 요인은 두 가지다. 제대로 된 방법으로 열심히만 하면 성적은 오르게 되어 있다. 공신에서는 누구나 '진단지'를 통해 기존 공신들의 공부법 중에서 자신에게 적합한 방법을 제공받을 수 있다. 진단을 받은 후에는 공신선배를 만나 부가적인 멘토링을 받는다. 더불어 공신선배들의 진심 어린 멘토링이 고스란히 담긴 인터넷 강의를 통해 도움을 받는다.

공신에서는 원하는 학교의 신청을 받아 매일 아침 15분씩 동영상 콘텐츠를 제공하고 있다. 학교에서는 여러 과목을 가르쳐주지만, 정작 어떻게 공부해야 하는지는 가르쳐주지 않는다. 공부하는 요령과 동기부여는 공신의 전문분야다. 동기부여는 자신의 꿈을 찾는 법부터 최선을 다해 공부할 수 있는 마음가짐까지를 전부 책임질 것이다. 공신의 강의는 자신이 부족한 부분의 콘텐츠를 요청하면 그때그때 제공되기 때문에 어떤 고액 과외 못지않다. 오히려 검증된 공신선배들의 경험이기에 일반 사교육보다 더 믿음이 가고, 공부를 실제 해본 선배들의 이야기이므로 현실에 적용하기도 어렵지 않다.

나는 대통령을 몇 번 만나뵙고 공신이 제안하는 대한민국 교육의 발전방안과 함께 그러한 내용을 편지로도 전한 적이 있다. 하지만 공신이 학교가 아닌 이상 정규교육에 포함되는 것은 쉽지 않은 듯하다.
지금까지 공신은 중간적인 존재였다. 그 때문에 겪는 어려움이 많았다. 전형적인 사교육 업체도 아니고, 학교가 아니기에 공교육에도 해당되지 않는다. 그러다 보니 사교육 업체들은 공신이 시장을 해칠까 봐 달가워하지 않았고, 공교육 쪽에서도 학생들은 좋아했지만 학교의 환영은 받지 못했다. 하지만 우리는 공신이 중간자적 입장이기에 더 큰 가능성을 갖고 있다고 생각한다.
인도네시아 공신이 빠르게 성장한 이유는 여러 가지가 있겠지만 인도네시아 학교의 자율성 덕분이기도 하다. 사실 우리나라만큼 공교육과 사교육이 극명하게 나뉘어 선과 악처럼 대립하는 경우는 세계적으로 찾아보기 힘들다. 인도네시아만 해도 학교에 따라 마하멘토 콘텐츠를 수업에 포함시키는 곳이 있을 만큼 자율성이 확보되어 있다. 우리는 대형 사교육 업체들을 능가하는 콘텐츠와 누구도 따라올 수 없는 진심과 열정으로 똘똘 뭉쳐 있다. 기업이기에 공교육이 갖지 못한 유연성을 발휘할 수 있는 것도 빼놓을 수 없는 장점이다. 향후 우리나라에는 공신과 같은 교육기업이 꼭 필요하다고 생각한다.

이제껏 공신은 멘토링의 대략적인 밑그림을 그려왔다. 이제 진단지, 어플리케이션, 공부법 강의, 캠퍼스 투어, 강연회 등 많은 것들이 모여 공신 멘토링이라는 큰 그림을 완성할 차례다.

조금은 더딜지 몰라도 이러한 움직임이 대한민국 교육을 바꾸고, 한국사회를 바꾸고, 나아가 우리가 사는 세상을 더 좋은 곳으로 만들 거라 믿는다. 산 속 옹달샘에서 시작된 물방울이 물줄기를 타고 계곡으로, 커다란 강으로, 바다로 나가듯, 작은 멘토링에서 시작된 변화가 이 세상을 좀 더 나은 곳으로 바꿔놓을 것이다.

이 꿈은 나 혼자 힘으로는 절대 이룰 수 없다. 공신멘토들의 힘으로도 부족하다. 많은 사람들이 함께 염원하고 참여할 때, 우리 모두 '체인지 메이커'가 되었을 때, 대한민국 교육은 나아지고 세상은 평화로워질 것이다. 이제 대학 가려고 공부하는 시대는 지났다. 공부는 최선을 다하는 힘이요, 스스로 문제를 해결해 세상으로 헤엄쳐나가는 데 도움을 주는 이론이다. '공신'이라는 이름의 인류는 공부를 통해 인생을 올바르게 살아가는 법, 희망을 갖고 아름답게 살아가는 법을 전파할 것이다. 눈앞의 벽을 어떻게 뚫고 나갈지 아는 사람, 어느 자리에서든 치열하게 사는 사람이야말로 공신의 또 다른 모습이다.

10년 후 당신의 꿈은 무엇입니까?

2011년은 내게 여러 모로 의미가 있는 해였다. 2001년 01학번으로 대학에 입학한 지 10년이 지났고, 20대로 사는 마지막 해이자, 공신을 시작한 지도 5년이 지났다. 개인적으로 미래를 준비할 시기인 동시에, 공신도 과거 5년을 정리하고 향후 5년을 내다볼 시기였다. 앞을 보고 달리는 것도 중요하겠지만, 장기적으로 더 멋진 일을 하기 위해 미래를 점검해보고 싶어졌다. 무엇을 어떻게 할지 고민하다 좋은 생각이 떠올랐다.

'내가 멘토링할 때 자주 쓰는 방법이 있잖아! 10년 후 일기를 써보자. 동생들에게만 시켰지 내가 해본 적도 없고 공신이 해본 적도 없어. 10년 뒤인 2021년의 공신을 그려보자!'

미래를 상상하다 보면 창의력과 상상력이 발휘되어, 우리가 미처 생각지 못한 멋진 아이디어도 생각날 수 있다. 이보다 즐거운 일이 또 있을까? 원래 공상하길 좋아하는 나는 한동안 밝은 미래에 대한 상상을 끝도 없이 해나갔다. 아마 화상통화를 통한 멘토링은 일상이 되어 있겠지? 남과 북이 통일될지도 몰라. 공신은 또 어느 나라에 전파되어 있을까? 전 국민이 공신멘토로 활동하는 거 아냐?

내 상상은 정말 밑도 끝도 없이 저 멀리 뻗어가고 있었다. 기분은 좋았지만 내 짧은 지식으로는 한계가 있을 게 뻔했다. 그러다 정말 중요한 것을 놓치고 있다는 생각이 들었다.

'그래! 공신의 미래는 진짜 주인공들에게 물어봐야지!'

공신의 주인공은 멘토와 멘티들이다. 그리고 10년 후 주인공은 지금의 멘티들이 아니겠는가? 나는 공신닷컴의 멘토와 멘티들, 그리고 공신의 직원들에게 그 미래를 묻기로 했다. 그 길로 공신닷컴에 공지를 올리고, 몇몇 분들에게는 직접 메일을 보내기도 했다. 이를 통해 미래를 내다볼 수도 있었지만, 많은 이들이 지금의 공신을 어떻게 생각하는지도 알게 되었다.

"공신의 동기부여, 공부법 강의 콘텐츠를 통해 향후 10년간 엄청난 공신들이 배출될 겁니다. 공신은 선배들이 수능, 내신, 논술 등 입시와 관련된 모든 노하우를 직접 제공하는 곳이기에, 멘토들의 콘텐츠를 제공받는 멘티들은 훌륭한 공신으로 성장할 겁니다. 대한민국 모든 학생들이 공신의 콘텐츠만 따라 하면 별다른 사교육 없이도 자신 있게 공부할 수 있을 거예요."

공신멘토로 출발해 지금은 어엿하게 공신 연구소에서 콘텐츠 총괄을 맡고 있는 이종민 팀장의 답변이다. 그는 밤낮없이 공신의 강의 콘텐츠를 만드는 공신 가족답게 최고의 콘텐츠를 꿈꾸고 있었다. 나아가 월 100만 원에 육박하는 강남의 고액 컨설팅보다 더 뛰어난 콘텐츠를 대한민국 모든 학생들에게 제공하려는 목표를 갖고 있다.

"공신은 경제적으로도 성공하는 사회적 기업이 되어야 합니다. 좋은 일을 하는 사람들은 돈도 많이 벌어야 한다고 생각해요. 청년들에게 좋은 일 하면서 돈도 많이 벌 수 있다는 걸 우리가 보여줘야 합니다."

오래 전부터 사회적 기업에 관심을 가져온 문정환 팀장님은 현재 공신 콘텐츠를 퍼뜨리고 제휴하는 업무를 맡고 있다. 사회적 기업은 인재를 구하기 힘들다. 가장 큰 이유 중 하나는 배고프고 힘들게 지내야 한다는 생각 때문이고 실제로도 그렇다. 공신은 이 공식을 깨고 싶다. 사회적, 경제적 가치를 모두 이루는 사회적 기업이 탄생한다면 국가에서 따로 지원하지 않아도 저절로 창업 붐이 일어날 것이다. 그러한 면에서 공신의 어깨는 대단히 무겁다. 공신이 성공하느냐 실패하느냐에 따라 우리를 지켜보는 많은 청년들이 도전할 수도 있고 포기할 수도 있기 때문이다.

"공신이 생산하는 콘텐츠는 다양한 시험과 다양한 형태로 제작될 겁니다. 모두가 혁신적이며 공신에서만 가능한 콘텐츠일 거고요. 이를 바탕으로 탄탄한 기업이 되어 멘토링을 더욱 확대할 수 있겠죠. 멘토링은 대한민국의 모든 이들을 연결할 겁니다. 회사의 임원들, 회사원, 대학생, 고등학생, 중학생, 초등학생까지 '나눔'을 계속 확산할 수 있을 거예요!"

공신을 만나 교육학을 전공하고 현재 공신 인턴으로 근무하며 공신 동아리 회장을 맡고 있는 윤성필 공신의 의견이었다. 일반인들의 멘토 참여와 대학생들을 위한 사회인 멘토 영입은 앞으로 추진해야 할 핵심과제다.

"학생들의 힘든 수험생활을 누구보다 잘 이해하고, 친형 멘토링으로 도움을 주는 곳! 힘들고 고독한 시기인 만큼 도움을 받은 저희들은 응원해준 공신선배의 고마움을 평생 잊을 수 없을 거예요. 그 덕분인지 지금도 공신에는 긍정적인 에너지가 넘쳐나잖아요. 10년 뒤에도 정말 좋은 사람들로 가득할 것 같아요."

나의 고등학교 후배이자 열심히 현장에서 활동하고 있는 김나현 공신의 이야기다.

"10년 뒤 공신은 기존 사교육의 대안이 되어 있을 겁니다."

나와 동명이인이어서 자주 헷갈리는 강성태 공신의 의견이다. 나 또한 사교육 업체들이 공신과 함께 꿈을 그려나갈 수 있다고 생각한다. 기존 사교육이 만들어가야 할 지평을 공신이 한발 앞서 걷고 있는 건 아닌지.

10년 뒤 공신의 주인공이 될 중고생들의 메시지도 속속들이 올라왔다.

"오늘 나는 그 어느 때보다 기쁜 마음으로 회사에 출근했다. 오늘이 바로 북한에 공신을 설립하기 위한 첫 실무회의가 있는 날이기 때문이다. 통일을 앞둔 지금, 남과 북의 격차를 좁히기 위한 노력의 일환으로 '공신'의 멘토 교류가 채택되었다. 이번 프로젝트의 총괄을 맡은 나로서는 책임이 막중하다. 아직 시작도 안했지만 가슴이 뛰고 설렌다."

사회적 기업가가 되고 싶다는 하나고등학교 공신 동아리 회장 한경섭 군은 북한에 있을 공신을 떠올렸다. 지금도 대단한데 10년 후에는 얼마나 멋진 체인지 메이커가 되어 있을지 정말 기대가 된다.

"17살에 만났던 공신 형들 덕분에 저는 항공기 조종사가 되어 있습니다. 만약 그때 공신을 만나지 않았더라면 저는 아직도 꿈을 찾지 못한 채 방황하며 떠돌고 있을 겁니다. 저는 비행기 조종이나 항공교통 관제사에 관심 있는 아이들을 대상으로 공신에서 멘토링을 하고 있습니다."

− ID Takeoff

"우리나라 멘토뿐 아니라 이웃나라 멘토가 우리 멘티들을 멘토링하는 일이 일반화되었습니다. 먼 곳에 있는 아이들은 요즘 화상 멘토링을 받느라 한창이고요. 2021년을 꾸려나가는 공신들은 모두 10년 전 서울대 공신과의 만남에 참가했던 이들입니다. 요즘 강성태 대표는 전 세계 방방곡곡에서 공신의 취지를 실현하고자 해외 협력업체와 미팅을 하느라 바쁩니다."

− ID 분골쇄신粉骨碎身

"갑자기 시작하게 된 독학이었다. 계속해서 떨어지는 성적에 돌파구는 없어 보였다. 공신을 만난 지 10년이 지난 지금, 나는 아산병원 정신과 레지던트가 되었다. 공신은 〈타임〉지에 2020년대를 이끌어갈 기업으로 소개되었고, 올해 세계를 변화시킨 100대 기업으로 소개되었다. 공신은 앞으로도 계속 혁신하며 발전할 것이다. 공신을 필요로 하는 이가 사라지기 전까지 공신은 멈추지 않는다. 이 곳에서 보낸 나의 시간과 앞으로의 모습을 생각하면 가슴이 뛴다. 설레는 마음을 가라앉히고 예전의 나와 같은 환경에 처한 아이들을 멘토링하러 간다."

- 문승환

귀중한 보물 같은 이들의 비전을 읽다 보니 가슴이 설레고 벅찼다. 나 역시 이러한 상상들을 바탕으로 10년 후 공신의 비전을 그리고 있다.

"10년 뒤 아마 우리가 상상하기조차 힘든 엄청난 변화들이 일어날 겁니다. 하지만 저는 믿습니다. 한 사람이 꾸는 꿈은 그저 꿈일 뿐이지만, 모든 이가 꾸는 꿈은 곧 현실이 된다는 걸요. 여러분이 적어주신 공신의 미래를 보며 저는 큰 깨달음을 얻었습니다. 저마다 조금씩 차이는 있지만 결국 같은 뜻을 향하고 있었습니다. 우리는 돈이 많든 적든, 시골에 살든 도시에 살든 모든 학생들에게 공신멘토 한 명씩을 만들어줄 겁니다. 그래서 꿈을 갖고 그 꿈을 이룰 수 있도록 만들 겁니다. 앞으로 10년, 그리고 백년, 천년이 지나 제가 없더라도 이 꿈만은 변함이 없을 겁니다. 공신은 언제나 모든 이에게 영원한 멘토로 기억될 겁니다."

"마음이 가난한 아이가 없어질 때까지, 우리나라의 모든 학생들에게 멘토를 만들어주자!"

지금 와서 가만히 생각해보면 청년 강성태의 꿈은 소년 시절에 간절히 바라고 바란 희망이었다. 나의 학창 시절은 고민을 상의할 형이 없어 외로웠고, 공부해도 성적이 오르지 않아 힘들었다. 십대 소년의 간절함은 동생에게 공부법 노트를 만들어주면서 '꿈'이라는 날개로 변하기 시작했다. 그 노트가 공신닷컴의 다양한 콘텐츠를 만들어내는 씨앗이 되었으니 세상일은 참 알다가도 모를 일이다.

공신과 함께한 8년은 짧지도 길지도 않은 애매한 시간이지만, 내게 정말 많은 것을 가져다준, 보석 같은 시간임이 틀림없다. 동생의 장학금을 기반으로 '친형 멘토링'이 시작됐다. 공신멘토와 사이트 구축, 아르바이트, 동영상 편집을 하느라 휴학과 복학을 반복했다. 맨땅에 헤딩하고 구르고 엎어지느라 하루하루가 길고 버거웠다. 아무도 가지 않는 길을 걷고 있다는 기분에 때로는 정말 외로웠고, 과연 이 길이 맞는지 하는 의구심이 들었던 적도 한두 번이 아니다. 하지만 난 항상 설렜다. 자취방도 없어 어두컴컴한 사무실 책상에 누워 하루를 마감할 때조차도 뿌듯함이 밀려왔다. 그것은 내일이 기다리고 있기 때문이었다. 내일은 어떤 일이 또 일어날까. 지독하게 외롭고 두려웠지만 지금은 오히려 내게 매몰차게 군 세상의 편견과 불행에 감사하고 싶다. 그러한 경험을 통해 나는 더 단단해졌으니까.

'오늘도 누군가 공신에서 한 명이라도 더 멘토를 찾고, 멘토링을 받고 공신 콘텐츠를 통해 희망을 갖고 꿈에 조금이라도 더 가까워져 있겠지.'

이런 생각을 하면 가슴이 뜨거워졌다. 설레는 꿈이 있기에 매일매일 내일이 기대되지 않은 적이 없다. 지금도 눈을 감으면 공신의 꿈이 이뤄질 모습이 생생하게 그려진다.

처음 멘티였던 학생이 공신의 멘토가 되던 날, 그 가슴 벅찬 기분이 아직도 또렷하게 기억난다. 그 멘토가 다시 멘토를 키우면서 나눔은 기하급수적으로 확산되었고, 세상을 바꾸는 삶에 동참하는 멘토들은 여전히 공신닷컴의 가장 큰 동력이다. 멘티와 멘토의 선순환은 앞으로도 공신닷컴의 바탕이 될 것이다. 반값 문제집, 진단지, 공부법 강의, 공신 어플리케이션, 인도네시아 공신 모두 실패를 두려워하지 않고 도전을 즐기는 체인지 메이커들이 벌인 기적이다.

우리는 이제 이 기적들을 충분히 즐기며 꿈에 한 걸음씩 다가설 수 있어야 한다. 열정을 기반으로 자신의 꿈을 찾는 것은 세상을 가치 있고 평화로운 곳으로 만드는 일이다. 자신의 꿈을 기억하고 실현하는 삶이야말로 진정 살아볼 만한 가치가 있지 않은가. 나는 그렇게 믿는다.

가슴 뛰는 삶을 살아라

다릴 앙카

가슴 뛰는 일을 하라.
그것이 당신이 이 세상에 온 이유이자 목적이다.
그리고 그런 삶을 사는 것이
실제로 가능하다는 사실을
당신은 깨달을 필요가 있다.

자신이 원하는 방향으로
삶을 이끌어 나가는 힘이 누구에게나 있다.
두려움을 믿는 사람은
자신의 삶도 두려움으로 가득차게 만든다.

사랑과 빛을 믿는 사람은
오직 사랑과 빛만을 체험한다.
당신이 체험하는 물리적 현상은
당신이 무엇을 믿고 있는가에 따라 결정된다.

우주의 에너지는 언제나 당신을 향하고 있다.
그것을 어떤 식으로 쓰는가는 당신의 자유이다.

자신의 삶을 사는 일,
충분히 자신의 모든 부분을 살아가는 일,
그리고 자기 존재가 이미 완전하다는 것을 깨닫는 일,
지금 당신에게 필요한 것은 그것이다.

삶은 당신이 생각하는 것보다 훨씬 단순하다.
진정으로 가슴 뛰는 일을 하고 있다면
모든 것이 당신에게 주어질 것이다.

우주는 무의미한 일을 창조하지 않기 때문이다.
당신이 가슴 뛰는 삶을 살 때
우주는 그 일을 최대한 도와줄 것이다.
이것이 우주의 기본 법칙이다.

에필로그

세상을 바꿀
당신에게

　저는 이 책의 탈고를 마치고 2주 동안 미국의 실리콘 밸리에 와 있습니다. 세계 최고의 IT 인재들이 일하는 생생한 현장을 보며 첨단 기술을 통해 교육의 혜택을 어떻게 넓힐 수 있을지 아이디어를 얻고자 이곳을 찾았습니다.
　건조하면서도 서늘한 밤공기를 쐬고 있노라니 이런저런 생각이 꼬리에 꼬리를 뭅니다. 제가 머무는 숙소에서 불과 10여 분 거리에 스티브 잡스가 살던 집이 있는데, 그분도 이렇게 밤늦게까지 자신의 꿈을 놓고 고민하지 않았을까요. 밤이 깊었는데 시간이 흐를수록 오히려 정신은 또렷해져 갑니다. 시차 때문이기도 하겠지만 아마도 지난 며칠간 칸 아카데미, 스탠포드 교육 대학원, 구글, 페이스북 등을 탐방하며 받은 충격과 자극이 채 가시지 않은 것 같습니다. 지금까지 사회적 기업이라는 틀에만 갇혀 있던 저를 돌아보는 동시에, 세상을 가장 빠르게 바꿔나가는 열정적인 현장과 한국의 여건을 비교하며 아쉬움을 느끼지 않을 수 없었습니다.

저는 5년 전 학생 신분으로 미국 아이비리그를 탐방했는데, 그때 받은 충격은 제 꿈을 결정하는 데 지대한 영향을 미쳤습니다. 지금은 그 꿈을 이뤄가는 기업인의 신분으로 실리콘 밸리를 찾았지만, 여전히 저는 시골에서 갓 상경한 꼬마아이 같습니다. 아마 이번 방문 또한 제 삶에 큰 영향을 미칠 듯합니다.

지금이 그때와 다른 점이 있다면, 제가 확실한 꿈과 방향을 갖고 있다는 것입니다. 이곳에 오게 된 것도 제 꿈을 어떻게 이룰지에 대한 답을 얻고 과거를 정리해보기 위해서입니다. 열정 하나만으로 꿈에 도전했던 지난 시간 동안 제가 깨달은 몇 가지를 이야기하며 이 책을 마무리할까 합니다.

재미있는 일을 해보세요

지금껏 밝혀진 가장 확실한 성공의 비결은 '1만 시간의 법칙'입니다. 성공한 사람들을 조사하면 거의 빠짐없이 하나의 분야에 1만 시간을 투자했다는 결과를 볼 수 있습니다. 박태환, 김연아, 비틀즈 예외 없이 모두 한 가지 분야에 1만 시간 이상을 투자한 사람들입니다. 휴일도 없이 하루 10시간을 집중했을 때 3년, 하루 3시간씩 했을 때

10년 정도 걸립니다.

어떻게 하면 이 기나긴 시간을 채울 수 있을까요. 결국 자신이 사랑하는 일을 찾아야 합니다. 좋아하지도 않는 일을 하며 이 긴 시간을 버틸 수는 없으니까요. 결국 1만 시간의 법칙은 내가 좋아하는 일을 찾으라는 뜻이나 마찬가지입니다.

하지만 꿈은 이루는 것보다 찾는 것이 더 어렵습니다. 꿈을 찾는 것이 그만큼 쉽지 않고 중요하다는 의미겠지요. 어쩌면 평생 끝나지 않을 고민일 수도 있습니다. 남들 다 하니까 하는 일이 아니라, 진짜 하고 싶은 일을 찾아야 하니까요.

저는 꼭 재미있는 일을 하라고 권하고 싶습니다. '재미있는' 일을 하며 살기에도 짧은 게 인생입니다. 여기서 말하는 '재'는 재능입니다. 누구나 잘하는 분야가 하나씩은 있습니다. 겉으로 드러나지 않았을 뿐 반드시 있습니다. 대개 재능 있는 일은 자신이 좋아하는 일일 가능성이 높습니다. 좋아하지 않고서는 재능을 갖기 힘들고, 남들에게 칭찬을 받으며 크기 때문에 자연스럽게 그 일을 좋아하게 되겠지요. 좋아하는 일과 잘하는 일이 서로 다르다 해도 결국엔 서로 만나기 마련입니다. 자신이 좋아하고 잘하는 일이 무엇인지를 끊임없이 고민해보라고 말하고 싶습니다.

'미'는 의미입니다. 저는 돈을 쫓거나 남들이 하는 것을 따라하기보다 의미 있는 일을 하라고 권하고 싶습니다. 저만 해도 후배들을 돕겠다는 마음으로 만든 공신 사이트 덕분에 책도 쓰게 되었고 방송까지 출연하게 되었습니다. 돈을 받고 상표권을 파는 대신 더 의미

있는 일을 찾았더니 드라마 참여에 국회의원 제안이라는 기회까지 얻게 되었습니다.

멋진 도전과 멋진 실패를 권합니다

《사막을 건너는 여섯 가지 방법》이라는 책을 보면 사막을 건널 때 지도 대신 나침반만을 보라고 합니다. 지도를 가지고 있어봤자 모래바람과 기온변화로 시시각각 변하는 사막에서 오히려 길을 더 헤맬 수도 있습니다. 세세한 길은 몰라도 되니 어디가 북쪽이고 어디가 남쪽인지 큰 방향만 알고 가라는 뜻입니다.

우리가 사는 사회는 마치 사막 같습니다. 너무도 빠르게 변하는 나머지 정신을 못 차릴 지경입니다. 우리가 사는 이곳이 사막 같은 환경이라면 100% 완벽한 계획을 세우기란 불가능합니다. 큰 방향과 큰 꿈만 갖고 출발하면 됩니다. 자신이 세운 계획이 달라졌다고 좌절할 필요도 없습니다. 공부가 그렇습니다. 공부만 하려면 꼭 친구의 생일파티가 생기고 집안 제사가 있습니다. 예상치 못한 사정이 생겨 계획을 못 지키면 이후 계획까지 망치기 일쑤입니다. 그렇다고 쉽게 포기하거나 좌절해서는 안 됩니다.

학생들에게 조언을 하다 보면 가끔 하고 싶은 일은 정했는데 정작 아무 것도 실천하고 있지 않은 경우가 많습니다. 계획을 세워놓고 못 지킬까 봐, 완벽하지 않을까 봐, 예상치 못한 일이 닥칠까 봐 두렵다고 합니다. 그렇게 생각하다 보면 한도 끝도 없습니다. 당장 10분 뒤 무슨 일이 일어날지도 모르는 게 우리네 인생입니다.

"계획을 세우지 마라. 세상은 너무 빨리 변해서 계획한 대로 될 리가 없다. 완벽한 쓰레기다. 대신 멋진 도전을 하고 멋진 실패를 하라." 저명한 미래학자 다니엘 핑크의 말입니다.

많은 학생들, 청춘들이 도전을 했는데 실패했다고 저를 찾아옵니다. 공부, 연애, 사업까지 실패의 종류도 다양하고 이유도 여러가지입니다. 용기를 내어 시도했는데도 역시나 안 된다고 좌절을 합니다.

그런데 그게 진정한 도전일까요? 제게 도전은 안 해본 것을 한 번 시도해보는 것이 아닙니다. 처음부터 잘 되는 일이 얼마나 있겠습니까? 어쩌면 처음 해서 잘 안 되는 게 당연한 결과일 겁니다. 다시 두 번째 시도하고 두 번째 실패하고 세 번째 또 뛰어드는, 이렇게 실패할 때마다 다시 맞서는 것을 저는 도전이라 생각합니다.

공부는 제게 크나큰 도전이었습니다. 어떤 개념을 처음 보면 도통 이해가 되지 않았지만, 무엇이라도 열 번을 보면 내용이 완전히 머릿속에 박혔습니다. 진정한 도전은 새로운 일을 한 번 해보는 것이 아니라 실패해도 다시 맞설 수 있는 용기라 생각합니다.

한 가지 더, 아무리 내가 좋은 일을 찾았다 해도 그 일만을 할 순 없습니다. 내가 원하는 바를 이루기 위해서는, 내가 하고 싶은 일을 하기 위해서는 하기 싫은 일을 해야만 할 때도 많습니다. 하지만 내 꿈이 그것을 보상하고도 남는 것이죠. 삶이란 그런 것 같습니다. 하기 싫은 일도 해내고 실패해도 일어서는 것이 진정한 도전 아닐까요?

꿈은 최고의 스펙입니다

프롤로그에서 저는 제 꿈을 가장 먼저 이야기했습니다. 제가 꿈을 소개한 이유는, 제 꿈에 저의 과거와 현재는 물론 미래의 강성태까지 담겨 있기 때문입니다. 이제 제 꿈은 제 이름처럼 느껴집니다. 저는 새로운 사람들을 만날 때면 꼭 꿈이 무엇인지 물어봅니다. 어떤 꿈인지 그 꿈을 품은 이유와 계획을 듣다 보면 어떤 사람인지 알 수 있고, 제가 무엇을 도와줄 수 있을지 알 수 있기 때문입니다. 학생들이 사인을 청해올 때도 저는 꿈을 물어본 후 진심으로 꿈이 이뤄지길 바라며 그 꿈을 꼭 적어주곤 합니다.

꿈은 평범한 대학생이었던 제가 공부를 신나게 즐기게끔 해주었고, 회사를 경영하도록 만들어주었습니다. 여러 방송에 출연하고 책을 쓰고 수많은 분들 앞에서 강연을 하게 되었고, 훌륭하신 분들과 만날 수 있게 됐습니다. 만약 꿈이 없었다면? 지금의 저는 없었을 것입니다. 꿈을 갖게 된 후 저는 어느 누구보다 화려한 스펙을 갖게 되었습니다.

저는 꿈이 실종된 세상에서는 꿈을 갖는 것만으로도 남들의 존경과 부러움을 사기에 충분하다고 믿습니다. 나아가 당신의 꿈이 세상을 바꿀 수 있다고 믿습니다. 가슴 뛰는 꿈을 가져보세요. 그 꿈이야말로 당신이 가진 최고의 스펙이자 자산이 될 것임을 확신합니다. 언제나 당신을 응원하겠습니다.

강성태

날개가 없다, 그래서 뛰는 거다
김도윤·제갈현열 지음 | 14,000원

"실패하는 이유는 학벌이 없어서가 아니라 학벌 없는 놈처럼 살아서다!" 지방대 출신에 영어성적도 없는 두 청년. 그러나 의지로 대한민국 인재상을 수상하고, 광고기획자와 모티베이터라는 꿈을 이루었다. 그들이 후배들에게 들려주는 학벌천국 정면돌파 매뉴얼. (추천 : 위로와 격려를 넘어 현실적인 변화방법을 원하는 청춘들을 위한 맞춤 처방)

인생에 변명하지 마라
이영석 지음 | 14,000원

쥐뿔도 없이 시작했지만, 절박함 하나로 대한민국 야채가게를 제패한 '총각네 야채가게' 이영석 대표. '가난하게 태어난 건 죄가 아니지만 가난하게 사는 건 죄다, 똥개로 태어나도 진돗개처럼 살아라' 등, 비록 맨주먹이지만 빌빌대며 살지 않겠다고 다짐한 이들에게 바치는 '지극히 현실적이고 구체적인' 성공 마인드를 담았다.

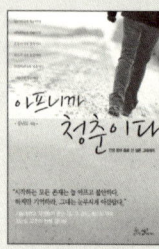
아프니까 청춘이다 : 인생 앞에 홀로 선 젊은 그대에게
김난도 지음 | 14,000원

180만 청춘을 위로하다! 이 시대 최고의 멘토, 김난도 교수의 인생 강의실! 저자는 이 책에서 불안하고 아픈 청춘들에게 따뜻한 위로의 글, 따끔한 죽비 같은 글을 전한다. 스스로를 돌아보고, 추스르고, 다시 시작하게 하는 멘토링 에세이집. (추천 : 인생 앞에 홀로서기를 시작하는 청춘을 응원하는 책)

마음 아프지 마
윤대현 지음 | 15,000원

연애부터 일까지, 언제나 당신의 편이 되어줄 파격적인 인생상담. 이 책은 인생에서 빼놓을 수 없는 화두인 연애, 우정, 가족, 직장 등에 대한 고민과 저절로 마음이 든든해지는 해결책을 담고 있다. 현실적인 인생진단과 위안을 동시에 얻고 싶은 욕심 많은 청춘에게 명쾌한 처방전이 되어줄 것이다.

공부는 내 인생에 대한 예의다
이형진 지음 | 13,000원

공부는 '방법'의 문제가 아니라 '마음'의 문제다! '전미(全美) 최고의 고교생' 선정, 최연소 '자랑스런 한국인' 선정, 예일대생 이형진 군의 공부철학을 담은 에세이로, 저자의 공부에 대한 진지한 고민을 바탕으로 설득력 있는 공부철학을 풀어낸다. 공부하는 '방법'이 아닌 공부하는 '이유'에 대해 접근하는 새로운 스타일의 공부 에세이.

함께 보면 좋은 책들

멈추면, 비로소 보이는 것들
혜민 지음 | 이영철 그림 | 14,000원

관계에 대해, 사랑에 대해, 인생과 희망에 대해… '영혼의 멘토, 청춘의 도반' 혜민 스님의 마음 매뉴얼! 하버드 재학 중 출가하여 승려이자 미국 대학교수라는 특별한 인생을 사는 혜민 스님. 수십만 트위터리안들이 먼저 읽고 감동한 혜민 스님의 인생 잠언! (추천 : 쫓기는 듯한 삶에 지친 이들에게 위안과 격려를 주는 책)

가끔은 제정신
허태균 지음 | 14,000원

우리가 무엇을 착각하는지 알면 세상을 알 수 있다! '착각' 연구 대한민국 대표 심리학자 허태균 교수가 선사하는 우리 '머릿속 이야기.' 이 책은 심리학적 이론을 토대로 '착각의 메커니즘'을 유쾌하게, 명쾌하게 때로는 뜨끔하게 그려낸다. (추천 : 타인의 속내를 이해하려는 사람이나, 중요한 의사결정을 내려야 하는 리더들에게 꼭 필요한 책)

당신의 말이 당신을 말한다
유정아 지음 | 14,000원

말을 할수록 마음의 문을 닫게 되는 사람이 있는가 하면, 말은 어눌해도 마음을 열게 하는 사람이 있다. 이 책은 소통에 대한 깊은 이해에 이르는 길을 안내한다. 저자는 20년간 현직 방송인으로서 쌓은 경험과 학생들을 가르치면서 다듬어온 소통의 지혜를 풀어내고 있다. (추천 : 말의 품격을 고민하는 모든 이들을 위한 책)

생의 마지막 순간, 마주하게 되는 것들
기 코르노 지음 | 김성희 옮김 | 이종인 감수 | 13,000원

"당신을 위해 사세요. 인생은 너무 짧습니다." 평생 아픈 사람들의 마음을 치유해온 치유심리학자가 어느 날 갑자기 말기암 진단을 받는다. 그는 지나간 삶을 되돌아보며 자기 자신을 위해 살기로 결심했고, 마음속의 응어리가 풀리자 거짓말처럼 암세포가 사라진다. 이별, 상실, 고통, 죽음에 대한 리얼리티를 가슴 절절하게 보여주는 책!

도대체, 사랑
곽금주 지음 | 14,000원

사랑을 하면 아프지 않을까? 왜 누굴 만나도 외로울까? 사랑에 대한 복잡하고 어려운 질문들을 지혜로운 시선으로 풀어낸, 최고 심리학자 곽금주 교수의 사랑 에세이. 장르를 넘나드는 작품들, 흥미로운 사례를 중심으로 읽는 재미와 깊은 깨달음을 준다. (추천 : 사랑 때문에 아파하는 이들에게, 성숙하고 행복한 사랑의 길잡이가 되어주는 책)

공부의 신,
바보 CEO 되다